明明白白上好课

教学评一致性

张菊荣　李勤华◎编著

华东师范大学出版社

·上海·

图书在版编目(CIP)数据

明明白白上好课:教学评一致性/张菊荣、李勤华
编著. 一上海:华东师范大学出版社,2024. —ISBN
978 - 7 - 5760 - 5510 - 8

Ⅰ. G40 - 03

中国国家版本馆 CIP 数据核字第 2024NH5066 号

明明白白上好课:教学评一致性

编　　著　张菊荣　李勤华
策划编辑　彭呈军
责任编辑　孙　娟
特约审读　郑　月
责任校对　张佳妮　时东明
装帧设计　郝　钰

出版发行　华东师范大学出版社
社　　址　上海市中山北路 3663 号　邮编 200062
网　　址　www.ecnupress.com.cn
电　　话　021 - 60821666　行政传真 021 - 62572105
客服电话　021 - 62865537　门市(邮购)电话 021 - 62869887
地　　址　上海市中山北路 3663 号华东师范大学校内先锋路口
网　　店　http://hdsdcbs.tmall.com

印 刷 者　浙江临安曙光印务有限公司
开　　本　787 毫米×1092 毫米　1/16
印　　张　19.5
字　　数　322 千字
版　　次　2024 年 12 月第 1 版
印　　次　2025 年 7 月第 6 次
书　　号　ISBN 978 - 7 - 5760 - 5510 - 8
定　　价　76.00 元

出 版 人　王　焰

项目组成员

项目组核心成员: 张菊荣　李勤华　李　莺　潘国平　沈伟英　盛伏平
　　　　　　　　赵志英　徐　栋　杨春喜　许燕萍　陆丽萍　沈国琴
　　　　　　　　周　敏　张雪梅　钟大海　肖　晶　沈月华　徐　莉
　　　　　　　　邱惠芳　卢佳芬　钱　婷　孙　婷　严林华　董　兰
　　　　　　　　戴松梅　张　弛　陈莉琼　徐　虹　朱夏兰　郭佳佳

合 作 研 究 者: 崔允漷　杨九俊　周文叶　雷　浩　杨澄宇　文　艺
　　　　　　　　毛玮洁　马志强

教学评一致性：深化课程教学改革之关键（代序）

崔允漷

　　课程强，则儿童强；儿童强，则国强。教育强国建设需要强有力的课程支撑，而强有力的课程必须落实并体现教学评一致性。2022 年 4 月，教育部印发了《义务教育课程方案和课程标准（2022 年版）》（以下简称新方案和新课标），刻画了新时代育人育才的目标要求与深化课程改革的重要路径，其中最核心的技术就是"教学评一致性"。教学评一致性联通了宏观的路径设计与微观的课程实施，利于将课程方案层面理想的育人蓝图转化为课程教学层面的实景图，是深化基础教育课程改革的重要抓手，是撬动基础教育高质量发展的重要支点，是实现为党育人、为国育才的重要取径。

一、教学评一致性的双重意蕴

　　"教学评一致性"是课程思维的重要表征，旨在以一系列专业技术规范引导课程与课堂双重意义上的教学与评价行为，从而破解课程层级化实施中的"落差"问题，最终实现课程要素的协同育人效应。具体来看，"教学评一致性"具有以下双重意蕴，如图 1 所示。

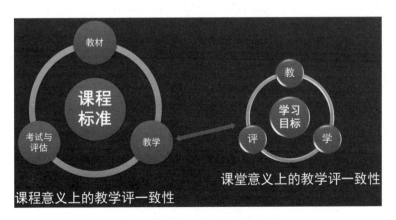

图 1　教学评一致性的双重意蕴

（一）课程意义上的教学评一致性

课程意义上的教学评一致性强调以课程标准为指引，系统推进基于课程标准的教材编写、教学与考试评估，落实课程标准所承载的核心素养目标，由此在课程改革的路径建构上形成教材、教学、考试与评估的一致性"大闭环"。

在上述"闭环"的育人体系中，教材、教学与考试评估三要素之间不是各自独立的"珍珠"，而是以课程标准为指引串联而成的"项链"。新课标建构了由"课程目标——内容/学业要求——学业质量标准"构成的核心素养导向的"目标一族"，成为教材编写、教学推进与考试评价的基本遵循和直接依据，是课程意义上教学评一致性的核心引领。这就要求教学必须从课程标准和教材出发，最终通过考试评价又回到课程标准，由此形成课程改革路径的"大闭环"。

（二）课堂意义的教学评一致性

课堂教学意义上的教学评一致性强调以从课程标准中转化而来的学习目标为指引，系统推进课堂教学变革层面的教学、学习与评价的一致性，由此形成"小闭环"，实现所教即所学，所教即所评，所学即所评[1]，强调以评促教、以评促学，确保学习目标的有效落实。

课堂意义上的教学评一致性是课程意义上教学评一致性"大闭环"中的"小闭环"，存在联动机制。一方面，课程标准以核心素养为纲，是学科教育永远的"家"，教学变革就是为了让学生更好地"回家"，"大闭环"自上而下地指引着这一"小闭环"，"小闭环"依托课程标准建构学习目标，澄清了指引教学变革的"回家之路"，是"大闭环"的"教学"要素在微观实践中的具体转化。另一方面，课堂意义上的教学评一致性嵌入了课程思维，在具体的教学实践层面，强化了教学、学习与评价的协同作用，以学习目标的建构落实了上位的课程标准，使得教师通过课时/单元/学期目标的达成，在实现课堂小闭环的基础上实现课程的大闭环，凸显了"小闭环"对"大闭环"自下而上的支撑。

二、教学评一致性的价值意义

教学评一致性秉承了专业化的课程思维,在目标的引领下有利于发挥其在课程实施、有效教学、教师发展中的重要作用。

(一)有利于在路径建构上减少课程实施的"落差"问题

课程实施"落差"问题(如图2所示)是关乎课程改革成败的关键,落实教学评一致是减少课程落差的重要抓手。正式课程在实施转化中可能会因为学校等不同层级的运作和解读而产生遗漏、增加或扭曲[2]。不论课程方案的顶层设计多么合理,如若教学变革层面不予以落实跟进,那只会造成课程变革理念的"悬置"和"游离",更遑论学生核心素养的培育。根据古德莱德(Goodlad, J. I.)的课程实施五层级理论[3],我国的新课程实践大致上体现为新课标、新教材、新教案、新课堂、新考评五个具体的实施层级。教学评一致性的双重意蕴秉承新课标的育人指引,串联起新教材、新教学和新考评的三大要素,既内嵌了核心素养目标导向的一致性,又承载了课程内容组织与学习方式变革在教材、教学、考试与评估上的一致性,以学习目标落实课程标准,以课堂教学承接课程变革,促进了课程方案与课程实施的联动,因而有利于减少课程实施的"落差"问题。

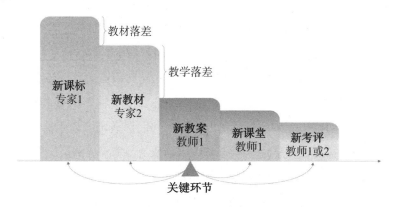

图2　课程实施中的"落差"示意

（二）有利于在学习目标的引领下实现有效教学

教学评一致性在助力减少课程实施"落差"的同时，以具体的学习目标驱动课堂层面的教学变革，利于实现有效教学。有效教学不是理性的思辨，而是基于证据的推论。教学"有效"的唯一证据在于目标的达成，在于何以证明学生学会了什么。不同于"教育—教学"思维下偏重教师导向下的"应该学习什么内容"，"课程—教学"思维强化了目标的导向作用与评价的监测作用，切实关注学生立场上的"学会什么"，以课程思维助力学校教育走向专业化之路。正是在课程思维的引领下，教学评一致性的双重意蕴得以建构。在具体的课堂教学中，学习目标承接于"大闭环"中的课程标准，成为教学评一致性的前提和灵魂，为实现有效教学提供着重要的导向和指引；评价的嵌入则一方面通过证据信息的收集判定学生学习目标的达成，另一方面通过反馈的双向传递助力教与学的改进，为实现有效教学提供重要的证据和驱动。因此，在教学评一致性的基础上，有效教学在目标引领上有的放矢，在评价驱动中有据可依，有利于其真正地落实。

（三）有利于在课程实施中促进教师的专业自主发展

提升教师专业能力是深化课程教学改革的重要支撑，而落实教学评一致则是教师专业实践的重要表征。在课程改革推进的过程中，一线教师会由于一些因素出现"阻抗"心理排斥课程改革，进而使得课程实施效果大打折扣。美国学者哈维（Harvey, T.）归纳了变革过程中实施者出现阻抗心理的 15 个因素，涉及缺乏主人翁精神、没有利益回报、增加负担、缺乏行政支持等，排名第一的就是主人翁精神的缺乏，哈维给出的解决方案则是鼓励相关人员深度参与其中，以调动其积极性[4]。课程改革不是"防教师"的，而是需要教师秉承"教师即研究者"的观念深度参与其中，使教师切实体会到参与感和主人翁精神[5][6]。双重意蕴的"教学评一致性"既涉及宏观层面的课程改革路径建构，又直接关涉微观层面的具体课程实施；既有专家层面的顶层设计，又保障了一线教师在课堂教学层面开展教学设计的灵活空间。"小闭环"联动"大闭环"的机制兼顾了课程专家与学科教师的声音与话语，有利于使教师切实感觉到自身的专业自主与课改责任，进而有利于促进教师的专业自主发展，助力高质量的教师队伍建设。

三、教学评一致性的实践要义

教学评一致性的落地转化既要关注好目标的中心引领作用，又要妥善处理好教、学、评的关系，嵌入在新课程的实施过程中，可通过建构新目标、研制新教案、设计新评价予以开展。

（一）以新目标建构发挥课程目标的育人指引

无论是课程意义层面的课程标准，还是课堂意义层面的学习目标，均凸显了目标建构在教学评一致性中的核心地位。换言之，教学评一致性内在的根本遵循便是核心素养导向的育人目标，教学评一致性的课程实施实践就是核心素养导向下育人目标统领的课程改革实践。

在宏观层面上，应当立足具体实际做好课程标准中目标的建构与转化。新方案所建构的新目标以核心素养为指引，建构了"培养目标——课程标准——教学目标"的层级化的"树人"体系，以及核心素养导向的"课程目标——内容/学业要求——学业质量标准"的"目标一族"，超越了"三维目标"，为新课程的整体推进和实施提供了支撑性的指引，为落实教学评一致提供了重要凭依。但与此同时，还需周期性开展课程标准的修订工作，借由对"三个来源"（学习者本身、校外当代生活、学科专家对目标的建议）[7]的研究保障课程标准中育人目标的时代价值。

在微观层面上，教师在具体教学中应强化课程思维，系统建构教学/学习目标，可通过"五步三问法"予以推进。第一，看"教什么"，即加强对教材内容的分析，明确单位时间内的学习内容。第二，对"学业质量"，即立足课程标准，通过对其中学业质量标准的比对明确该教学内容的学业要求。第三，思"素养要求"，即在明确教学内容与学业质量的基础上，对接该门课程核心素养，思考学生经过内容学习所需掌握的关键能力、必备品格和价值观念。第四，问"三问题"，具体地说，一问结果，思考该内容到底期待学生学会什么；二问过程，从学生学习视角思考达成上述学习结果需要经历什么样的过程与方法；三问表现，思考通过上述过程所获得的结果，在素养层面有何具体表现；在此基础上，用"通过（过程），获得（结果），形成/能完成（表现）"的句法结构叙写目标。

第五，查"可评估"，即依据 SMART 标准思考所叙写的目标是否清晰可评，包括 Specific(要明确)，Measurable(可测量)，Attainable(可习得)，Relevant(有相关)，Time-bound(有时限)。例如，对于小学语文四年级下册第五单元的游记教学，有一条目标就可这样叙写："熟读四篇游记(过程)，理清作者按游览顺序、移步换景、抓住重点、写出变化等描写景物的方法，丰富阅读经验(结果)，感受祖国的奇美景观和大好河山，表现出对祖国江河山川的热爱之情(表现)。"

(二) 以新教案研制撬动课堂教学的深度变革

新教案是减少课程实施落差的关键环节，联通了课程意义上教学评一致性的路径设计与课堂意义上教学评一致性的方案载体，是联动"大闭环"与"小闭环"的关键所在，因此是推进教学评一致性，达成高质量的"教"与"学"的重要抓手。

研制新教案首先应思考旧教案存在的几大问题，进而对症下药。第一，旧教案受到碎片化知识点教学的影响，呈现出重知识导向，轻素养导向的问题，往往以知识与技能、过程与方法、情感态度与价值观三条目标进行叙写，缺乏整合性，忽略了素养的整体性。第二，受因于传统的教师授受取向，旧教案的立场聚焦于教师，忽视学生中心的立场转向，缺乏为学而教的理念落实，因而难以实现"所学即所教"。第三，在运作上局限于课时单位，人为以僵化的课时(40—45分钟)切割了学生完整的学习经历，影响学生学习经验的组织和建构。第四，缺乏学后反思的设计，教师更多地充当信息传递的角色，未将反思环节统整为有效的学习过程，致使学生难以建立自我与知识之间的"联结"，更遑论核心素养的培育。第五，弱化评价的作用，人为将评价后置并剥离于教学环节之外，阻碍了教学评一致性在教学过程中的实现。

基于此，可依托学历案①设计有组织的学习经验，开展大单元教学。实施学历案的关键之一在于叙写目标时秉承素养导向，按照"通过(过程)，获得(结果)，形成/能完成(表现)"的句法结构叙写目标。关键之二在于立足学生学习的立场开展"逆向设计"，将评价任务前置，使其作为检验教学目标是否达成的"监理"，整合于课堂教学与

---

① 学历案即教师在班级教学的背景下，围绕某一学习单元，从期望学生学会什么出发，专业地设计学生"何以学会"的过程，以促进儿童自主建构或社会建构学习经验的专业方案，涉及单元主题与课时、学习目标、评价任务、学习过程、作业与检测、学后反思六要素。

学习之中。关键之三在于系统设计学后反思环节,通过"复述一关联一转化"的逻辑促进学生对所学知识的整合、迁移与应用[8],进而助力核心素养的生成。学历案亦是有效开展大单元教学的方案载体,可选择适当的统摄中心如大观念、大任务、大问题等开展系统设计,进而以新教案撬动课堂教学的深度变革。

(三)以新评价设计发挥评价系统的驱动作用

从"教育一教学"思维范式转向"课程一教学"思维范式使得课程教学改革逐渐从应然的"教师应该教什么"转向实然的"学生能够学会什么",而判断学生"学会"的关键便是评价。因此,评价作为教学评一致性的核心要素,集中承载了课程思维的意蕴,以新评价设计发挥评价系统的驱动作用构成了落实教学评一致性的另一实践要义。

在宏观层面上,核心素养导向下的新评价设计应注重变革传统的纸笔考试评价,注重表现性评价的运用,表现性评价以核心素养导向的目标、真实情境的表现任务、相应的评价量规为三要素,整合了教学过程、学习过程与评价过程,统整了总结性评价与形成性评价,以学生的真实"表现"作为核心素养培育的重要依托,可作为新评价的重要抓手。同时,要依托技术赋能推进评价的数字化转型,关注过程评价,发挥新技术收集过程数据的优势,为实现以评促教与以评促学创造空间。

在微观层面上,教师开展教学设计要切实思考课堂评价的范式转型,把握其由总结性到形成性的"取向之变",以及由教师权威主导到学生积极参与的"主体之变",积极从"对于学习的评价"走向"为了学习的评价"和"作为学习的评价",系统开展评价任务的设计。在设计评价任务时应注意思考以下问题:该评价任务是否在内容覆盖、认知情况与难度水平上与学习目标匹配?是否能够让学生清楚明白地理解其内容,即是否植根于真实情境且指令清晰?是否在时间、空间和客观条件下切实可行?另外,还需要考虑到评价任务在教学过程中的嵌入,监测相关目标是否达成,并为优化改进教学决策提供信息。具体来看,经典的应用模式为依托目标1设计教学环节1,进而将评价任务1整合嵌入在教学环节1中……(如图3所示)。当然,在具体的教学设计时,还可以依托此经典模式进行变式应用,灵活地将评价任务嵌入到教与学的环节之中。

特别重要的是,教学评一致性的评价不能局限于对学习目标达成情况的判定。在教学评一致性中,评价是教与学之间的桥梁,其关键功能在于获得学生在学习过程中

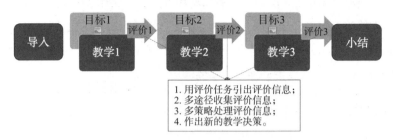

图3　评价任务嵌入教学活动的经典模式

的相关信息,进而运用这些信息来支持接下来的教与学决策,从而保障教学评一致的有效落实。

总之,教学评一致性是深化课程教学改革的关键,集中表征了我国课程人依托"课程思维"自主建构的高质量课程实施路径,强化了课程标准的指引,凸显了评价的重要作用。教学评一致性不仅在理论上丰富了中国特色的课程话语建构,还在实践上凝练了减少课程实施落差,保障实施质量的核心技术,是核心素养导向的课程改革深入推进的重要抓手和支点。

张菊荣校长和李勤华校长带领的团队持续十几年探索教学评一致性,令人敬佩!他们把教学评一致性的理念落在教案中,落在课堂里,落在课例研究上……生动且扎实!更难能可贵的是,他们在实践与研究过程中体现的"课程思维",正如这本《明明白白上好课:教学评一致性》中所呈现的内容,强化基于课程标准的学习目标的指引,凸显评价在教学设计与实施中的重要作用。与目标一致的评价任务的设计与呈现,评价信息的收集与处理,以及评价促进教学评一致的实施模型与机制,是这本书的主体,是老师们践行教学评一致性的主要抓手,也是教学评一致性的核心技术。

十几年来,有幸和他们一起研讨交流,正是在一次次的碰撞中,从清楚到模糊再到更清楚的不断迭代循环,我们对教学评一致性的理念和实践策略有了更深的认识。期待有更多的同仁一起,以教学评一致性为重要抓手,将核心素养导向的课程改革高质量地转化落地。

参考文献：

［1］崔允漷,雷浩. 教-学-评一致性三因素理论模型的建构［J］. 华东师范大学学报(教育科学版),2015,33(04):15—22.

［2］Brophy J E. How Teachers Influence What Is Taught and Learned in Classrooms［J］. The Elementary School Journal，1982,83(1):1-13.

［3］Goodlad J I, Klein, M E, Tye, K. The domains of curriculum and their study［A］. Curriculum inquiry:The study of curriculum practice,1979.

［4］Harvey T R. Checklist for change:A pragmatic approach for creating and controlling change［M］. R&L Education,2002:45.

［5］宁虹,刘秀江. 教师成为研究者:教师专业化发展的一个重要趋势［J］. 教育研究,2000,(07):39—41.

［6］Hammersley M. On the teacher as researcher［J］. Educational action research,1993,1(3):425-445.

［7］施良方. 泰勒的《课程与教学的基本原理》——兼述美国课程理论的兴起与发展［J］. 华东师范大学学报(教育科学版),1992,(04):1—24.

［8］郭洪瑞,张紫红,崔允漷. 试论核心素养导向的综合学习［J］. 全球教育展望,2022,51(05):36—48.

序

张菊荣

那时候,我还在汾湖实验小学。从 2009 年学校成立到 2017 年我离开汾湖实小,我们和华东师范大学课程与教学研究所崔允漷老师的团队有深度合作。我清晰地记得,那天崔老师他们到学校来,我们听课、评课,在课堂的现场讨论"教学评一致性"框架中"评价信息的处理",回吴江的车上,我对搭我车回吴江的朋友说,"教学评一致性"的研究,我可以做一辈子。

我在汾湖实小的 8 年,是跟崔老师他们学习课程与教学的 8 年,学习的范围相当广阔,其中最为核心的就是"教学评一致性"。于是,汾湖实小也成为国内最早在课堂里自觉实践"教学评一致性"的学校。

2017 年 6 月,我赴任吴江实验小学校长。有朋友问我:"你在汾湖做教学评一致性,到吴江实小去做什么呀?"朋友好心,想象我总是要做点花样出来才对。可是我的答案是:教学评一致性。教育教学真不需要多少的花样,尊重规律就对了。

吴江实小是百年名校,人才济济,教师们怎么会一下子相信我从汾湖实小带去的"教学评一致性"呢?再说了,我个人的风格是,不喜欢也不想以行政的方式去推行学术问题。要用事实说话,要让别人心服口服,这才是学术的态度,也才能让课堂有改进与创新的可能。

学校当时的情况还是比较复杂的,但我们没有把所有精力都用于此,而是努力把大家的精力聚焦于课程与教学。暑假过后,我们邀请崔老师在全体教师会上作报告,讲解"课程领导力"。我发起成立了一个"课程领导研修班",36 名老师报名参加,当时我们的教师是 400 多人,有 36 名老师愿意参加这个"班",我心满意足了。我是非常相信"小团队"在整个学校的作用的,我相信只要这个团队发展好了,整个队伍就会被带动。后来事实也是如此,如今,"教学评一致性"已经成为大家设计与开展课堂的思维方式了。

我没有自诩为"导师",但这个"课程领导研修班",还真是我一步一步带出来的,我将从崔老师那里的所学与自己的理解相结合,推进吴江实小的课堂教学实践。实践的方向是"明明白白上好课",研究的主题是"教学评一致性",研究的方法是"课堂观察",研究的现场是课堂,研究的对象是学生。我们努力地在课堂的现场思考学习目标,琢磨评价信息,研究信息如何产生、如何收集、如何优化,学生如何在信息优化的过程中明明白白地获得成长。我们的实践一直与反思相伴,我们把这些思考诉诸笔端,由具体现象对接课程理论,我们大言不惭地决心"在实践的场域思考与处理理论问题",要"创造教室的课程与教学论"。特别感谢省内外的专业报刊给我们的支持与鼓励,《人民教育》《中小学管理》《中国教师报》《江苏教育》《江苏教育研究》《教育视界》等,舍得给我们留出篇幅,让老师们"写在课堂里的论文"不断地得以传播。《教育研究与评论》的朱凌燕主编,对于我们的"过分"要求从来不皱一下眉头,我们得以在该刊开设专栏,助力我们深度耕耘"教学评一致性"。在整个的研究过程中,崔老师也不断地被我们邀请过来,做一期又一期的"与崔老师一起聊课程";周文叶博士持续地指导我们如何啃"教学评一致性"中的硬骨头"表现性评价"。

我要特别讨论一下关于"明明白白"这个问题。因为在很多人的理解中,对于好课的期待是"生动""鲜活",而不是"明白"。我曾经发表过一篇小文章,我以为课堂有四重境界:第一重是明白,第二重是扎实,第三重是生动,第四重是明明白白。明白是课堂的基本要求,也是最高境界。如果没有建立在"明白"的基础上,扎实很可能会扎错地方,生动也可能会流于油滑。事实上,几十年的听评课,也让我看到,凡是学生有明显收获的课,总是"明白"的课;反之,往往是一笔糊涂账,看上去花样百出,眼花缭乱,但终究看不到学生学到了些什么。如何让课明白?说起来很简单,目标、评价与教学的一致性,就能让课明白起来;但是到了具体的课,又并不简单,那就倒逼教师的专业精进,因为教师不明白,学生不可能明白,以己昏昏如何使人昭昭。课的明白,首先是目标的明白;紧接着是评价的明白,即明白地证明目标是否达成;然后是教学的明白,通过将评价嵌入教学活动,让教学明白——而这,就是"教学评一致性"的基本要义。

一直想把这些年大家一起创造的成果编辑出版,也一直有省内外的朋友问我有没有新著出版,而我一直没有勇气动手,总觉得我们的积淀还不够。勤华校长行动力比我强,她接手实小之后,也一直在有效地推进此事。也恰逢吴江区国家课程高质量实施工程启动,该工程与华东师范大学有着紧密合作。于是,我们又一次与崔老师、周博

序

士等一起坐下来,对这些年来的成果进行梳理审视,终于能够出版,让更多的人看到。

在向崔老师、周博士请教书的大致体例时,大家认为把"明明白白上好课"与"教学评一致性"叠加起来,既能够说明"教学评一致性"的实践意蕴,又能够说明"明明白白上好课"的技术支持。遂以此为名。希望此书的出版能够为课堂教学改革提供一点借鉴,助力教师明明白白教、学生明明白白学。由于水平与能力有限,书中肯定还存在不少的谬误与幼稚之处,请读者朋友批评指正。

2024 年 7 月 16 日

目 录

第一章

教学评一致性概论

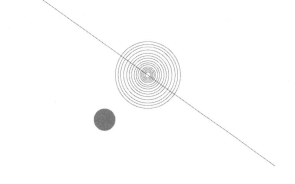

　　不能把课上明白,是课堂教学效率低下的关键问题。把课上明白,就要在课堂上明明白白地回答三个问题:去哪里? 到了吗? 如何去? 即目标、评价与教学一致性,这些问题弄明白了,课堂就明白了,学习就明白了。这是"教学评一致性"的实质,也是"教学评一致性"作为有效教学核心技术的必然担当。

明明白白上好课："教学评一致性"的课堂实践

把课上好,是每一位教师的光荣与梦想。每个人都希望自己的课充分扎实、生动活泼,甚至出神入化。但是我想说的是,首先要把课上明白。如果我们不能首先做到明明白白,教学就会处于危险的境地:我们的充分扎实万一是南辕北辙呢? 我们的生动活泼,也会流于油滑。而"出神入化"的教学境界,其实也是一种更高层次的"明明白白",是极明之后的通透。

"教学评一致性"是课程教学的第一原理,是有效教学的核心技术。"有效教学"不是以教师有没有教为标志,也不是根据学生有没有学来判断的,而是要看学生有没有学会。判断学生是否学会,必须通过评价;课堂的评价,与教师的教、学生的学保持一致性,教学才能实现、才能证明学生的"学会",因此我们可以说"教学评一致性"是"明明白白上好课"的学理基础。

在实践中,要做好三件事,才能完整地理解"明明白白上好课":把课备明白、把课上明白、把课看明白。要在教学过程中把课上明白,需要在教学设计时把课备明白,听课评课中把课看明白。

一、教学设计时把课备明白:评价先构的逆向设计

把课备明白,就是要能够系统而有逻辑地回答"学生学会了吗",也就是要设计"评价"来证实学生的学会。这里所说的"评价",是"课堂评价",是在课堂教学过程中展开评价任务。学生通过完成评价任务过程中的各种表现,来证明其"学会"。评价任务设计好之后,要嵌入到教学活动中去,实现"教学评一致性"。因此,在设计教学活动之前,要先设计评价任务,评价任务先于教学活动而设计,这就是"逆向设计",逆向设计可以保证评价与教学相匹配,让教与学的过程同时也成为评的过程。

1. 评价一定要针对明确的目标。评价不是"棒棒棒,你真棒",不是"给你一朵小

红花",不是"大家把掌声送给他",评价是对"目标是否达成"的审视,评价任务一定是指向学习目标的,没有目标就没有评价。学习目标是预期的学习结果,课堂目标要放在"学校育人目标——学期课程纲要——单元教学目标——课时教学目标"的坐标中考量,自上而下不断拉近"镜头",让我们看清最近的目标;自下而上不断推远镜头,让我们看到全景、看到期待中教室里要走出来的那个人。在这个坐标体系中,"育人目标"即"毕业生形象"处于最高端,是"三有"时代新人、"核心素养"的校本化表达,如吴江实验小学的"积极生长者"、汾湖实验小学的"能恒乐成"、七都小学的"小小弄潮儿";而课时教学目标是课程目标的具体落点,必须清晰可见、可评可测,预设学生能够经由一定的"过程与方法",学会相关的"知识与技能",形成情感、态度、价值观。我们主张"有限目标",一节课的目标一定是有限的;我们反对面面俱到、蜻蜓点水的教学,如果教师总想着在一节课上什么都教,"一网打尽",最后学生可能什么都没有真正学会。如《两小儿辩日》,我们设计了四个目标:(1)能借助注释,结合语境,读懂每一句话,并完整、正确地说出故事的内容;(2)通过自读、分角色朗读,能够以辩论的语调朗读课文;(3)结合文本,探究两个小孩子的观点及说明观点的方法,体会科学精神;(4)讨论"孔子不能决也""孰为汝多知乎",就"孔子是否'多知(智)'"有理有据地发表观点。

2. 评价要点是教学的芯片,评价任务明白教学才会明白。评价的本质是检测目标的达成,课堂评价是"促进学习的评价",其功能是"促进学习",因此评价任务要"在学习过程中"进行。评价任务,即附着评分规则或评价要点的学习任务。而"学习任务"可视作学生要完成的一件事,我们要特别关注的是,附着在这件事之上的评分规则或评价要点。评分规则与评价要点都是对这件事的质量描述,评分规则是一种比较完备的描述,包括表现水平(如优秀、良好、合格、不合格)、评价维度、维度描述(每一个维度不同表现水平的描述)。无论是西方的译著还是国内关于课堂评价的论述,其中"评分规则"已经成为关注热点,我们这里重点讨论"评价要点"的开发与运用。评价要点主要规划从哪些角度对学习表现进行评价,虽然知识以"要点""角度"的方式呈现,但必须体现对学习目标质量的本质理解,常有四两拨千斤之效。《蜘蛛开店》一课,有以"讲故事"为学习任务的板块,开始,我们以"记故事""有语气""配动作"三个"锦囊妙计"为"评价要点",后来发现这样的评价要点不专业,囊中装的不是锦,便改为"抓住关键讲故事""根据感情用语气""适度夸张配动作",帮助学生进行"专业化"的学习。评分规则或评价要点是课堂教学的芯片,评分规则或评价要点想明白了,评价任务的质量指标就清楚了,这样的评价任务嵌入教学活动之中,就可以导教、导学、导评。

3. 评价嵌入教学活动,明明白白地导航教、学、评。从某种意义上来说,教学活动就是安排与组织评价任务,帮助学生实现学习目标的过程。评价任务嵌入教学活动,基本的内在规则就是"呈现评价任务——收集评价信息——处理评价信息"的循环,即如果有三项评价任务,就循环三次。教师在课堂上就做这三件事:呈现评价任务,以帮助学生理解评价任务;在学生完成评价任务的过程中,收集评价信息;组织处理评价信息,提升学习质量,实现学习目标。当然,在具体的教学活动设计中,没有这样简单,一要注意适切性,不同的评价任务要采用不同的呈现方式,而不是简单地把评价任务扔给学生了事,有的需要对话讨论,有的需要举例说明;二要注意整体性,评价任务的呈现、评价信息的收集与处理,都要立足于整体,不要把任务及信息切碎了甚至剁碎了,使知识与思考永远处于碎片化状态;三是注意灵活性,不要机械化地全部以"任务一""任务二"的方式呈现,也不能简单化地以"一星""二星""三星"的方式来评价,而要让评价与教学的整合在"去痕"中更显一体化,更能行云流水。

我们不主张老师把教案写得过于"详细",烦琐的教案往往过多预设了教师的教,有时甚至细到教师的每一句教学语言,这样的教案到了课堂上,就会变成"剧本",教师就会将主要精力用于关注自己的教而不是学生的学。一份简明的教案必须写得特别明白,必须以"评价先构逆向设计"的方式明明白白地写清楚相互匹配的三个要素:学习目标、评价任务与教学活动。

二、教学过程中把课上明白:信息优化的深度学习

课堂信息错综复杂且瞬息万变,把课上明白,要求我们不能迷失在信息的丛林中,而是要在关注关键信息中实现深度学习。新手教师只关注"教",成熟教师专注于"学",一个无视学习信息的教师是在蒙着眼睛上课。在课堂上,一个新手教师与一个专家型教师的分水岭,就在于能否发现与运用学习信息,能否用评分规则或评价要点引领信息处理。如果用评分规则或评价要点引领信息处理,就能把课上明白。

1. 一个没有儿童创造信息的课堂是无法想象的。课堂评价的重点"在于收集学

生学习信息并运用信息以促进学习"。课堂是一个充满信息的世界,课堂信息有教师教的信息与学生的学习信息,作为课程实施的主阵地,我们当然必须追求"儿童创造信息",而不是所有的信息都是教师教的信息,或者都是教师信息的复制、粘贴。因为如果学生没有创造信息,那么我们就没有证实他达成目标的证据,没有办法展开评价。一个没有儿童创造信息的课堂是无法想象的,但是,事实上我们看到的课堂,鲜见儿童创造信息。因此,我们必须要重申其重要性,第一,课堂的关键信息,即用以证实是否学会的信息必须由学生来创造,在此,教师的作用是"催生信息","儿童创造信息"不是指儿童创造了人类社会前所未有的信息,而是指儿童通过自己的探究去发现知识,比如"评价要点",并非由教师直接给出,而是要创造机会,帮助学生自己得出,得出之后,又能在新情境中去运用。第二,课堂的关键信息,是与学习目标相关联的信息,这种信息用于证明学习目标达成与否,由学生完成评价任务的过程中产生,所以又称为"评价信息"。第三,深度学习即信息内化,有学者提出完整的学习过程即信息的"两次转换",第一次是人际转换,教的信息转化为学的信息,第二次是自我加工,外在的信息成为融入学生原有信息的"新经验"。

2. 信息优化深度学习是一个过程,而不仅仅是一个结果。在这个过程中,我们要捕捉与运用好三种信息:错信息、异信息与碎信息。一是要通过错信息学习何谓"正确"。错误的信息非常重要,我们常常不希望学生的学习出错,可是,只有经历错误才能更深刻地理解正确,课堂出现错误的信息了——甚至是老师意想不到的错误出现了,认知冲突就出现了,深刻的学习就开始了,我们要相信儿童的错误一定是有道理的,我们要做的是让他把这个"道理"展开,通过自我反思、同伴对质、师生对话,最后领悟到"喔,原来我错了",而不是直接告知他正确的结论。二是要透过异信息认识知识的本质。不同的信息非常重要,透过"异"才能更好地认识"同"——"同"即本质,不同的角度、不同的表达、不同的思路,都是课堂的重要信息,如果在课堂上所有的信息都是千篇一律的,那才是可怕的。通过对"异"信息的比较、讨论、探究、质问,我们才能"异"中求同,揭示知识的本质;而也只有真正掌握了本质,才能生发出丰富多样的"异"。三是要拥抱碎片化信息并经历碎片化信息的结构化。在碎片化信息被视作"过街老鼠"的当下,我们要清醒地认识到没有碎片化就没有结构化,重要的不是初始信息是否碎片化,而是要引导学生经历碎片化信息结构化的过程,学生最终不是获得一个结构化的知识结论，而是学会结构化的思维方式。教学《两茎灯草》时，老师会引导学生发现课文用了哪些细节写出了严监生的吝啬，如果教师只是止步于学生们罗列的一堆信息，那么就没有通过碎片化信息实现其结构化；教师如果引导学生尝试将这些信息分类，就会发现它们是分别从"对亲人的吝啬""对朋友的吝啬""对自己的吝啬"几方面写的，就会发现文章选材的秘密，这才是深刻的学习。辩证地处理错与对、异与同、碎片化与结构化，与评价要点的形成、理解与运用，是同步进行的，可以帮助学生在信息优化中实现深度学习。比如《两茎灯草》结构化学习中形成"不同角度写细节"把人物写立体的"要点"，可以作为"评价要点"用以解读其他的相关文本，也可以用来指导学生的写作，融入学生的"语文核心素养"。

在信息收集与处理的过程中，还要特别重视个体信息的"整体性"，要特别警惕习惯于用"你说""我说""他说"的方式，产生拼盘式好看的虚假繁荣，表面上，好像信息很丰富，但通过这种拼凑起来的丰富无法看见哪怕一个学生的完整思考，无法证明学生是否真的学会了。更为可怕的是，一旦在长期的教学中习惯了这种满足于"浅尝辄止""每人只说一点点"的做法，那么很可能我们是在日复一日、辛辛苦苦、热热闹闹地培养学生智力的惰性！

三、听课评课中把课看明白：理实相融的课堂观察

练就明明白白上好课的功力，学会专业化的听评课非常重要。外行看热闹，内行看门道；只有看明白，才会做明白。课堂观察，就是专业化的听评课，就要理实相融，就要在实践的场域中思考理论问题；通过课堂观察，我们要学会把课看明白，要学会分析课堂的整体结构，学会审视课堂的学习信息，学会保持对课堂现象清醒的专业敏感。

1. **分析课堂的整体结构。**我们要在纷繁复杂的课堂现场看清整体结构，最基本的方法，就是把"教学评一致性"的课堂结构放到课堂中去，在课堂上考察三个问题：教师是如何呈现评价任务的？如何收集评价信息的？如何组织评价信息的处理的？或者，从学生的角度考察三个问题：学生是如何理解评价任务的？如何完成评价任务的？如何优化评价信息的？整个的课堂，是否可以看出"呈现评价任务/理解评价任务——收集评价信息/完成评价任务——组织处理评价信息/优化评价信息"的循环？教师是

否明白自己在课堂上的每一刻究竟是在面对以上"三问"中的哪一问？一个明明白白上课的教师，一定明白自己的角色使命；一个明明白白上好课的教师，也一定看得清别人的课堂。有老师在《灰雀》一课的教学中，设计了一项评价任务：根据人物对话和故事情节发展，品一品人物语言背后的"心里话"，揣摩内心想法，写一写人物的"心里话"。整体环节的组织方式是：(1)呈现评价任务：师生互动，讨论两个人物语言背后的"心里话"，提出隐藏着的不想说出来的心里话，在课文其他地方还有，请同学们来说说，并下发表格，要求学生先写出来。(2)收集评价信息：学生用五分钟时间完成表格，教师巡视。(3)处理评价信息：请了五位同学交流学习体会，其他同学评议。这样的课堂结构是合理的。

2. **审视课堂的信息处理。**看结构是看课的大处，是课堂的宏观思维，不可丢大捡小；听评课还必须审视微观的课堂信息，学会打通微观信息与课程理论，这才是打通理论与实践的"任督二脉"。笔者在观察《海底世界》一课的教学中，发现教师通过讨论第四自然段，提炼出关于如何写好事物特点的四个"评价要点"：选代表、对着写、列数字、作比较。我们建议将这四点归结为三个：选择谁有讲究(选代表)、先写后写要排队(对着写)、写清特点有办法(列数字、作比较)。为什么呢？因为归结成三个要点之后，就体系化地回答了如何写好事物特点的问题。老师作了改进之后，又上了一次课，这次我们发现关于三个"评价要点"，老师是分开来对四类动物的特点一个一个地"问答"出来的，信息很碎，思维内容及思维过程都很碎，于是我们建议用一张表格对相关信息进行整体收集(表格内容为动物名称、活动特点、怎样写清特点，考虑到学生理解任务可能有难度，在课上，教师先对"海参"这一部分进行了示例)。用表格的方式收集信息，体现了我们对思维内容与过程"整体性"的追求，可是等到上课时，我们又发现，老师在反馈信息时将整体信息又拆碎了：又回到一个同学说一种动物，由几位同学"合起来"形成完整观点。我们又建议：要将学生整理的表格整体呈现，在此基础上，再进行补充、讨论。之后，老师又进行了改进——这种合作式的课堂观察，最后形成比较满意的课例时，教师的课堂也变得明明白白的。学生明明白白的学习所体现的课堂信息质量，与教师明明白白的教学息息相关。把课看明白，就要把课堂信息看明白。

3. **保持对课堂现象清醒的专业敏感。**课堂观察是基于主题、证据、反思的专业听评课，课堂分析必须基于主题，但这个主题既可以预设，也可以在现场生成，不管何种方式,都考验着听课者的全部教育学素养。课堂最为迷人的地方就在于其复杂性,在复杂的课堂场景、信息世界中,只有保持对课堂现象清醒的专业敏感,我们才能做一个教学研究的明白人。之前,听了一节语文课——"印象鲁迅展"推进会,是六年级"走近鲁迅"单元中的一节课,这节课最主要的活动是:小组 1 交流鲁迅生平展,以时间轴的方式介绍鲁迅的一生;小组 2 交流鲁迅笔下的经典人物,以群像画卷方式布展;小组 3 交流"他说鲁迅",以书法结合音频的方式布展。整个的教学过程中,教师以一张"评价表"来评价各组的作业。评价表分两项指标:布展设计(三个要点:主题鲜明、内容充实、形式得当)、讲解者(两个要点:讲解精彩、易于理解),要求同学打星评价。评价表以导图方式呈现,乍看挺漂亮,但并不专业,因为没有指向目标。点评时,我分析了目标与评价,"鲁迅单元"的学习以"布展"任务去驱动,但目标不是学会布展,而是要更完整地学习鲁迅,评价要指向"认识鲁迅",而不是"如何布展"。第一小组,评价要点要看是不是抓住了鲁迅生平的关键节点,有没有漏,有没有多;第二小组,评价要点要看是不是画了"经典人物",画的人物是不是经典,经典的人物是不是都选了;第三小组,要评价是不是选择了代表性的"他说"。——根据这样的"评价要点"来评价,才能明明白白地直指目标,直指本质。

　　"教学评一致",教得明白,学得清楚,评得透彻,让我们明明白白上好课。

(张菊荣,发表于《人民教育》2023 年第 Z2 期)

"教学评一致性"的价值指向、实施主体与教学变革

作为国家层面的重要文件,《义务教育课程方案和课程标准(2022年版)》(以下简称"新方案""新课标")最重要的变化是明确了课程育人目标,这是对"培养什么人""怎样培养人""为谁培养人"的基本问题的明确回答。方向已清,目标已明,意志已定,那么,如何确保课程育人目标的实现呢?"新方案""新课标"强化了"教学评一致性"逻辑,明确要求"注重实现'教学评'一致性"。就各课标结构来看,课程性质、课程理念、课程目标、课程内容、学业水平与课程实施,六大因素环环相扣,更是通篇贯穿了"教学评一致性"的思想。"教学评一致性"的目的,只有一个,那就是确保课程育人目标能够实现。

一、"教学评一致性"育人价值的素养指向

"新方案""新课标"明确全面落实习近平总书记关于培养担当民族复兴大任时代新人的要求,结合义务教育性质及课程定位,从有理想、有本领、有担当三个方面,明确义务教育阶段时代新人培养的具体要求。"三有"时代新人在课程目标中的反映,就是要培育学生的核心素养。16门课程的新标准都明确界定了课程在培育学生核心素养方向的独特贡献(即课程/学科核心素养)。核心素养导向,成为本轮课程改革的首要特征。"教学评一致性",最终就是要与核心素养相一致,只有与核心素养相一致,才能确保课程育人的正确方向。核心素养目标导向的课程改革,将系统性地影响教学、学习与评价,建立核心素养导向的课程目标体系,是"教学评一致性"的基础与灵魂。

关于"核心素养目标",我们是否真的理解了?今天仍然有不少老师没有明确"核心素养"是课程目标,以为只是一个口号。课程目标的改革是课程改革的核心。新中国成立以来,国家关于课程目标的定位,已经进入了3.0版本:第一版是"双基"目标,把课程目标定位在基础知识与基本技能;第二版是"三维目标",即知识与技能、过程与

方法、情感态度与价值观;现在是第三版,强调要培育核心素养,即学生面对未来不确定性情境、解决真实复杂问题时所需的关键能力、必备品格与价值观念。这是我们对课程目标的理解不断升级的过程,后者是对前者的进化与超越,而不是一次次抛弃、推倒重来。简言之:将"双基"置于真实复杂的情境中,才能培养能力,形成品格,建立价值观。

"教学评一致性"必须有一个一致性的育人方向,培育核心素养就是这个一致性的育人方向。所以,离开了对核心素养的理解,仍然仅仅停留在碎片化的内容记忆、线性的问题解答、只见知识技能不见人的发展来说,"教学评一致性"就只是一个技术概念而缺少价值意蕴。

二、"教学评一致性"实施主体的多方协调

"教学评一致性"最终发生在课堂里,但是,却又事关多方主体。如果多方主体不能协调,不能形成共同的指向,那么,课堂里的"教学评一致性"也无法最终发生。

"新方案"明确了:"国家课程标准规定课程性质、课程理念、课程目标、课程内容、学业质量和课程实施等,是教材编写、教学、考试评价以及课程实施管理的直接依据。"从中我们可以看到,国家课程标准是教学、学习与评价的共同遵循。

站在"新方案""新课标"的新高度上,课程与教学要挑起培育"三有"时代新人的重担,我们有必要将"教学评一致性"从侧重学校内部课程与教学的基本遵循,扩展到内、外系统协调一致(见图1-1)。

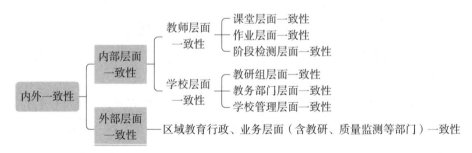

图1-1

"教学评一致性"的实施主体,可以分为内部的与外部的。内部层面包括教师层面与学校层面;外部层面包括学校以外县(市、区)以上的教育行政、业务部门层面。这样,"教学评一致性"的实施主体就包括三层:第一层,是教师层面,教师教学实践的专业化是关键,教师层面主要的任务是完成"学习目标""评价任务"与"教学活动"的一致性,除了课堂教学中的一致性(后文展开),还要在作业的设计与布评、阶段性学业检测与反馈等层面,遵循一致性,教是一张皮、学是一张皮,作业、阶段检测又是一张皮,目标就难以达成。第二层,是学校层面,学校课程管理的专业化是保障,学校层面的主要任务是做到课程纲要、课程实施与质量监测的一致性,学校要以学校课程规划为基本文本,做好育人目标的校本化表达,组织教师编制好每门学科的学期课程纲要,学期课程纲要对学校课程诸要素作整体安排,明确学期学习目标、教学内容、教学实施与评价。第三层是校外层面,校外层面的考试评价是导向,校外层面的主要任务是做到课程标准、课程实施与质量评价的一致性。校外层面虽然离课堂最远,但往往是高利害的,是高权威的,所以,对课堂的影响极为深远,甚至具有决定性意义。因此,各级教育行政部门及业务部门组织的考试评价及质量调研等,一定要基于课程标准进行,这是"教学评一致性"的"上梁",上梁不正下梁歪,一间教室做不到"教学评一致性",影响的是一个班的学生;校外权威部门做不到"教学评一致性",或者说"教学评一致性"的外圈做不到素养导向,那影响的是整个区域,而且,会导致教师层面的、学校层面的"教学评一致性"也很难做到。——"教学评一致性"的实践主体,从政治性意义上讲,也是立德树人方向的责任主体。三类主体之间,必须达成"一致",从大处来说,在育人方向上统一起来;从小处来说,在每一个评价导向上形成一致,这样,才能形成育时代新人的宏大合力。

三、"教学评一致性"目标导向的教学变革

尽管"教学评一致性"有多重实施主体,我们要呼吁外部评价主体坚守课程方案的育人导向与课程标准的目标导向,但是,课堂里每天的教学依然是关系到学生素养的重地。教室里走出怎样的人,应该成为每一个教师每一天的灵魂叩问;如何培养"这样的人",则是课堂教学的专业意蕴。

如何让我们正在培养的人与我们想要培养的人保持高度一致？这就要求从教学方案与教学实践无视目标、无关评价，"教""学""评"分裂的状态走向"一致性"。为此，要变革教学方案。"教学评一致性"教学方案整体上要以"教学单元/学习单元"为单位来设计，在单元的层面考虑"单元学习目标""单元评价任务"与教学活动的一致性，达成这种一致性，要做到以下三点：第一，设计对接核心素养的学习目标。怎样对接核心素养？从指导思想上来说，就要考虑该目标是否包含了面对未来不确定情境问题解决所需要的关键能力、必备品格与正确价值观；从技术上来说，要建立从课程标准到学期目标到单元目标再到课时目标的分解、落实线路，从源头上保证目标与核心素养的对接。第二，开发匹配学习目标的评价任务。"新方案""新课标"倡导大单元教学，我们就要善于开发与大单元目标相匹配的单元大任务，继而分解单元大任务，形成若干子任务，子任务落实到课时教学，这些不同层级的学习任务均要与相应的目标匹配，可以用来检测学习目标的达成，因此均为"评价任务"。第三，设计嵌入评价任务的教学活动。课堂教学的基本单位是"活动"，一节课由若干个教学活动构成，"教学评一致性"教学设计的关键就是将评价任务嵌入到教学活动设计，实现评价与教学相整合，如此，从设计的角度，保证"教学评一致性"（见图1-2）。

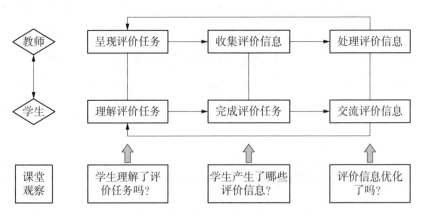

图1-2　课堂评价模型及课堂观察

课堂是教学发生的主阵地，"教学评一致性"方案要依靠一节连着一节的课来落实。所以，在课堂教学中落实"教学评一致性"是新一轮课程改革的基础性工作，课程改革的宏大叙事要依托每一节课来完成。如何实现课堂教学的"教学评一致性"？我们通过十余年的研究与实践,构建了"课堂评价模型",这个课堂评价模型将"评价信息"(学生完成评价任务过程中的学习信息)作为直接关注、关键要素,通过评价任务催生评价信息,根据评价信息证实目标达成,根据评价信息调适教学过程,通过分享、优化评价信息提升学生的能力、品质与观念,实现从关注知识点、技能项为核心的教学转向关注素养为核心的教学。同时,我们通过课堂观察的方式,合程地、动态地关注"教学评一致性"的落实,即在课堂教学的观察与评价中,关注三个问题:学生理解了评价任务吗? 学生产生了哪些评价信息? 评价信息优化了吗?

"教学评一致性"是一个系统,是以目标、评价与教学为基本要素的课程设计与实施的技术系统;"教学评一致性"也是一个方向,因为各个要素、各方主体"一致性向何方",事关立德树人的基本问题与重大关切。

(张菊荣,发表于《江苏教育(小学教育)》2022 年 7 月)

"教学评一致性"设计三要素：目标、评价与教学

教了却没有学，学了却没有评，评却非所教，教却非所学，"教学评"分离的情况司空见惯。然后，我们就如此责怪学生："你们说，这个我教过吗？"又或如此埋怨自己："这个，我教过了呀，怎么学生还不会啊？"——可是，教了不等于学了，学了也不等于学会了。课程的完成不是以"是否教了"为标志的，也不是以"是否学了"为标志的，而是以"是否学会"为标志的。那么，何以知道学生"是否学会"了呢？那就需要评价，只有经过评价，我们才有证据证明学生是否学会了。因此，"教""学""评"一致，是课程与教学的基本逻辑，是有效教学的基本要求。从教到学，是知识对象的变化；而学到学会，是知识的建构，是学生在教师的帮助下对知识的加工，是学生原有知识与新知识之间的"化学反应"，最后形成新的经验。怎样实现"教学评一致"呢？这就需要我们一致性地思考目标、评价、教学。

一、"教学评一致性"的核心是目标

教、学、评何以能一致？是因为有共享的目标，"教学评一致"，是一致性于目标，所以，"教学评一致性"的核心是目标，其他的一切都围绕着目标展开。我们追求"教学评一致性"，因为我们认为"教学评一致性"是课程与教学的基本逻辑，但我们跳出这种逻辑来思考一个上位的问题："教学评一致性"一定是好的吗？课程是国家意志在教育领域中的主要载体，"教学评一致性"是否一定能落实国家意志呢？不一定，因为这取决于目标，如果目标错了，那么，"教学评一致性"就跟着错了；只有目标正确了，"教学评一致性"才是落实国家意志的利器。可见，合理的目标是何等重要，这是"教学评一致性"得以成功的前提。那么，何谓"合理的目标"，如何制定"合理的目标"呢？

合理的目标，应该符合国家意志。小小的课堂应有正确的政治站位，国家意志转化为课堂里的行动，是通过目标的层层落实实现的。新时代教育要培养怎样的人？概

括起来就是"立德树人"四个字,学科核心素养就是立德树人的具体化,课程标准就是学科核心素养的具体化。但有这些,还不够,在教师层面,还需要结合实际来言明三个层次的目标:学期目标、单元目标、课时目标。我们简单定义一下"目标",目标即"预期的学习结果"。显然,这个学习结果是指学生的学习结果,因此,我们通常把"目标"又称为"学习目标"。在这里"期"这个概念可以指一学期、一单元、一课时。预期一个学期学习了某课程之后将会创造的学习结果,就是"学期目标",学期目标应该体现在"学期课程纲要"中;"单元目标",是预期通过单元学习实现的学习结果,应该体现在"单元学习设计"中;课时目标,即预期一节课的教学之后,学生将会拥有的学习结果。教师在制定学期、单元、课时目标时,要直接地对标国家课程标准。保证了与国家课程标准的一致性,就保证了学习目标与国家意志的一致性,就是在回答培养什么样的人、为谁培养人的问题。

合理的目标,应该关注具体儿童。课程的一头是国家意志,另一头是具体儿童。教师的课程创造性,首先要将国家意志与具体儿童结合起来,要叙写出符合本班儿童的学习目标,把课程落实到本班具体儿童身上。因此,我们不能"抄目标",不能把别人设计的目标复制粘贴。研究具体儿童,是教师的一项重要工作。在研制学习目标时研究儿童,一方面要把握儿童学习的普遍规律,另一方面,要研究本班具体儿童的学习,特别要研究他们真实的学习起点——如果我们不明确起点在哪里,也就无法确定"目标"落在何处。研究具体儿童的具体学情,不能捧着书本来研究,也不能坐在办公室里想当然,而是要跑到儿童中间去,去接触真实的儿童,然后才能制定适合本班具体儿童的学习目标。

合理的目标,应该关注包括教材在内的课程资源。教材是课程标准的主要载体,当然,除了教材,我们还可以选择更丰富的课程资源。将教材解读、资源挖掘与课标分解、具体儿童研究结合起来,最终确定合理的目标。

二、"教学评一致性"的关键是评价

我们何以证明目标的实现?这就需要评价。所谓评价,即检测目标是否达成,而非简单的"你说得真好""你说得真棒"。用于检测学习目标达成的学习任务,就是"评价任务"。或者说,所谓"评价任务",就是:你完成了这一项任务,我就可以据此判断你是否达成了某项目标。"教学评一致性"的要义是确保学生"学会",因此,"教学评一致性"的关键是要设计评价任务,要在设计教学活动之前,先设计评价任务。评价任务设计先于教学活动的设计,这就是课程设计原理中的"逆向设计"。那么,我们要设计怎样的评价任务呢?

评价任务必须匹配目标。既然评价任务的使命是检测学习目标的达成,那么,它必须与学习目标相匹配。也就是说,我们在设计评价任务的时候,始终有一个明显的指向:学习目标。当我们在说"评价"的时候,心里一定是有目标的。没有目标,就无所谓评价;而有了目标,如果没有评价,目标也只是空中楼阁。我们说评价任务与学习目标相匹配,这种匹配,可以是一一对应的,一个目标对应一项评价任务;也可以是非一一对应的,"一对多""多对一"都可以,但是"有目标就该有评价""有评价就该指向目标",这个基本原则是要坚持的。

评价任务必须"让学生明白"。说起来"让学生明白"是一个多么简单的常识,但到了课堂中,在学生身边去观察每一位学生的学习,你会发现,有相当多的学生并不明白教师呈现的评价任务,并不理解自己要做什么、怎么做、做到怎样。为什么会出现这样的情况? 这与教师的"立场"有关系,我们常常以"教师立场"来表达这些评价任务,而不是以"学生立场"来表达,因此,学生听不懂、看不明、理解不清。这绝不是危言耸听。笔者曾经多次以"学生理解了学习任务吗?"为主题组织老师观察课堂,结果发现"学生并不明白要做什么、怎么做、做到怎样"的现象十分常见。笔者十分认同顾泠沅先生说的"教师当是明白之人,教师的责任是使人明白"(大意)。教师设计的评价任务要让学生明白,首先,教师自己要十分明白,教师不明白,学生一定不明白,以己昏昏如何使人昭昭? 第二,教师明白了不等于学生就明白了,教师要明白评价任务是给学生看的、给学生听的、让学生明白的,所以,教师必须读懂儿童,用儿童能明白的方法帮助学生明白。

评价任务倡导"大任务"。简单地把书上的一些习题零零碎碎地拼凑起来算作"评价任务",这样的做法是远远不够的。这样的教法下,知识处于零乱与孤立之中。所以,我们倡导把"评价任务"设计成"大任务"。什么是"大任务"? 说白了就是从"做题"转向"做事"。"大任务"就是"做事",就是通过做某件事或某些事,来评价其是否达成目标。这样的"大任务",应当是处在相对真实情境中的,面对比较复杂的非良构问题,学生需要运用目标所指向的相关知识、能力、方法。这样的"大任务",应该能够保证学生在课堂上有一段完整的学习时间,而不是针对每个问题只要做到"对答如流"就可以解决;应该能够保证学生围绕任务产生的学习信息是丰富多彩的,而不是封闭统一的、绝对可控的。我们也特别倡导把大任务设计成"表现性评价"。

"教学评一致性"的关键是评价任务的设计,评价任务设计得好了,学习也就好了。

三、"教学评一致性"的"教-学"必须嵌入"评价"

"教学",我更愿意写成"教-学",因为"教"和"学"的关系实在太神奇了,没有教就没有学,没有学也无所谓教,教与学有着极其紧密的联系,彼此不能相离。评价任务设计好之后,我们才设计"教-学"活动,在"教-学"活动中,嵌入评价任务。这就是"评价与教-学相整合"。

首先是评与教的整合。对于教师来说,在课堂教学中,主要的工作有三项:一是呈现评价任务,让学生明白;二是收集评价信息,动态地掌握学生"在哪里";三是处理评价信息,有效地推进学习。三项"教"的工作,与"评"高度一致。设计教学活动时,教师要明明白白地进行这三项工作的设计。第一,呈现评价任务,不是简单地把评价任务"端上来",而是要根据评价任务的特点与学生的学习情况,帮助学生明白评价任务,如果学生没有明白评价任务,学习就无法进行。如何呈现评价任务?可以直接告知,但表达必须非常清晰,这种清晰不仅仅是教师以为的清晰,而是学生能理解的清晰;可以用PPT呈现,再配以适当解释;可以举例说明,用具体的实例帮助学生理解;可以提供作品范例;可以让学生参与评价规则的制定,在制定规则中明白评价任务。第二,收集评价信息,成熟教师的第一标志就是从关注自己的教到关注学生的学,一个不关注评价信息的教师是在蒙着眼睛上课。教师要通过倾听、对话、观察等方法收集评价信息,要收集错误的学习信息、特殊的学习信息、面上的学习信息、个体的学习信息,教师的实践智慧与教师对重要信息的敏感性息息相关。第三,处理评价信息,对不同的学习信息进行不同的处理,教学的过程就是评价信息处理的过程,达成处,肯定之;不足处,补充之;差错处,纠正之;困惑处,点拨之;杂乱处,梳理之;高明处,放大之;争辩处,辨析之。

同时也是评与学的整合。对于学生来说,课堂学习过程也有三项主要工作,这三项工作与"评"紧密相连:第一,明确评价任务,明白自己的学习任务。第二,完成评价任务,在完成评价任务的过程中"生产"学习信息,在这里,任务完成方式即学习方式,是通过查阅资料还是通过思辨学习,是独学还是合学,是通过画思议还是实验操作,是主题式学习还是项目式学习,都要根据任务特点与学生情况进行精心设计。第三是分享学习结果,在教师的组织与指导下,就相关的学习情况与同学进行交流与分享。

如上所述,"教"与"评"相一致,"评"与"学"相一致,"教""学"与"评"(评价任务)之间有着十分紧密的内在一致性,"教""学""评"具有的"一致性",一致性于学习目标。在整个的"教-学"过程中,一项评价任务完成之后,就会继续围绕下一项评价任务进行,因此"教学评"是一个不断推进的"链",是"教学链""学习链""评价链"的统一,是"教学评一致性"的循环。在这个"教学评一致性"的循环中,"评价任务"是关键,细细考察,我们就会发现,因为有了"评价任务",教与学才会相互依存:只有教师以十分适切的方式呈现评价任务,学生才会理解评价任务;学生完成评价任务的过程,需要教师的组织、指导、观察,而只有学生"生产"了评价信息,教师才能收集与研判评价信息,也才能继而组织学生分享与交流评价信息,进而对评价信息进行处理,以不断地"教-学",帮助学生更好地"学会",而课程教学的基本逻辑就是以"学会"为标志,而不是以"教了""学了"为标志的,"教学评一致性"设计的逻辑起点是"学会",而评价任务则是证明"是否学会",是否达成目标的要求,因此,我们才说,目标、评价、教学是"教学评一致性"设计的三要素,目标、评价与教学"一致"了,"教""学""评"就"一致"了,课程教学也就遵循基本逻辑了。

(张菊荣,发表于《江苏教育(学校管理)》2019 年 6 月)

第二章

教学评一致性:目标与评价

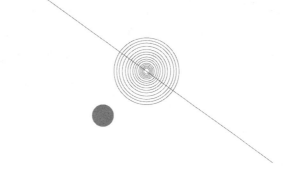

　　目标与评价是课程领域的孪生兄弟,没有目标就没有课程,没有评价就没有课程。有目标必须有评价,没有评价的是纸上谈兵;是评价一定针对目标,没有目标无所谓评价。目标不清晰,评价无从谈起;评价偏离目标,南辕而北辙。目标与评价不匹配,课堂一笔糊涂账。

第一节
教学评一致性：学习目标的设计

教学目标：一个老生常谈而有时被忽略的话题

在我们日常的教学中，有一个极为奇怪的现象，对于这个现象，我们又见怪不怪，熟视无睹，这个现象是：对于教学目标的漠视。关于"教学目标"，几乎所有的老师都会说是"重要的"，但到了我们的课堂上，"教学目标"常常会变成"说起来重要做起来不要"的事情。我们不妨做一些随机调查："你的教学目标是哪里来的？"老师会说："教参上的。""你为什么写教学目标？""给领导检查看的。"下课了，你去问："你的教学目标是什么？"老师们多半支吾其词："这个么……嗯……我的教案上有的……"——老师们关于教学目标的自觉意识的确令人担忧。

在当下，我们重提"教学目标"，而且把"教学目标"作为学校课程与教学研究的核心工作去展开。当经历了一次次的困惑与迷茫之后，才从内心深处说一声"教学目标真的太重要了！"的时候，我们认为找到了有效教学研究的"正途"。

一、现象观察：对教学目标全程缺失的现象熟视无睹

当用"目标意识"去观察教学现象的时候，我们会发现教学目标正在呈现出"全程缺失"的危险，而且，我们对于这些危险熟视无睹。

1. 教学设计时目标意识缺失。不讨论要"去哪里"，专门讨论"怎样去"。当一个老师拿到一个"教材"进行教学设计的时候，他首先考虑的问题通常是什么？我们的首选思维是"我该怎么教"。可是，在考虑"我该怎么教"之前，我们有没有首先想通一个问题呢？——这个问题是：我希望学生能学到什么？也就是说，我们的"教学目标"在哪里？在"教学目标"还没有确定之前，我们就在想：在什么地方我要设计一个"对话情

境"，在什么地方我要设计一个"小组讨论"，在什么地方我要设计一个"游戏"。这种思维方式是不对的，这种思维方式就好像我们还没有确定要去哪里旅游（目的地，类似于"教学目标"），就在讨论我们该怎么去（类似于"教学方法"）。我们并不认为这些关于"教学方法"的讨论不重要，它们同样重要，但是，它们的重要正在于它们对于"教学目标"的贡献——教学方法只有服务于教学目标的时候，才是有价值的。王荣生教授曾经有过这样的批评："语文教师在备课活动中所自觉关注的，往往不是实际耗费他大量工时的教学内容，而是从一开始就陷入在教学方法中，在'教什么'还拿捏不定的时候，一心去'设计'有新意的'怎么教'。""教学内容还没有着落，还稀里糊涂，还有扭曲错漏，却一个劲地'研究'怎么教——怎么导入、怎么……即使不是缘木求鱼，也一定是'越研究越糊涂'，越糊涂越费事。"王荣生批评的是"语文"教学，其实，其他的学科又何尝不是类似的情况？王荣生批评的是"教学内容"的糊涂，而"教学内容"的糊涂，首先是因为"教学目标"的糊涂。——我们当然不反对研究"教学方法"，但我们反对把"教学方法"作为教学设计的出发点，只有把"教学目标"作为教学设计的出发点，我们才能避免教学设计时目标意识的缺失。

2. 教学过程中目标意识缺失。以己昏昏，如何使人昭昭？由于教学设计时目标意识的缺失，于是乎，我们的课堂就变成"脚踩西瓜皮"，跟着感觉走。教师的心里没有一个"目的地"，教师自己对于"学生的学习结果"一笔糊涂账，以己昏昏，如何使人昭昭呢？这样的课堂，哪怕教师的"基本功"最好，哪怕教师的"教学艺术"最好，哪怕课堂最"活跃"，都是很令人怀疑的——我们无从知道缺乏目标导引的课堂的有效性，因为"有效教学"首先是"教学目标的有效"，如果我们基本上处于"无目标导引"的课堂之中，我们又如何知道教学的"有效性"呢？我们又如何评价学生是否进行了"有效的学习"？如果一节课下来，教师"表演"得很好，而学生没有围绕"目标"去学习，那么，课堂存在的意义又何在呢？

3. 教学评议时目标意识缺失。不断在解决"点"上的问题，无法替代系统的改善。教学评议如果不能围绕着教学目标进行，评课也就找不到核心。于是更多的时候，我们的评课就变成"零碎意见"的批发站。这个说："这个地方花的时间太长，可以压缩一下。"那个说："嗯，对，教师的提问好像太多，有一个问题提得不好。"……我并不认为这些讨论没有必要，但离开了"教学目标"去讨论这无数的细节，是没有用处的。有人说，每次教研活动解决一个小问题，一年下来，就可以有很大的进步了。我说：就"小问题"研究"小问题"，最后不可能解决大问题；"点"上的问题的不断解决，无法替代整个系统的改善，"教学目标系统"的研究与改善，是有效教学的前提。教学评议时目标意识的缺失，正是造成教学研究活动效率低下的主要原因。

二、要义再审：对教学目标"灵魂"价值的认识似有若无

那么，对于"教学目标"，我们有哪些基本的认识呢？关于这些认识，我们如果还是停留在"似有若无"的模糊之中，就必须唤醒。"为什么要研究教学目标？""什么是我们要研究的教学目标？""怎样来研究教学目标？"我们有必要对这些问题进行重新审视。

1. 核心性。教学目标是教学的核心——这是我们对于"为什么要研究教学目标"的基本回答。无论在教学设计还是在教学过程、教学评价中，教学目标应始终作为"核心"而存在，始终在导引着教学与研究活动的展开。没有教学目标的导引，教学设计将无从着手；没有教学目标的导引，教学过程将成为一盘散沙；没有教学目标的导引，教学评议只能是"点"的堆积。"譬如北辰，居其所而众星拱之。"教学目标的"地位"亦如是（见图2-1）。用"教学目标"引领教学的全程：(1)在教学设计中，我们的方式是，首先，通过研究课标、教材与学生，提炼出聚焦化的教学目标；然后，围绕教学目标确定教学内容、设计教学环节与步骤。(2)在教学过程中，把教学过程作为促进目标达成的过程，这样的教学就会明明白白而必有所成，教学过程就会与促进目标达成的评价同时实现。(3)在教学评议中，如果是预知执教老师教学目标的，就该重审教学目标本身的合理性（教学目标往往要在经历课堂之后才能肯定其合理性），就该审视教学目标达成的有效性，如有必要就需重构教学目标；如果是未知教学目标的（如一般的外出听课、录像课观察等），就该首先做"目标还原"的工作，然后，审视目标的合理性、审视目标达成的有效性、考虑目标的重构（如有需要）。

图2-1

2. 层次性。要理解教学目标"是什么"的问题，首先应理解

目标的层次性。所谓"目标",就是对预期结果的一种描述;所谓"层次性",就是我们要清晰地明白我们在怎样的层次上谈论预期结果。如果我们在"课程"的层面谈论"课程目标",我们所谈的就是整个课程学习完之后所希冀的结果;如果我们在"学段"的层面谈论"学段目标",我们所谈的就是整个学段学习完之后所希冀的结果。不同的层面上的谈论都是"目标",但属于不同层次的目标。下一级层面目标是上一级层面目标的具体化与特殊化,上一级层面目标指导着下一级层面的目标,但不能包办代替。我们要明确的是:我们通常在讨论的"教学目标",也就是课堂教学目标,是"这一节课的教学目标"。如果我们动辄把"教学目标"表述为"培养爱国主义情操",很可能把"教学目标"与"培养目标"混为一谈了(见图2-2)。

| 教育目的 |
| 培养目标 |
| 课程标准 |
| 学段目标 |
| 单元目标 |
| 教学目标
(课堂教学目标) |

图 2-2

3. 研发性。教学目标不能"拍脑袋"拍出来,教学目标有一个"研发"的过程。怎样研发? 首先,要对课程标准、教材、学生进行"一致性"的研究,要以"课程标准"为依托、深入研究教材、根据"本班的学生"来确立教学目标,而且,对这三者一定要进行"一致性"的思考。然后,要经过教师的创造性劳动,这种创造性劳动表现在从"罗列"到"整理"的过程,我们可以罗列所有我们所要达成的教学目标,在此基础上进行"如切如磋"般的归类、整合、提炼,最后形成"教学目标"(见图2-3)。

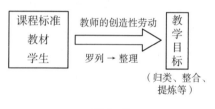

图 2-3

三、实践探索:课堂教学目标的操作技术

关于教学目标的认识,固然需要理论的学习,但是更需要在实践中去体验。不经过实践体验,直接被告诉的"知识",不会成为"认识"。当我们潜心于教学目标研究之时,我们发现,我们关于课堂教学目标的操作技术十分缺乏,如果只是停留于"教学目标很重要"的层面而不能进入"技术操作"的层面,教学目标的继续被搁置也将是理所当然的。

1. 求诸"成长"。目标的实质是关于"成长"的描述。"教学目标"是关于"预期结果"的描述。什么是"预期结果"？预期结果就是把 40 分钟前的"我"变成 40 分钟之后的"我"，如果 40 分钟前的学生，我们用"S"来表示的话，那么，40 分钟之后的学生，我们可以用"S′"来表示，S 变成 S′的过程，就是教学发生的过程，就是成长期待实现的过程。而这个"S′"就是教学的预期结果。从图 2-4 中，我们可以看出，关于教学目标的思考，我们必须叩问两个重要问题：

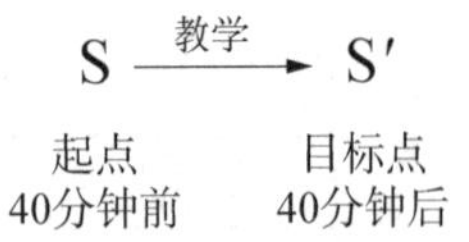

$$S \xrightarrow{\text{教学}} S'$$

起点　　　　目标点
40分钟前　　40分钟后

图 2-4

(1) 经由教学，我们预期学生会抵达何处？这个"何处"，就是"教学目标"，我们必须要进行描述。换言之，我们在描述教学目标的时候，必须要叩问：这就是我们希望学生们经由学习抵达的地方吗？如果学生们在上课前与上课后一点积极的变化都没有，我们可以说这节课是无效的；如果我们无法说清学生上课前后最重要的积极变化是什么，我们可以说我们的课堂一定是一笔糊涂账，我们就不能成为"明师"。

(2) 学生的成长是经由教学获得的吗？这句话听上去很奇怪，好像学生的成长很显然是通过教学获得的。但事实上，我们经常会发现课堂里会有这种情况发生：教师喜欢教那些我们不教学生自己早就懂了的内容。这就很难说我们的教学真正发生了。所以，我们要寻找这样的教学目标：学生的成长，是经过了教学才获得的。"教学目标"应该具有引领与提升的价值。

2. 付诸"行动"。"行为描述"是目标叙写的核心技术。教学目标应付诸"行为"，同时关注行为背后隐藏的东西，而核心目标总是围绕"行为"展开。教学目标的叙写是教师重要的专业技能，"行为描述"是目标叙写的核心技术。事实上，我们经常看到这样的一些"教学目标叙写"："有感情地朗读课文""培养学生的爱国主义情感""提高学生的逻辑推理能力""提高学生的阅读能力"……我们很难说它们有什么错误，但这样的叙写无法指导我们的教学，更多的是指向"目标无用论"。那么，怎样来叙写可以付诸"行动"的教学目标呢？我们采用了三种模式：

(1) 马杰模式(行为目标叙写)。这种模式强调三个要素：行为条件、行为动词、行为标准。如我们这样设计《桂花雨》一课的教学目标之一："通过教师的讲解、列举与学生的课外阅读经验相关的回忆，能联系文本说出'状物散文'的基本特点；能说出三十年之后远在他乡时会思念的家乡的一至两种事物。"

我们可以这样理解这个教学目标(见表2－1)。

表2－1 《桂花雨》教学目标之一

行为条件	行为动词	行为标准
通过教师的讲解、列举与学生的课外阅读经验相关的回忆,能联系文本	说出	"状物散文"的基本特点
	能说出	三十年之后远在他乡时会思念的家乡的一至两种事物

(2)格兰伦模式(内部过程＋外显行为)。马杰模式叙写的目标都是"可测评"的外显行为,有时候,我们也需要描述一些内部过程的行为结果,格兰伦模式主张,内部过程的行为叙写方式最好能辅之以外显行为的描述。以下为我们确定的《大禹治水》一课的教学目标分解表(见表2－2):

表2－2 《大禹治水》教学目标分解表

形式	例　子
总体目标(内部过程)	能理解大禹被时人称为"伟大英雄"的理由。
分目标1(外显过程)	能描述"滔滔的洪水"的景象,说出洪水凶猛与"伟大英雄"的关系。
分目标2(外显过程)	能说明大禹从"察看"到"挖通""劈开"的过程,能解释"吃尽""走遍"的意思,知道"千""万""九"等词语的意思,能通过理解"吃尽""走遍"等词句说出大禹被时人称为"伟大英雄"的理由。
分目标3(外显过程)	能说出第3小节中数字背后的意义,能揭示"三过家门不入"与"伟大英雄"的关系。

(3)艾斯纳模式(表现性目标)。有时,人的认识和情感变化并不是经过一节课的教学活动就会立竿见影的,教师也很难描述出一定的课堂活动后学生的内在心理过程、外在行为将会出现什么明晰的变化。艾斯纳提出了"表现性目标"。这种目标要求明确规定学生应参加的教师行为,更多的是属于"课程目标"而非"课堂教学目标"的叙述,但不精确规定每个学生应从这些活动中习得什么。比如:"学生能参与小组中关于校服设计的讨论,并发表自己的见解。"这样的表述就是一种"表现性目标"。但是,有关专家建议:"这种目标只能作为教学目标具体化的一种可能的补充,教师千万不能依

赖这种目标,不然,他们在陈述目标时又会回到传统的老路上去。"

需要强调的是:第一,无论是哪一种叙写模式,其行为主体必定是"学生",所有的教学目标都必须是指学生的学习目标,是学生学习的预期结果,而不是描述教师怎样教,所以在具体叙述中,我们可以将主语"学生"省略;我们必须告别"使学生""让学生"之类的目标描述用语。第二,我们所叙述的预期行为结果总是有限的,我们还应该更加关注行为背后的东西,我们要善于将三维目标隐于我们设计的"核心目标"之中。比如说我们确立的《九色鹿》的教学目标:"能围绕'惭愧''斥责''惩罚''保护'四个方面找出国王所说的话,在小组中分享交流。""联系上下文理解'灵魂肮脏的小人',能对调达做出评价。"这两个"核心目标"就包含了过程与方法、情感、态度与价值观方面的目标。

3. 对应"环节"。合起来是几句目标,展开来是一个"微型教案"! 经常有老师会产生这样的困惑:教学目标写多少条为好,具体到怎样的程度为宜? 我们常常用这样的比喻来回答:教学目标好比是旅游的目的地,你关于教学目标的叙写与描述好像是一张地图,这张地图要详细到一个什么程度,取决于你对目的地的熟悉程度。当然,这是一个比喻,在具体教学研究的过程中,我们主张:目标应做到"聚焦",聚焦于"环节"——教学过程是在"环节"中进行的,我们有多少环节,我们就有多少目标——设计好每一环节的"核心目标",是我们在实践中最重要的事情。当然,一位老师在研究"教学目标"的时候,绝不会"形而上地"考虑目标而不去考虑目标背后的教学过程,甚至我们可以说,我们几乎是同时在考虑"教学目标"与"教学目标的展开",因为只有能展开的教学目标才是合理的目标,也只有聚焦了的目标才是可以展开的目标。因为,在我们看来,教学目标"卷起来是几句话,展开来是一个'微型教案'"。具体的操作方法,有"步骤化""层次化""聚核化"。

(1)步骤化。教学环节需要分解出基本的教学步骤,基本教学步骤是把教学目标清晰化的过程。比如教学"分数的认识"(三年级上册)时,我们设计的教学目标之一为:"能根据标准,在小组中用提供的纸张制作出'几分之一'并说出其意义。"这样的一个教学目标,就可以分以下步骤展开:第一,制定"标准",如同一组内制作出不同的分数,每一位成员都能把自己制作的分数的意义说清楚(两个要点:一是说明"平均分成",二要说明"谁的几分之一",缺了"平均"与"谁的",就错),能倾听别的小组的发言等;第二,各自制作并在小组中解释意义;第三,不同组之间交流。这就是"步骤化"。

(2)层次化。教学如果没有一种层次化的展开,只停留于平面化的认识,就很难把学生从"S"引向"S'"。当我们用一种"层次性"的目标取向去看教学内容的时候,会造就很多的"深度"。比如,我们给《蒲公英》一课设定的教学目标之一为:能通过词语辨析、联系生活、结合上下文理解"嘱咐"等词语。那么,具体究竟怎样去展开呢?我们设计了这样的三个层次:第一,生活中在怎样的情况下会用到"嘱咐"这个词语?(一是长辈对小辈;二是重要的事情。)第二,你从这篇文章的哪些地方看出太阳公公是在"嘱咐"而不是一般性的"告诉"?第三,联系全文,说说为什么这是"嘱咐"而不是一般性的"告诉",这件事情的重要性在哪里。——层次化展开,将把学生引向理解的深处。

(3)聚核化。"聚核化"是教学目标的理想状况,因为只有找到"核心目标",我们的教学才能充分地展开。缺乏聚核化,目标太多太散,课堂就会"看上去什么都教了,其实什么也没有学"。我们强调,教学目标的确立是一个"如切如磋,如琢如磨"的过程,在不断"琢磨"的过程中凝聚教学目标,使教学目标得以"至简",而唯有"至简",才能"至丰",才有充分的余地来展开教学,才能让学生真正地得到更丰富的成长。

教学目标,当这一老生常谈的话题不再被忽略的时候,当我们真正掌握教学目标的专业技术,学会用"目标意识"思考与开展教学活动的时候,我们的课堂、我们的教学就会发生一场静悄悄的革命:因为这个话题的重提将会深刻地影响我们的教学观念,所谓"基于课程标准",所谓"关注学生",所谓"促进发展",有效教学的种种理念追求,那些重要的思想,都将会在课堂教学中得以落实。

(张菊荣,发表于《江苏教育(学校管理)》2011 年 11 月)

评价驱动学习

课堂上出现的每一种现象，很少是单一原因造成的。学生在课堂上的学习，也不是由单一的因素来驱动的。但是，"评价"应该成为一种重要的驱动。本文中所说的"学习"，是指"课堂学习"，"评价"，是指"课堂评价"。课堂评价，是"促进学习的评价"，是在学习过程中进行的评价，它不是对最终学习结果的评价，也不是指简单的"你真棒""你说得真好"这样的话语。课堂评价在课堂中的实施，主要是指评价任务与学习过程的整合。为了更好地实现评价驱动学习，我们需要讨论以下问题：为什么要强调"评价驱动"？怎样的评价任务才能更好地驱动学习？评价的过程如何驱动学习？

一、为什么要强调"评价驱动"？——评价驱动，可以保证"学会"

千道理，万道理，"学会"才是硬道理——课堂教学的硬道理是帮助学生"学会"。道理再多，方法再好，理念再新，结果学生没有学会，那样的课堂就没有意义。"学会"也是一个非常值得我们研究的课题，研究课程首先要研究"学会"。

研究"学会"，首先要研究"学会什么"。研究学生将学会什么，就是研究学习目标。何谓学习目标？即预期的学习结果。这个"期"有长短：以学期为"期"，就是学期目标；以单元为"期"，就是单元目标；以课时为"期"，就是课时目标。当然，它们之间是有联系的。学习目标的定位，决定了一节课、一个单元、一个学期的方向与内容。在这个"期"里学会什么就是目标的内容。预设学会一些知识，是一种目标；预设形成一种能力，也是一种目标。

目标确定之后，怎样保证"学会"呢？那就要通过评价——让学生去完成评价任务。在完成评价任务的过程中，我们可以知道学生有没有学会。因此，我们要采取"逆向设计"的思路，即"评价设计先于教学设计"，在设计活动之前，先行设计评价任务。为什么？因为只有这样，我们后续才能将评价任务嵌入教学活动，实现目标、评价与教学的一致性，实现"想学会什么""怎样才算学会""是否学会了"之间的一致性。

综上所述，我们可以看到，评价的作用，其实就是"保证学会"。教了不等于学了，学了不等于学会了。而只有学生学会了，我们才可以说目标达成了；只有评价了，才能够回答"是否学会了"。因此，评价驱动学习，其实也就是评价证明"学会"，评价保证"学会"，评价像导航系统一样帮助学生抵达目标。

二、怎样的评价任务才能更好地驱动学习？——合目标，能理解，有挑战，可展开

在"学会什么"的目标之问明确之后，设计怎样的评价任务才能证明"学会"同样尤其重要。我们希望不仅能"证明"，还能在"证明"的过程中更好地驱动学习。

第一，合目标。从"评价任务"的要义来说，用以检测（证明）目标是否达成的学习任务，方为"评价任务"。因此，评价任务，就要根据学习目标来设计。"合目标"是评价任务的第一要义。而评价任务的驱动性，先决条件是目标本身要有驱动因子。怎么理解？这就是我们通常说的目标要能让人"跳一跳摘果子"——既要让人摘得到，又要跳一跳；在获得"果子"的同时增长能力。通过分析学情、分解课标、研究教材（资源），把目标设定在"最近发展区"，据此目标设计的评价任务，也就必然具有内在的驱动力，能驱动学生去"摘果子"。

第二，能理解。学生必须能理解评价任务。有人认为，这个要求有点小题大做，学生怎么会不理解评价任务呢？可是，我们在进行课堂观察的时候，经常会发现学生对于自己的学习任务（评价任务）不理解，有时候不理解任务内容（我究竟要做什么），有时候不理解任务方法（我究竟要怎么做），有时候不理解任务结果（我究竟要做成什么），更多的时候是不理解任务规格（我究竟要完成到什么程度）。评价任务不被学生理解，当然就无法驱动学习。要让学生明白评价任务，教师自己首先要明白究竟想让学生做什么、怎么做、做成什么、做到怎样。但是即便教师自己明白了，也不等于学生

明白了。教师应当通过清晰的讲解、恰当的示范、合适的范例、合理的支架以及引导学生参与评分规则的制定等方式，帮助学生理解评价任务：多少时间、谁（独立、同桌或小组）、先做什么、再做什么、怎么做、做到怎样等。

在这里，我们要特别重视"评价要点"的开发。评价驱动学习，其中尤其要把握"评价要点"这个要素。"评价要点"是我们对某项任务要求的主要指标，即我们从哪些方面去评价任务完成的质量。评价要点清晰了，评价任务就清晰了，评价的驱动力就增强了。

第三，有挑战。所谓"挑战"，就是在真实的非良构情境下的运用能力。为什么要强调评价任务的挑战性？这依然要从对"学会"的理解说起：真正的学会，便是在真实情境中的运用。从"教了"到"学了"，完成的是知识的"物理位移"；从"学了"到"学会"，完成的是知识的"化学反应"，即在学生的经验与新的知识相遇后产生了新的经验，这种新的经验成为学生新的素养，可以帮助学生解决新的问题，所谓"深度学习""高阶思维"即是如此。理想的评价任务，就是提供这种新的问题让学生去解决，以证明其真正"学会"了。

第四，可展开。为学生提供可展开的条件，学生才能去完成任务。这里的"条件"，包括必要的学习资源、环境、工具等，需要特别强调的是"时间"。在课堂上，我们常常吝啬于安排"让学"的时间，教师"讲"的时间可以无限拉长，学生"做"的时间却可以无限缩短。这与我们设计的评价任务也有关。我们如果总是设计十分细小、极为琐碎的任务，那就无须让出大段的学习时间。如果一节课，所有的学习任务都是细小、琐碎、短时甚至是极短时的，那么，学习活动往往"开始即是结束"，这样的评价任务不但无法驱动学习，还会扼杀学习的可能性。

三、评价的过程如何驱动学习？ ——"评价链"中学习信息的处理

在课堂上，评价以"链"的形式驱动学习。假设某节课有三项评价任务，那这条"评价链"就有三节（我们可以称之为"评价节"）。第一节结束了，转向第二节；第二节结束了，转向第三节。三项评价任务完成，学习也就完成了。这三项评价任务为"学会"保驾护航，成为学习的"导航系统"。

而在每一个评价任务中,即"评价链"中的每一个"评价节",我们又是如何实现评价驱动学习的呢？通过对学习信息的收集、分析与处理来实现。在学生明确评价任务后,教师要帮助他们潜心于完成任务。学生在完成任务的过程中,会"生产"各种各样的学习信息。这些信息,有的是正确的,有的是错误的,有的是与众不同的;在错误的信息中,有的是结果性错误,有的是过程性错误;在过程性错误中,有的是技术性错误,有的是理解性错误……还有一些信息,没有标准答案,没有正误之分,只有高下之别——用语不同,表达方式不同,呈现方式不同,思维方式不同,情感不同,观点不同……对这些学习信息,我们要实时发现与研判,思考如何处理、如何调整,是否直接指出,是否组织讨论,是否进行梳理,是否引导提升,是否先行搁置……总之,教师要对"这一节"的信息做好处理。这个处理信息的过程,就是"评价驱动学习"的过程,是教师在以"信息处理员"的角色驱动学习。

上文中提到我们对于"评价要点"的关注,比如,教师以"评价要点驱动学习"的思维研究《黄山奇石》,决定以"有序""有趣"这两个"评价要点"来实现"评价驱动学习"。这一教学,构建了包括三个"评价节"的"评价链"。第一个"评价节",选择文中两个片段,带领学生联系文本理解要点:何谓"有序地说",何谓"有趣地说"。这一节主要看学生是否理解评价要点,理解了之后就进入第二节。第二个"评价节",以"有序""有趣"为要求讲好文中其他片段("做好小导游"),同桌互说、互评。这一节主要看学生能不能根据评价要点来讲,做到了就进入第三节。第三个"评价节",推荐学生在全班面前讲述文中片段,围绕"有序""有趣"的要求进行评价,这一节主要看学生会不会讲、会不会评。在整个"评价链"中,师生围绕"评价要点"来处理信息。整个课堂,学习要点明明白白,学习过程大开大合。评价驱动学习,让我们能清晰地看到学生是否"学会"了。

(张菊荣,发表于《教育研究与评论(小学教育教学)》2020 年第 1 期)

开发单元评价工具,有效实现"教学评"一致

评价作为课程的重要组成部分,是课程改革的焦点,是学科教学研究的重点。但是如何设计有效的评价方案,如何使评价更好地引领教学,仍是需要一线教师持续探索的难点与重点问题。基于提升课堂教育教学有效性、开发好用的评价工具的初心,吴江实验小学教育集团苏州湾实验小学通过"设计·实施·分析"的方式,引导全体一线英语教师开发设计单元评价工具,在持续探究其可行性与适切性的过程中完善其评价功能。从设计到上课,从课堂观察到观察报告,从收集证据到数据分析,全体教师完成了评价工具从第 1 稿至第 N 稿的打磨,最终实现了"教学评"三者完全一致,让学生的学习成果可视化。

一、单元评价工具的内涵及设计原则

在认真分析了学校当前的课堂教学后,我们发现,学生通过一个课时的学习无法有效形成一个完整的经验。上完某一节课,学生还不会基于所学知识完成一件比较复杂的任务。但是在完成一个单元的学习后,学生就可以处理复杂而具体的任务了,即可以拥有一个完整经验。所以针对单元学习情况开展评价,能够更加精准和全面地掌握学生的学习完成效果,进一步提升教育教学质量。但我们发现仅靠一张单元试卷,是无法系统评价学生对于某一单元的整体掌握情况和素养积累程度的。我们需要更为有效的评价单元教与学成效的工具。基于这样的评价工具,学生应能够更好地了解自己的掌握程度,教师则可以收集学生学习过程中的各种评价信息,并对其进行处理与优化,从而改进教与学。

那么这样的评价工具到底是什么样的? 首先,评价工具是一种工具,是有使用方法、可以被"使用"的。当某项学习任务附着了一定的规格要求,使得教师可以依据这样的规格要求对学生完成学习任务的具体进度、效果进行评价时,这样的学习任务就同时成为一个评价工具。

以译林版《英语》四年级下册 Unit5 Seasons 这一单元为例，教材中的"Make a postcard"（做一张明信片）只是学习任务，但在教师为这样一个学习任务设计了匹配的两个评价要点后，学生在完成任务时就有了进行自我对照与测评的标准，这样的任务就成了这个单元学习的评价工具（见表2-3）。

表 2-3　Unit5 Seasons 单元学习任务与评价要点

学习任务：Make a postcard: Which season do you like best in your city? You can draw, write and read it. Remember to invite your friend to visit your city.（制作一张明信片：你喜欢你们城市的哪个季节？你可以画一画，写一写，读一读。记得寄给你的朋友邀请他/她来参观你居住的城市！） Step 1：Draw your favourite season.（在明信片背面画出你最喜欢的季节。） Step 2：Write your favourite season.（在明信片正面写出你最喜欢的季节。）
评价要点1：你画了哪个季节？天气特征明显吗？主要活动符合季节特征吗？ 评价要点2：你写了几句话？你用了几种句型？你写对了几句话？

在设计这样的评价工具时，需要遵循这样几个基本原则。

1. 指向学科核心素养

评价工具是以课程标准为指导而设计的，评价功能的开发要与新课程改革的方向保持一致，因此它指向学科素养，突出核心素养在学业评价中的"C位"，重点关注学生在学科能力、文化意识、思维品质、学习能力等维度的整体表现与协同发展。如上述案例中，我们可以看出"明信片"的评价工具就聚焦了学生"画、写、读"等英语学科语言能力的培养与发展，单元目标直指学科核心素养，且符合四年级学生的心理与认知发展水平，趣味性与指导性较强。

2. 容易被儿童采用

工具是以被"使用"为目的而制造出来的，因此评价工具必须方便被"使用"。我们所面对的是一群小学生，因此评价工具必须具备可以被"儿童"使用的特质，即它是好玩的、有儿童性的，否则儿童可能会因为兴趣不足或者能力不够而不能积极、有效地完成任务；同时评价工具必须匹配儿童的能力发展水平，要在学生能够完成的基础上带有一定挑战性。上述案例中，儿童对于画画这项活动有着天然的不可抗拒性，因此教师通过设置"画一画"的任务能够有效增强学生完成写作任务的主动性、条理性与生动性，同时降低任务难度，由此提升了评价工具的使用效率。

3. 能够实现有效检测

我们开发设计评价工具,就是为了不断优化教与学,因此评价工具必须能够有效反馈学生的学习状况。教师和学生能够一边使用,一边基于评价结果对学习过程、效果随时进行查看与核对。所以评价工具必须要匹配评价目标进行设计,其评价要点是引导学生更好地达成一个单元的学习目标。如从上述单元"评价要点1:你画了哪个季节? 天气特征明显吗? 主要活动符合季节特征吗?"可以看出,学生是否画了与季节匹配的天气和活动的内容是本单元学习的重要内容,也是单元目标之一,学生能画、会写、会读这些内容,就能有效反馈出其对于单元目标的掌握程度。

4. 呈现方式多样化

评价工具是学生单元学习与评价的新方法,是促进单元学习的有效途径,更是聚焦主题与学习过程的衡量工具,因此,要尽可能全方位地反馈学生的学习状况,方便教师及时了解学生在单元学习中的具体表现。除了指向综合能力的质性评价,如针对写作、演讲、思维等方面的能力,设计英语创新绘本、英语主题板报、英文主题演讲、思维导图绘写等任务,我们也需要设计量化评价,让学生的学习状况更加直观地呈现。这就需要教师对照学习任务设计详细的评分规则,用数据来说明目标达成的结果。不同的工具解决不同问题,实现不同功能。一个单元可能使用一种工具,也可能使用一组工具。为了更加完整地呈现学生的学习状况,我们主张尽可能以多元视角设计学生学习的评价工具。

二、设计单元评价工具的系统流程

设计单元评价工具要遵循一定的流程,其中的各个关键因素之间都相互关联,互为前提。

1. 从课程标准到学习目标

单元评价工具的设计必须以课程标准为依据,将课程标准的具体要求分解到单元学习中,制定单元学习目标。如英语学科课程标准中有关的学科核心素养,如语言能力、文化意识、思维品质、学习能力会被融合进单元学习目标,转化为学会学习(聚焦知识与能力的学习)、学会做事(聚焦知能的理解与迁移)、学会做人(聚焦学生核心素养的培育)的单元特有学习目标。如在译林版《英语》五年级下册 Unit 4 Seeing the doctor 这一单元中,我们根据课程标准中的学科素养和语篇教学中有关该年龄段学生英语学习中应该掌握的语言知识、文化知识、语言技能、学习策略等,将本单元的学习目标设定为如表 2-4 所示。

表 2-4　Unit 4 Seeing the doctor 单元学习目标

目标 1	学生能熟练掌握并运用"What's wrong with . . . /What's the matter with . . ."(你怎么了……)询问疾病,并能用"I'm . . . /I feel . . . /I've got . . . /. . . hurt(s). "(我感觉……疼)等不同方式表述病情。
目标 2	学生能用表示建议的情态动词"should、shouldn't(应该、不应该)"给病人提出建议。
目标 3	学生能在体验医生和病人的角色中,乐于帮助"他人",懂得保持身体健康。

2. 从学习目标到学习任务

学习目标确定后,接下来应该考虑如何将学习目标转换成学习任务,让学生通过完成相应的任务来达成学习目标,这一步最难。设计学习任务时,教师要考虑什么样的任务既能"打动"学生的心,让学生感到任务有一定的挑战性且愿意完成;同时又能达成单元学习目标,承载单元学习内容,给学生综合运用单元知识与技能解决具体问题的机会。基于以上原则,我们将表 2-4 的学习目标转化为如表 2-5 所示的单元学习任务。

表 2-5　Unit 4 Seeing the doctor 单元学习任务

大任务	Be a little doctor and give advice to the patients. (学做小医生,给病人诊断病情并开处方单。)
子任务 1	Describe illness in three different ways. (能用三种不同的方式描述病情。)
子任务 2	Give advice to the patients. (能向病人提出正确的建议。)
子任务 3	Write the medical card. (写处方单。)

3. 从学习任务到评价工具

学习任务设计好后,下一步是基于学习任务设计有效的评价工具,即给出任务的评价标准。只有任务而没有任务达成的相应评价规则,那任务始终只是任务,而不能有效测量学习效果。透过这样的标准,教师可以清晰了解每一位学生学习任务的完成情况,进一步掌握学生的学习情况。学生也可以通过对照评价标准反思自己的任务完成程度,更加全面地掌握自己的学习情况。例如表2-6为针对表2-5中的"子任务3"设计的评价标准。

表2-6 学开处方单任务的评价标准

维度	☆☆☆	☆☆	☆
Describe the illnesses 描述病人的病情	能准确描述病情与原因	能基本描述病情与原因	能描述病情,但有语法错误
Give your advice 给出你的建议	能正确给出肯定与否定的建议各2条	能正确给出肯定与否定的建议各1条	能给出肯定与否定的建议各1条,但有语法错误
Report your case 汇报你的病例	汇报病例时,语言正确,声音响亮,语调优美	汇报病例时,语言基本正确,语调舒服	汇报病例时,需要同伴的帮助

三、用好单元评价工具的基本步骤

在单元教学中,教师要用对用好评价工具,不仅自己要会用,还要教会学生用。总之有一个基本原则,就是将评价工具嵌入学习全过程,实现全程导航。单元评价工具的使用主要包括以下三个步骤。

1. 第一步:教师呈现—学生理解

教师的任务是呈现评价工具,学生的职责是在教师的引导下理解评价工具,即明确要做什么、怎么做。学生只有事先明确"目的地",才能更好地使用并发挥评价工具的导航功能。如上述 Unit 4 Seeing the doctor 这一单元的第四课时,教师呈现的评价工具"Medical Card"(处方单)详细附上了"Describe the illnesses"(描述病人的病情)、"Give your advice"(给出你的建议)、"Report your case"(汇报你的病例)的评价细则。评价细则可以帮助学生更好地理解自己需要完成的任务:第一是写出病情及病因,第二是给出"应该"与"不应该"做的相关建议,第三是要准确、清晰、优美地汇报整个病例。

2. 第二步:学生学习—教师取证

学生在课堂上使用评价工具开展学习,教师则使用评价工具来收集学生学习过程与学习结果的各种信息,这是教与学的证据,取证过程也是教师改变以往教学行为的表现,是把课堂真正还给学生做到"让学"的过程。学生在课堂上使用上述评价工具开展学习,教师需要不停地取证。以我校五(1)班为例,教师对于班级 48 名学生使用评价工具进行学习的情况统计如表 2-7 所示。

表 2-7　五(1)班学生完成任务整体情况

维度	☆☆☆	☆☆	☆
Describe the illnesses 描述病人的病情	43 人 (90%)	3 人 (6%)	2 人 (4%)
Give your advice 给出你的建议	34 人 (71%)	10 人 (21%)	4 人 (8%)
Report your case 汇报你的病例	15 人 (31%)	0 人 (0%)	0 人 (0%)

表 2-7 内容显示,学生前面两个环节都表现得非常好,但是在汇报病例的环节却没有达到预期目标,究其原因是学生对照评价准则完成任务时,都倾向挑战最高标准而没有充分的时间进行最后的汇报。以上现象就需要教师反思评价工具的设置,完成基于反馈的整体调整和细节优化。

3. 第三步:教师反馈—学生调整

教师将收集的证据及时向学生反馈,并进行交流与评价,学生根据教师的评价以及自我评价做出学习策略的适当调整,以期下一次更好地理解与学习。如针对表 2-7 中汇报病例环节未达预期的情况,我们及时向学生反馈,让其明白汇报也是评价的一部分。同时,我们对这项任务的时间分配进行了调整,增加 3 分钟的小组汇报时间,且将原定的 4 人小组汇报活动改为 3 人小组。在不改变小组活动形式的条件下,通过对人员进行适当调整,确保学生能高质量完成学习任务。

单元评价工具的引入,有效提升了教和学的质量。一是学生的思维方式更完整了,评价工具重在评价学生将单元知识在新的情境中迁移运用的能力与水平,因此能引导学生跳出教材的"板块学习"构建单元内容的"知识脉络图",形成单元学习的整体思维模式。二是学生的学习有了深度,评价工具在"强制"教师将课堂时间还给学生的同时,其不同"刻度"还指引着学生不断调整、不断进阶。三是评价更加全面了,不同学生使用工具开展学习都能收获基于自身学习效果的丰富而又有个性的反馈,这些反馈信息既是课堂学习的补充资源,又是学生调整与优化学习的证据,有效解决了"以标准答案一把尺子量所有"的评价弊端。今后我们希望能基于单元的性质、小学生的年龄特点,不断丰富评价工具种类,优化工具的"教学评"性能,制定"儿童版"评价标准,让评价更好地贯穿教学、更好地驱动学生开展单元学习。

(李勤华,发表于《中小学管理》2021 年第 8 期)

表现性评价专题研究

表现性评价的基本特征

核心素养怎么评？这是一个问题。因为核心素养不能通过回应标准答案而进行测评，而是要通过观察学生"做事"过程中的表现才能判断。这里的"做事"，是指在相对真实的情境中，完成指向目标的复杂任务，也就是学术界所说的"表现性评价"或"表现评价"。表现性评价遇上核心素养，正在受到越来越多教师的青睐。但是，在实践中，也遇到了不少的问题：有些老师是怕做，被"表现性评价"概念辨析折腾得不敢做，总是在问"我这个算不算表现性评价"；有些老师是"怕不做"，并没尝到表现性评价的甜头，但好像不说自己在做表现性评价就会有"不时尚"的嫌疑；更多的老师是不会做，看看书上说的，听听专家讲的，似懂非懂，一旦到自己的课程实施中，又不知如何做了。笔者以为，以上种种，关键还是在于表现性评价进入中国后，要走本土化之路。表现性评价本土化，要反对教条主义与形式主义，好的表现性评价，总是以提升"人"的核心素养为标志的，否则，无论怎样新奇，无论怎样古怪，都是毫无意义的。以提升"人"的核心素养为标志的表现性评价，是有一些基本特征的，本文试图阐释好的表现性评价的基本特征。

一、要有对接的素养目标

表现性评价的基本结构，由"三要素"组成，即：表现性目标（又称"表现目标"）、表现性任务（又称"表现任务"）与评分规则。根据课程的常识，评价一定要针对目标，没有目标就没有评价，表现性评价一定要有与核心素养对接的表现性目标，这是好的表现性评价的第一个特征。如何对接？

第一，要明确目标"时长"，表现性目标可以在某一课时中落实，但实现一个表现性目标，通常需要更长的时间学习，表现性目标是一个"长程"目标，当我们在说表现性目标时，往往是关于某单元、某项目、某主题的学习目标，是在一个阶段中逐次达成的学习目标，这可以是几节课，也可以是一个月，也可以是一个学期，究竟多长时间完成，根据需要而确定。

第二，要确定目标类型，关于目标的分类，从布鲁姆到加涅，到我国的皮连生等都有精深的研究，笔者以为，在教师的课程实践中，要掌握的原则是，表现性评价针对的是运用、评价、创造等高阶思维，是在新的复杂情境中的问题解决，而不是仅仅靠识记、回忆、简单操作等就可以达成的低阶思维。

第三，要确定目标对接的具体素养，表现性评价可用于学科课程，也可用于跨学科课程，如果用于学科课程，就要在学科核心素养的框架内确定目标，比如语文学科核心素养，包括"语言建构与运用""思维发展与提升""审美鉴赏与创造""文化传承与理解"，我们在设计表现性评价时，要自觉找到其中对应的项目；如果用于跨学科课程，则可以参照《中国学生发展核心素养》，对接其中的跨学科素养。

第四，整合性地思考核心素养、课程标准、教材/资源与学情。影响目标确定的因素大致有以上这些，因此，表现性目标的确定要依据这些因素进行综合考量。在四年级小古文学习的基础上，我校沈老师根据班级学生的学情基础，设计了"给同伴做一个小古文微讲座"的表现性评价，这是一项要用一学期的时间才能全部完成的长程任务，对接语文核心素养，对标课程标准的如下要求：(1)能用普通话正确、流利、有感情地朗读课文。(2)能联系上下文和自己的积累，推想课文中有关词句的意思，辨别词语的感情色彩，体会其表达效果。(3)在阅读中了解文章的表达顺序，体会作者的思想感情，初步领悟文章的基本表达方法。在交流和讨论中，敢于提出看法，作出自己的判断。(4)诵读优秀诗文，注意通过语调、韵律、节奏等体味作品的内容和情感。(5)扩展阅读面。最后确定如下的表现性目标：(1)有流畅的示范朗读；(2)对需要解释的字词句及整篇文章有正确解读，且有自己的理解；(3)讲解表达正确、生动，有互动；(4)PPT与内容相吻合。

二、要有挑战性的表现任务

表现任务要具有一定的挑战性,才能考查核心素养,这种挑战性任务,不是"刷题",不是基于标准答案的指名回答,而是"做事",在完成某种任务的过程中,才能出现核心素养所要求的表现。

第一,匹配高阶目标。比如"小古文"学习的任务,根据以上确定的目标,沈老师设计的表现任务是:请你从《小学生小古文100课》中选择一则,为班上的同学做一次"微讲座",每周一次,提前一周公布报告人名单。为了完成这项任务,请做好以下准备:(1)读通读顺,正确断句,不读破句;(2)借助书中的解释,通过查询网络,咨询老师、家长、同伴等方式,逐字逐句理解字词句的意思,并能进行讲述;(3)说说这则古文表达的意思;(4)阐述对这则小古文在语言表达上的特色发现;(5)制作成PPT,注意标题、插图、字体大小等。表现性评价的目标本身就是具有挑战性的,与之匹配的评价任务,也自然是具有挑战性的。

第二,设计较大任务。表现任务不是一个简单的回应,也不是一个没有情境与长度的活动,而是一项"较大任务",是一件尽可能真实的"事"。笔者看到这样一项作业:留守儿童近半因父母外出打工导致生活质量下降,精神上和心理上承受着巨大的压力。为了关爱留守儿童的健康成长,某校团委开展了"走近留守儿童"的主题活动,通过同学之间结对子的形式,帮助留守生走出心灵阴影,健康快乐成长。请你参加本次活动,并完成下列任务。下面的"任务"有三项,第一项是一道选择题,从三个活动主题中选择一项;第二项是一个留守儿童抑郁情绪调查表,反映了抑郁频度(经常、有时、很少、没有)的占比、不同解决方式(对父母说、对同学说、对老师说、不说)的占比,要求学生从中提炼两则信息;第三项是"为了开展好这次活动,请你设计两种活动形式",并给了一个示例:"给留守生集体过生日。"于是同学们也根据示例,用一句话概括一种活动形式。我看了之后就想到,这些"题目",与"表现性评价"有什么不一样? 如果是一项"表现性评价",可以怎样设计? 首先,这项任务是真实的,我们可以以"主题活动方案PK"作为真实性的任务,而要设计一个"主题活动方案",会涉及关于"活动方案"的各种要素,比如活动主题、时间、过程、准备、分工、资源、阶段,以及相关细节,根据这些要素设计好评分表,以帮助学生更好地理解方案的撰写,还可以呈现样例,在学生明确了任务要求之后,可以用两个星期的时间完成方案,然后进行方案的展示与比赛,最后选择其中的一个方案,开展活动。——我并不是说,所有的"作业"都要变成"表现性评价",但以此为例,我们就可以明白表现性评价的特征,它应该是有挑战性的任务,是"大任务",是具有不确定性的复杂任务。

三、要有明晰的评分规则

评分规则是对评价任务的规格要求,好的表现性评价,一定有明晰的评分规则,评分规则用以导教、导学。评分规则清晰,学生才能明白要学到什么程度。从某种意义上说,研究表现性评价就是研究评分规则,开发评分规则就是开发课程。那怎样开发评分规则?

一是提炼评分要素,要明确从哪几个方面来对任务进行评价,比如陆老师在研究三年级语文某单元的教学时,将"会讲一个简单故事"作为表现性任务,那么,怎样才算是"会讲一个简单故事"呢?她提炼了三个要素,即"讲好故事的三个法宝":讲清故事情节、再现故事细节、加入合理想象。之后,她将这三个要素放在课文情境中让学生去理解与实践,最后用两个课时,组织学生进行讲故事比赛,全体学生担当评委。

二是对评分要素进行描述。这里的描述,有两种方法,一种是无区分度的目标描述;一种是有区分度的等级或分值描述。如我校周老师在研制《真想变成大大的荷叶》一课的朗读评分规则时,围绕"读出不同事物的不同特点"这一目标,对不同事物的朗读提出了"得星要求":雨滴,静静安睡(即要求读出"静静安睡"的感觉,下同);小鱼,欢快游泳;蝴蝶,美美穿梭;蝈蝈,响亮歌唱;星星/新月,轻柔甜蜜;荷叶,小大突出。这就属于没有区分度的描述,学生可以根据这样的提示进行朗读学习。如"给同伴做一个小古文微讲座"的任务,老师开发了有区分度的评分规则,评分要素分示范朗读、词句理解、文章理解、讲解表达、PPT制作五个维度,每个维度有几项具体指标,如示范朗读,有流畅程度、断句正确性、语气体现文章的感情三项指标,每个指标分为优秀、良好、合格、不合格四个等次(见表2-8),这是一个明晰的评分规则。依据这个评分规则,学生可以自评、互评,教师可以组织学生在班上共评,评价导学的功能可以较好地发挥。

表 2-8 "给同伴做一个小古文微讲座"评分规则

评分要素	具体指标	优秀	良好	合格	不合格
示范朗读	流畅程度	很好	较好	基本流畅	不流畅
	断句正确性	非常正确	有 1—2 处不太正确	有 3—4 处不太正确	4 处以上不正确
	语气体现文章的感情	非常好	较好	基本能体现	不能体现
词句理解	对需要解释的词语有正确的理解	非常正确	有 1—2 处不太正确	有 3—4 处不太正确	4 处以上不正确
文章理解	能正确理解文章的主旨、情感或说明的道理	非常正确	正确	基本正确	不正确
	有自己的见解	见解独特而正确	见解独特	有自己的见解	没有自己的见解
讲解表达	表达通顺、清晰、生动、大方	很好	较好	一般	较差
	与听众的互动	很好	较好	有互动	没有互动
PPT 制作	标题、插图、字体大小与内容相吻合	很好	较好	一般	较差
总体评价					

评分规则要明晰,首先是设计得明晰,然后是执行得明晰,要把"教师的明晰"转化为"学生的明晰"。而要学生明白评分规则,一是需要教师讲解得明白,必要时可以通过示范、样例等来说明;二是提倡学生参与评分规则的制定与修订,如上述"给同伴做一个小古文微讲座"评分规则,是经过了学生的讨论逐步形成的,理解评分规则的过程,就是提高学习品质的过程。随着这项任务在班上的持续进行,评分规则作为评价与学习的工具,不断地帮助学生学得更好。

四、要有丰富的信息创生

表现性评价的学习成果,不是一些唯一性的答案,而是会创造出无限的创意。教师在实施表现性评价中需要收集学习信息,通过对这些信息的分享与点评(基于评分规则的点评),实现学习的丰富性。笔者承担了江苏省"十三五"规划课题"表现性评价在小学课程教学中的应用研究",我校在探索嵌入表现性评价的课程教学中,呈现出丰富的学习样态。老师们以评分规则为指南,开发以英语自创绘本、思维导图(见图2-5)、海报制作、演讲、游戏节导游图(见图2-6)、手工书比赛、小报制作等表现性评价,丰富了学习方式与学习体验。学期结束时,我们收集学生的表现性评价作品,集中展出,邀请点评,这又是表现性评价的深化。

图2-5　思维导图

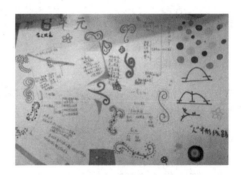
图2-6　游戏节导图

　　表现性评价带来的丰富的学习信息,不仅仅体现在学习方式与表达方式的变化上,更是给学校如何在课堂实践中创造丰富的学习信息带来新的启迪。比如,老师们从课外作业题中发现这样一道关于"写一个副标题"的作业,作业给出了一幅"图书漂流活动"海报,要求回答几个问题,其中之一是:"图书漂流活动海报主题为'图书漂流',副标题空着,请你取一个别致而吸引人的标题。"这是非常普遍的"问法",每个同学给一个答案,然后老师非常高兴地展示,最后宣布:"我们班的同学真有创意!"可是,这是一个美丽的谎言,因为这样的做法,每个孩子只创造了一种答案,根本没有经历大的挑战,根本没有穷尽学生的思维。老师们根据表现性评价的思维方式,要求学生"取几个别致而吸引人的标题",思维一改,信息就变得更加真实而丰富,有的同学一下子取了好几个精彩的"副标题":"让书成为第二个鲁滨逊""书的传递,爱的传递""书传爱也传""让书环游世界""书的旅行""让更多的人读上不一样的图书"。表现性评价为什么要特别关注丰富的学习信息,归根到底,就是要我们看到"人"。

五、要有完整的学习历程

表现性评价的实施,是一个完整的学习过程,而不是"一次性"完成的事。表现性评价"任务"之"大",其实也是相对而言的,可用于课程单元,也可用于课程项目,也可用于课堂教学。但无论应用在哪里,都应该经历一个完整的学习过程:学生明确评价任务,理解评分规则,利用评分规则进行学习、进行自评、进行互评,师生运用评分规则进行互动,这个过程,就是学习信息不断丰富、不断优化的过程。

如,写作《生活因_____而精彩》一文,写作的要求是这样的:"追求美好的理想,享受爱心的阳光,体验亲情与友情⋯⋯生活是多么精彩! 请选取自己在生活中曾有的经历,把题目补充完整,写一篇作文。题目横线上可以填写:追求、爱心、友谊⋯⋯"当然,这仅仅是一个半命题的作文,还称不上更复杂的真实情境,如果把这个作文要求置于一次主题演讲、主题小报,或者围绕某一个事情展开,就会更有表现性评价的意味。但这不影响我们用表现性评价的思维来提高学业质量。教师安排这次习作,主要是为了锻炼学生的"审题"能力,第一次写作,是在教师没给任何指导的情况下写的,班上46 人,其中 20 个人需要重写,8 人需要修改,需要重写的原因有这几种:写成散文了;没有具体展开的故事;没有写发生在自己身上的故事,写的是别人的事情,也即离题太远。需要修改的主要原因是:整篇文章没有凸显"精彩"的主旨。教师在批阅初稿之后,与同学们一起研读题目,编制了 3 个"评价要素":(1)是否写出"精彩"这个主题;(2)是否写出自己的经历;(3)经历是否展开——这就是师生一起编制评分规则。为了让学生更好地理解这个评分规则,老师结合成功范例与有问题的习作进行讲解。第二次作文,28 个同学对标 3 个要素,符合了基本的评分要求,都解决了"离题"的问题。这个过程,也是运用表现性评价的原理,引领同学经历完整的学习,提升学习品质的过程。

研究表现性评价在课程教学中的应用,我们只是刚刚开始,笔者以为,我们既不要囿于外来的概念定式,也不能过于泛化浅化,只要我们抓住一个好的表现性评价的基本特征,努力实践与反思,一定能发挥其所长,提高学生的学业品质。

(张菊荣,《江苏教育(教师发展)》2019 年第 2 期,发表时题为《好的表现性评价的基本特征》)

表现性评价"三要素"：目标、任务与评分规则

表现性评价并非新概念，其主要思想和基本形态曾在我国古代和中世纪欧洲的人才选拔中被广泛运用。我国进入新课改之后，表现性评价逐步被重视，而随着"中国学生发展核心素养"的提出，表现性评价被教育研究者高度重视，并"飞入寻常百姓家"，其开发与实施正在成为学校与教师课程改进的重要路径。这不是为了时尚的凑热闹，而是课程改革进入"核心素养时代"的必然举措。因为，"素养"是否形成，无法仅仅通过能否回答一个具有标准答案的问题去判断，而要通过观察学生的"表现"才能评价。而且，学生在完成表现性任务的过程中，本身也在进行学习，即在表现性评价实施过程中，课程、评价、教学与学习是相互整合的。表现性评价意在评价学生在复杂情境中的应对，但表现性评价本身并不复杂与高深。表现性评价的基本概念——表现性目标、表现性任务与评分规则，就构成了表现性评价"三要素"，其结构关系如图 2-7 所示。

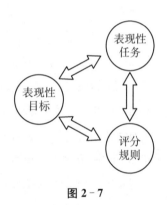

图 2-7

一、素养导向的表现性目标

（一）要看到人

没有目标就没有评价，一切的评价都是针对目标而言的。从某种意义上说，课程理论首先是目标理论，课程实施首先是基于目标的实践。从国家的教育方针到学校的培养目标，从学科课程标准到课堂教学目标，都属于"目标"范畴。新中国成立以来，关于课程目标我们大致走过了三个阶段，即：从 1.0 版的"双基"目标（1952 年），到 2.0 版的"三维目标"（2001 年），再到 3.0 版的"核心素养"（2016 年）。2016 年 9 月，在北京师范大学发布的《中国学生发展核心素养总体框架》中，"全面发展的人"包括了文化基础、自主发展、社会参与等三个方面、六大素养、十八个要点，基本回答了培养什么样的

人的问题。从此,素养导向的课程目标要求我们,不管是从哪个层面(学期课程纲要、单元学习目标、课时目标)的目标出发,都要看到背后的"人",即有人说的课堂三境界:第一重境界,看到的是知识与学科(语文、数学等);第二重境界,看到的是学知识的学生(学语文的人、学数学的人等);第三重境界,看到成长中的人。看到人,是表现性目标的正确旨归;育人,是表现性评价的本质要求。

(二)要看到人的素养

所谓看到"人",其实就是看到人的素养。教师层面制定学习目标,一般是单元与课时层面的具体目标,在描述的时候,不一定会明明白白地写清楚"培养什么样的人",但是,描述者自己必须很清楚具体目标与核心素养(什么样的人)之间的联系。至于怎样联系,那就关系到我们对于核心素养的理解了。究竟什么是核心素养?是学生应具备的能够适应终身发展和社会发展需要的必备品格和关键能力。学生拥有了这些必备品格与关键能力,就能够应对未来不确定性的、复杂情境下的真实问题。未来,谁都会遇到教科书上没有说到过的问题,谁都会遇到没有标准答案的问题,这时靠什么去解决这些问题,当然要靠"核心素养"。这种核心素养,就无法通过一道选择题、一道简答题的回答进行测试,就需要通过表现性评价来要求学生建构反应、创造方案。表现性目标就当聚焦于此类高阶认知。

(三)表现性目标应该体现高阶认知

表现性评价常以报告、方案、演说、作品展示、项目等为形式,但我们不能误以为只要以这种形式出现的评价就是表现性评价。表现性评价的关键特征是要看表现性目标能否体现高阶认知,如果目标定位在回忆信息、事实、概念或者简单操作,而不是定位在新的情境中的设计、创造、建构等高阶认知目标,那么,评价形式看上去再怎样像表现性评价,也不是真正的表现性评价。比如,我们在一起研究综合实践活动课程"创意 DIY 口罩"时,确定了五项表现性目标(见表 2-9),指向高阶认知,对接核心素养。

表 2 - 9

表现性目标	指向:认知维度 (参照布鲁姆目标分类法)	指向:核心素养
能通过探究掌握关于口罩的知识	高阶认知:分析	文化基础——科学精神
通过讨论,以某种思维图有条理地画出一次性医用口罩的缺点	高阶认知:分析	文化基础——科学精神
能通过小组合作,开发"创意 DIY 口罩"评分规则	高阶认知:创造	自主发展——学会学习
能与小组成员一起设计、制作出具有创意的口罩	高阶认知:创造	自主发展——学会学习 社会参与——实践创新
能在班内展示与解释作品,进行答辩,能总结经验,进行反思	高阶认知:评价	自主发展——学会学习 社会参与

表现性目标的设定是一项系统工程,要对核心素养、学科核心素养、课程标准、具体学情、学习资源、教材等逐一研究、综合考量,其表述应以学生为主体,应可评可测。表现性目标除了要在新情境中反映高阶认知,也应该保证低阶认知。对此,本文不作全面论述,以上所述,只是强调表现性目标素养导向的特点。

二、新情境中的表现性任务

目标回答的是评什么的问题,任务回应的是怎样评的问题,这个任务应该能够检测目标是否达成,所以被称为评价任务。评价任务与目标必须高度匹配。表现性评价中的评价任务,即表现性任务,又有怎样的特点呢?

(一)任务开展的情境性

把评价任务放在复杂的情境中,让学生去表现,这是表现性任务的重要特点。所谓"复杂情境""真实情境""劣构情境""不确定性",都是相同的意思,即这个情境是之前没有遇到过的,因此,需要评价的就不是对简单的事实性知识的回忆,而是要在未曾遇见的情境中产生思想、创造方案。2019 年高考,全国Ⅱ卷的作文题是这样的:

1919 年,民族危亡之际,中国青年学生掀起了一场彻底反帝反封建的伟大爱国革命运动。1949 年,中国人从此站立起来了!新中国青年投身于祖国建设的新征程。1979 年,"科学的春天"生机勃勃,莘莘学子胸怀报国之志,汇入改革开放的时代洪流。2019 年,青春中国凯歌前行,新时代青年奋勇接棒,宣誓"强国有我"。2049 年,中华民族实现伟大复兴,中国青年接续奋斗……

请从下列任务中任选一个,以青年学生当事人的身份完成写作。

① 1919 年 5 月 4 日,在学生集会上的演讲稿。

② 1949 年 10 月 1 日,参加开国大典庆祝游行后写给家人的信。

③ 1979 年 9 月 15 日,参加新生开学典礼后写给同学的信。

④ 2019 年 4 月 30 日,收看"纪念五四运动 100 周年大会"后的观后感。

⑤ 2049 年 9 月 30 日,写给某位"百年中国功勋人物"的国庆节慰问信。

题中的五项任务,就是新情境中的问题。学生要将自己置身于题中所示的环境中,以"当事人"的身份进行合乎情境的写作,评价的是学生在未曾经历的情境中的理解能力。

(二)知识运用的整合性

表现性任务所评价的不是几个知识点,而是学生综合运用知识的能力。表现性任务不是不要知识点,而是要求学生将知识点连接成网,综合起来完成复杂任务。因此,在设计表现性任务前,要梳理本单元的知识点,并考虑本单元知识点与旧知识的关联,设计出可以综合运用知识的任务。比如,译林版《英语》四年级下册 Unit 5 Seasons,教师将目标定位在运用本单元中主要句型"Welcome to... /In... , it is... (天气)/The... is/are... /Let's go..."围绕天气、景色、活动与服装四个方面来谈论春、夏、秋、冬四个季节。教师将情境设置在疫情过后的苏州,要求学生通过完成一张明信片(如图 2-8),邀请抗疫英雄待疫情结束后来苏州旅游,将所学的知识"集成"在一张明信片上,体现了知识运用的整合性。

Make a postcard

Which season do you like best in our city? You can draw, write and read it. Remember to invite your friend to visit our city.

Step 1 Draw your favourite season

Step 2 Write your favourite season

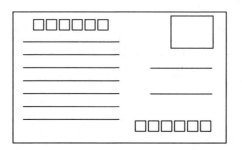

图 2-8

(三)问题解决的建构性

表现性任务要求学生不是简单地做一些选择性的应答,而是要建构反应,创造自己的问题解决方案。因此,表现性任务一定是开放性的,一定是有利于学生创造不同答案的,一定是有利于催生丰富的观点、表达、作品的。如"创意DIY口罩",为了追求特别的创意,设计与制作出来的口罩是各有特色而不可能是整齐划一的,"答案"是需要各自建构的,而不是教师告诉学生之后学生"还"出来的。

在表述表现性任务的时候,要做到清晰、明白,要让学生听得懂、看得明。有些任务还要借助样例来说明,有些任务还要通过示范等方式来解释。让学生明白,这是表现性任务的基本要求。再好的任务,如果学生不明白,就毫无意义。

三、导学导评的评分规则

(一) 编制评分规则就是"专家思维"

评分规则是表现性任务过程与结果的质量规格,是表现性目标的质量要求在表现性任务中的落实。在表现性任务设计好之后,就要开发评分规则,有时候也可以让学生参与。评价规则的制定需要"像专家一样思考",如教师开发评分规则,教师就在"像专家一样思考";学生参与开发评分规则,学生就在"像专家一样思考"。一份小小的评分规则,背后体现的是思维方式,是"专家思维"。理解评分规则,就是理解知识本身。

(二) 评分规则可以评结果,也可以评过程

评分规则针对什么而设,这要看我们评什么。如果要评价"结果",我们可以对表现性任务的结果(如作品)做出评价;如果要评价"过程",我们可以对学生完成任务过程中的表现做出评价。在一项表现性任务中,也可以根据目标的需要,开发多套评分方案。

(三) 评分规则包括指标、区分度两个维度

评分规则包括两个维度:指标(要素)与区分度,这两个维度构成评价量表,又称"量规"。指标的分解体现教师(学生)对评价内容的质量的理解。但是,指标不宜太多,因为,如果指标过多,目标就不突出,我们就不知道究竟要评什么了。在"创意DIY口罩"初稿中,教师将评价标准分解为六个指标:防护性、舒适性、安全性、实用性、创新性与美观性。在后续的讨论中,大家发现"防护性"与"安全性"是重复的,"创新性"则与任何一项指标都有关。最后,我们确定为三个指标,这三个指标都围绕着"创意"这个主题:安全度的创意、舒适度的创意、美观度的创意。

每一项指标,都可以设定"区分度",比如设置"好、中、差""一星、二星、三星、四星、五星"等。区分度一般在三到五级。每一项指标的每一项维度,都要清晰地去描述。区分度描述得越清楚,学生的学习就越清楚。比如,低年级学生写话训练,要求写一段话,要用上连续动词,评价指标就两个:(1)字数;(2)连续动词。这样,区分度就会非常

清晰。写话练习评价量表详见表2-10。

表2-10

指标	一星	二星	三星
字数	20字	40字	60字及以上
连续动词	2个	3个	4个及以上

评价量表的开发,一是要注意要素的合理性,二是要注意区分度的明晰性,三是注意让学生能看得懂,体现儿童性。如上述写话练习评价量表,就非常清晰,学生可以自己对照量表,进行自我评分与调整。如果我们把指标描述为"具体""生动"等,就无法评价了。

再如,上述四年级学生英语学习中的明信片填写评分规则,无论是评价要点还是区分度表达,都清晰可见。评分规则详见表2-11。

表2-11

评价要点	三星	二星	一星	I can get
格式写对了吗?	能写出5—6个要素	能写出3—4个要素	能写出1—2个要素	
季节写好了吗?	能写6句及以上,且正确	能写4—5句,且正确	能写1—3句且正确	
会分享了吗?	能流利正确地分享	基本做到流利正确地分享	基本做到能分享	

以评分规则导评、导学,学生学得明明白白,清清楚楚,让素养导向的目标落地有声。这是评分规则的课程意义。

(四)评分规则的本土性、中式化探讨

关于评分规则,笔者认为可以探讨的是:是否所有评价都要描述清区分度?如果有一些指标区分度难以描述呢?教师在教学实践中,经常会遇到这样的问题。笔者的基本观点是:指标分解是必需的,区分度描述则视情况而定。指标分解,体现了我们思维的结构性,所以,照应目标要求,这是必须要做的,否则教与学就无从引领。但是,区分度则视主题与实况而定。我们这样的思考,也是有文化依据的,因为东西方文化在思维习惯上有较大的差异,即西方注重客观分解,东方强调整体感受。正如西方烹饪会说明多少毫克,东方菜谱则说"少些""适量",两种思维是各有其理的。对评价内容进行指标分解固然正确,但对一些难以描述的指标则要进行相对模糊的处理,这是表现性评价的本土化体现,也是"中西结合"的思路,"西"在指标分解,"中"在区分度相对模糊(即不做细微的等级描述),据此,我们开发"评价清单"作为"评分规则"的"中式版"。比如,三年级综合实践活动中,关于"封面"的评比,就提出如下四个问题作为"评价清单":(1)整体效果如何? (2)色彩搭配如何? (3)关键要素是否完整? (4)是否具有创意? 不再做"一级""二级""三级""四级"等每一级的表现描述。这份"评价清单"可以发挥导学、导评功能,可以为学生创造好的作品提供机会与依据,因此我们认为也是可行的。

这是一个可能会有争议的观点,但我们以为一切都要以是否有利于儿童学得更好为标准。最后,我们要补充的一个观点是,表现性评价是课程评价的一种方式,是针对素养目标特别管用的评价方式,但不是评价方式的全部,课程质量的提升需要多种评价方式的协同发力。

(张菊荣,《教育视界(智慧管理)》2020 年第 5 期)

表现性目标设计的基本原则

——以小学数学学科为例

目前，一般的教学目标制定主要围绕"知识与能力、过程与方法、情感态度价值观"这三个维度，而且教师在叙写时经常生硬地将这三个维度的目标分裂开来。但在实际的教学过程中，这三个维度的目标是相互融合、不可分割的。部分教师认为，学习目标的制定只是一种形式，对实际教学并没有多少指导意义。

笔者尝试把学习目标的制定和学习任务的设计相结合，制定表现性目标，以期达到培育核心素养的目的。与一般意义的学习目标不同的是，表现性目标主要指学生在真实或者模拟的生活情境中分析某一事件或者完成一项任务时的具体表现，这样的目标更多地指向学生在具体的学习情境中产生的个性化表现，能唤醒学生自主学习的意识，引导学生理解、应用、反思、评价，发展学生的学习能力，激发学生的独有创造。

一、关注儿童，体现主体的积极性

学习目标是学生预期学习所要达到的结果，但教师在制定目标时一般侧重于学生对知识的理解、掌握、运用等，更多地考虑最后的学习结果，而不是学习的过程。表现性目标的制定是和学习任务相结合的，即教师在制定目标的同时也在思考怎样的学习任务更适合学生，学生是否有完成学习任务的渴望和需求，制定怎样的目标更能体现学生对学习任务的兴趣。

教师需要站在学生的角度思考，从中获得学习目标的设计灵感。例如，苏教版四年级上册"可能性"一课，原学习目标为：在具体情境中，通过实例感受简单的随机现象，能列出简单的随机现象中所有可能发生的结果；通过实验、游戏等活动，感受随机现象中结果发生的可能性有大有小，能对一些随机现象发生的可能性大小做出定性描述，并能进行交流。

随机事件在有经验的成人看来是非常容易理解的事情，结果也是理所当然的。但是,对于小学生来说,如何通过数据分析来体验事件发生的可能性大小,如何学会用科学的方法来解释,才是真正的学习目标。所以,本课目标制定的落脚点应放在数据分析观念的培养上。设计怎样的学习活动才能让学生更加感兴趣,能让他们在饶有兴致地完成学习任务的过程中培养数据分析观念,并通过数据分析体验事件发生的随机性,进行有效的交流呢? 笔者想到了游戏。结合制定的学习任务,笔者在教学实践中设计了如下学习目标:创造一种能和同桌一起玩的简单游戏,从中体会事件发生的可能性;和同桌玩几分钟,记录输赢的比例,分析赢得游戏的可能性;把这个游戏介绍给全班同学,对游戏规则的合理性做出有说服力的解释。这一课的学习目标主要是培养学生通过分析数据体会事件发生的可能性,指向数学核心素养中的数据分析。对比这两种学习目标,原学习目标侧重从学习结果的描述入手,如通过什么活动,让学生体验事件发生的随机性;而表现性目标则侧重活动的设计,通过学生感兴趣的活动,来完成预期的学习目标,使学生积极主动地投入学习活动中,并在知识、技能、态度、方法、交往等方面达到预期的学习效果。

二、注重内容,体现任务的挑战性

学习的本质是"学会学习"。知识的获得、技能的形成固然重要,但学习知识和技能的过程更加重要。使学生在学习知识和技能的过程中获得最大程度的进步是教学最重要的任务之一,这个结果不仅指向成绩,更指向学生的思考、判断、分析、推理等。如果教师制定的学习目标太简单,学生预期取得的学习结果的进步程度就不大,所以,教师在制定学习目标的时候需要关注学习内容,需要关注学生完成这一学习内容时是否需要一定时间去思考、探索、反思、修正。这就要求目标具有一定的挑战性。

例如,苏教版三年级下册"间隔排列"一课,原学习目标为:经历探索间隔排列的两种物体数量关系的过程,初步认识间隔排列的物体个数之间的规律;初步培养用数学眼光观察周围事物、用数学观点分析生活现象的意识及能力,初步学会运用发现的规律解决一些简单的实际问题;初步形成与人合作的意识和学习的自信心,产生对数学的好奇心。

间隔排列在生活中非常普遍,如路灯排列、锯树问题、爬楼问题等,但有些学生在学习之后还是不能将教材中的例子和生活中相似的现象关联起来,主要原因是学生在研究间隔排列的规律时从数入手,寻找间隔数和物体之间数据的关系,而忽略了间隔排列的数学结构。所以,笔者认为这一课目标制定的落脚点应是学生找到间隔排列的基本特征,即一一对应的数学思想。从原学习目标中我们也能看到,教师重在通过例子引导学生发现间隔排列的规律,并能应用规律解决生活中的简单排列问题,其重点是发现规律,找到间隔排列的三种情况。这个目标对学生来说难度不大,且没有涉及间隔排列的数学本质,对数学思维的培养起不到促进作用。我们可以在原目标的基础上进行修改和补充,增加一个具有挑战性的目标:学生设计间隔排列的物体,并能解释排列的规律。通过这个目标来帮助学生找到间隔排列的基本特征,并以此为基础应对各种变化的情况。

三、关注差异,体现表现的层次性

学生的思维水平和认知能力是不同的,所以,在同一内容的学习之后,学生学习的达成度也各不相同。那么,我们如何来检测学生在学习上的不同发展,表现性目标为我们提供了可能性,即:目标的制定不单单指向学生对知识的理解、掌握,还有对学生完成任务的能力的展示。

例如,苏教版一年级下册"认识平面图形"一课,在教学中,为了检测学生对平面图形的认识,笔者设计了如下表现性目标:学生进行"平面图形自画像"绘本创作活动,在创作中学会表达正方形、长方形、三角形和圆的图形特征,能区别平面图形和立体图形;在小组里进行绘本介绍,向小组成员提出一到两个修改绘本的建议;修改绘本,把自己绘本中最能体现本单元学习内容的部分介绍给全班同学。

我们再来看这一内容原来的学习目标:整体感知每种平面图形的形状,形成初步的表象;能依据表象识别各种图形,在常用的物品表面找到这些形状的面,并说出它们的名称;能用简单的方法做(画)出这些图形,能对图形进行拼、折等变换活动。

两者相比,表现性目标的重点不是放在最后的结果上,而是放在学生完成学习任务的能力的展示上,即:更关注学生学习过程中的差异,并通过讨论(互学)来降低学生之间的学习差异,帮助学生在完成任务的过程中发展初步的空间观念。根据这个表现性目标,教师就可以制定相应的评价工具,设计相应的学习活动。

四、指向素养,体现目标的高阶性

表现性目标在制定的过程中,针对数学核心素养的培养,可以指向数学学习的高阶认知能力(评价、分析和创造),关注学生应用知识解决实际问题的能力。同一个知识点,设计表现性学习目标,更能体现学生的高阶认知能力。

以苏教版三年级上册"面积单位"一课为例,原学习目标:理解面积单位的含义,认识面积单位平方厘米、平方分米、平方米,建立1平方厘米、1平方分米、1平方米的表象;根据物体表面大小选择合适的面积单位,培养学生的估计能力;通过观察和学生活动培养学生的空间观念、动手操作和抽象概括能力,体会数学和生活的联系。

根据布鲁姆目标分类法,我们可以看到,原来的目标制定重在简单识别和记忆理解,属于低阶认知目标,对学生数学核心素养的培养意义不是很大。面积单位的教学落脚点在培养学生的直观想象能力,为此,笔者将学习目标改为:用工具测量课桌桌面的面积,理解面积单位的由来;认识平方厘米、平方分米、平方米,选择其中一个和同学说说有多大;剪一个1平方分米的纸片,小组里评一评,失败的可以再剪第二个,以此类推,并向全班介绍自己剪的过程。

修改后的目标,第一个指向创造,虽然要求学生创造一个测量面积的工具不太可能,但工具本身不是目的,创造才是目的;第二个指向分析,要描述1平方米或者1平方分米、1平方厘米有多大,其实并不好表达,而设计这样的目标正好可以激发学生调用自己的知识储备来对面积单位做出合理、准确的表达,更多指向学生对面积单位的准确理解;第三个指向评价,既有同伴对自己的评价,也有自我的反思性评价。根据这样的目标进行教学,相信学生对面积单位的学习就不单单停留在识记三个面积单位和选择合适的单位名称这两个方面,而更多地指向对面积单位的理解以及对直观想象的培养。

五、指向创造,体现结果的开放性

表现性目标的实质是让学生在学习中充分展示自己的认知水平和思维过程。教师在平时的教学中要考虑如何让学生充分展示学习的结果,从而丰富学生的学习信息,并让学生在展示中互相学习,完善认知结构。

以苏教版五年级下册"解决问题的策略——转化"一课为例,原学习目标为:联系实际感悟转化的含义,能在解决实际问题中灵活运用转化的策略;在解决实际问题过程中体会转化的含义和应用的手段,感受转化在解决这个问题时的价值;进一步积累解决问题的经验,增强解决问题的"转化"意识,增强学好数学的信心。

转化在数学学习中是一种常见的策略,教师在教学过程中往往会通过各种问题的解决来引导学生感受转化的含义。学生虽然能够感受和理解,但往往不能做到灵活运用。如果我们制定一个"学生设计一个需要利用转化来解决的问题来考考同桌"的表现性目标,学生的学习过程就不会简单停留在理解、运用环节,而会在理解运用的基础上进行自己独有的创造。

学习目标的制定是一个不断探索、改进的过程。在解读课标、解读教材、了解学生的基础上,我们希望制定的学习目标能体现学生的学习过程、学习差异,让学生的学习结果能更加丰富、更具创造性。表现性目标作为对一般学习目标的拓展,一定可以使学生的素养培养更加扎实。

(许燕萍,发表于《教育视界(智慧管理)》2020 年第 5 期)

表现性评价"三要素"的具体设计

音乐核心素养是学生不可或缺的必备品格和关键能力,学生的音乐审美价值、情感体验、道德品质都可以通过提升音乐素养来形成。在音乐课堂改革中,进行关于音乐核心素养的教学评价很有难度。钟启泉教授认为:"探索以表现性评价为代表的新型评价模式,是基于核心素养课程发展直面的挑战。"表现性评价关注的是学生知道什么和能做什么,不仅评价行为表现结果,更评价学生行为表现过程,是对学生综合运用能力的评价。所以,将表现性评价嵌入音乐大单元教学中,直接指向核心素养目标,驱动音乐学习,能提升学生对音乐的感知、理解与创造,让核心素养在课堂落地。表现性评价由居于课程核心的目标、真实情境中的表现性任务、判断学生表现的评分规则三个要素组成,三个要素成为驱动音乐学习的关键。

一、表现性目标的设计

表现性评价目标就是评什么,也就是了解学生学会了什么。以表现性评价来驱动音乐学习,首先就应该有能够体现音乐核心素养的目标体系。传统的音乐教学三维目标包括知识与技能、过程与方法、情感态度与价值观,这三个维度是一个不可分割的整体,而在实际音乐教学中,教师制定目标时往往偏重"知识与技能"。音乐核心素养不是对音乐教学三维目标的肢解,而是对三维目标进行整体化的综合理解。音乐核心素养培育立足人的音乐发展,强调音乐学习的各个领域、不同情境中所不可或缺的共同的、应有的要求,不是指具体的音乐知识与演唱演奏技能,而是基于技能又高于技能,它反映的是音乐本质和音乐审美价值。《义务教育音乐课程标准(2011 年版)》在"总目标"中对音乐素养的构成有这样的描述:"学习并掌握必要的音乐基础知识和基本技能,拓展文化视野,发展音乐听觉与欣赏能力、表现能力和创造能力,形成基本的音乐素养。"表现性评价驱动下的音乐学习,必须从学科的三维目标提升到学科素养目标。教师要站在学生的立场,思考最终要让学生学会什么。所以,要将教师的教学目标转化为学生的学习目标,并且目标要恰当、具体、分层、可测,重点关注音乐学科的核心能力和关键品质。在确立学习目标时,教师必须根据教学的大单元提炼其核心概念,产生一个需要持久理解力推动的核心问题,推动学生的学习,这一点与三维目标也有所不同。例如,笔者设计"有趣的节奏"这一音乐大单元,就统整了小学音乐低段教学内容中与节奏相关的歌曲、欣赏、音乐知识等内容,重构素养目标。依据本单元所要达成的音乐素养来设计评价任务,可以达到教、学、评的一致。

"有趣的节奏"大单元学习目标具体见表2-12。

表2-12 "有趣的节奏"大单元学习目标

掌握知识	1. 学会演唱并表演歌曲《小鼓响咚咚》; 2. 欣赏《鸭子拌嘴》《老虎磨牙》《京剧锣鼓》等音乐片段; 3. 认识打击乐器(鼓、碰铃、响板、沙槌、三角铁); 4. 学习掌握二拍子、三拍子的几种简单的节奏型; 5. 能用生活中的物品表现节奏。
学习技能	1. 能掌握二拍子、三拍子中的几种节奏型; 2. 能够使用打击乐器或者发现生活中的物品表现节奏; 3. 能用快慢、强弱等变化表达不同情绪的音乐; 4. 能够与他人合作进行表演。
学习迁移	1. 了解节奏是可以表达情绪的; 2. 发现生活中有许多可以表现节奏的物品; 3. 明白和他人合作学习是一件快乐的事; 4. 能进行表演。
音乐素养	1.对音乐的兴趣;2.音乐实践能力;3.音乐情感体验;4.创造能力发展;5.学会合作学习。
核心素养	1.人文底蕴;2.学会学习;3.实践创新;4.自我发展。

二、表现性任务的设计

表现性任务以检测学生的学习效果为评价的依据,指向学科核心素养,因此必须具有挑战性。表现性任务的特征包括:第一,必须要有核心任务贯穿整个教学单元,任务要具有持久的挑战性,能激励学生学习探究;第二,任务必须在真实情境之中。表现性任务能驱动学生在音乐学习中产生持久的动力,促进学生学习能力的迁移,这是音乐学习素养课堂改革的重点。在传统的评价体系中,考试性的评价只能测量学生"知道什么",却无法评价学生"能够做什么",而表现性评价通过设计在真实情境中的表现性任务,让学生的所学直接与生活中所需要的复杂能力相连接。通过真实情境中的表现性任务,不仅能评价学生音乐学科的知识和技能,而且能评价学生的综合运用能力。学生在学习后产生的审美价值、情感体验、道德提升等音乐素养,可以通过表现性评价来加以反馈。所以,课堂中,教师设计在真实情境下的表现性任务,能够通过评价来驱动音乐素养的落地。表现性任务也有多种类型,仍以"有趣的节奏"大单元为例,笔者设计了贯穿整个大单元的大任务——"我要上六一"艺术小舞台展演节目征选,其中学校的"六一"活动就是这一任务的真实情境。结合低年级学生的年龄特征和本身具有的音乐技能和经验,我们用"展示"的形式来形成学生觉得"好玩"的"小任务",让学生在音乐实践中觉得音乐是好玩的,从而产生学习的活力。在表现性任务的驱动下,学生将进入深度学习,从而提升音乐实践、音乐表现、合作创新等音乐素养能力。具体的小任务见表2-13。

表2-13　表现性任务的具体小任务

任务分解	任务指导语	形式	完成方式	可被测量方面
任务一:寻找生活中能展现有趣节奏的物品	除了音乐课堂中使用的打击乐器以外,你能在生活中发现更多有趣的物品来表现节奏吗?	实物展示、绘画展示、照片展示、PPT展示	个人	发现了几种物品?展示是否有创意?同学们能够听懂或看懂你的展示吗?
任务二:玩转节奏型	学会了好几种不同的节奏,现在让我们"玩转节奏型"	表演形式	个人	熟练运用了几种节奏?除了打击还有其他表现形式吗?
任务三:用节奏表达情绪	你发现节奏也可以表现情绪了吗?	单独表演	个人	运用了哪些方法变化表达情绪(快慢强弱)?
任务四:合作完成一个有趣的节奏演出	合作完成"有趣的节奏"节目演出	个人表演、合作表演	个人或多人	是否运用多种能够表现节奏的物品?是否富有创造力和想象力?是否能够有情绪的表现,有完美的配合?

三、评分规则的设计

表现性评价由于其评价任务的情境性、开放性和复杂性,往往具有多种答案,也使得学生表现水平具有更多的层次,因此评价多带有主观性的判断,无法像纸笔测试那样用分数来评判。教师如何通过数据或者信息来判断学生学习后的能力提升与否,是教学改革实践中十分重要的一环。

教师必须要通过设计评价量规来观察学生的实际操作、表现、学业成果等等,以此来掌握学生的能力提升情况。在表现性评价的使用中,评分规则的制定成了一项重要的评价依据。通常评分量规都是由教师或者评价者开发,有时也可以让学生一起制定。

在日常的教学中,笔者一般根据表现性任务的特点自上而下地设计评分规则,让评价嵌入整个教学过程中。没有固定答案是表现性评价的一个特点,这也让评价的角度更加宽泛。虽然国际上已经有许多评分规则制定的标准,但经过我们在实际教学中的使用后发现,评分规则的设计,最重要的是能够让教师和学生达成一致的理解,并且能够对学生产生持续的指导。特别是在低年级音乐教学的实施中,需要让学生能够理解教师制定的评分规则,设计时描述性的语言要清晰易懂。

此外,评价是否能够反映学生的学习状况,是否能够激发学生的兴趣和参与度,是否能够起到激励作用等方面,都需要重点关注与思考。笔者在设计评价量规时,更加倾向于评分规则对于教学过程和学习的促进作用,更加注重体现学生学习过程,而不是最终的结果。在"有趣的节奏"大单元设计中,根据四个评价任务,笔者根据小学低年级学生的年龄特点,尝试设计了比较通俗易懂的表格式评分规则,对学生学习过程的信息进行反馈。以任务一"寻找生活中能展现有趣节奏的物品"评分规则为例,具体内容见表2-14。

表2-14 "寻找生活中能展现有趣节奏的物品"评分规则

评分要素	具体指标	优秀	良好	合格	不合格
收集的种类	找到多少种可以打击节奏的生活物品	5种以上	3—4种	1—2种	0种

评分要素	具体指标	优秀	良好	合格	不合格
展示方法	展示方法很多吗?	非常多非常好	有两种不同的展示	一种形式	不能展示
现场介绍	听懂了他的介绍吗?	很好,都听得懂并且很有趣	较好,都听得懂	一般	介绍不清晰、不理解
总体评价					

以培育学生核心素养为导向的教学,是以能力发展为基础来构建的,这让每一个学科的教育内容都产生了新的价值与意义。音乐课程作为人文领域的重要课程,落实音乐学科素养,发挥音乐学科育人价值,需要在教学者正确理解音乐核心素养的基础上进行。但是,教学的改革更需要有效的评价体系将课程与教学连接在一起,而将表现性评价引入音乐课堂,驱动音乐学习,恰恰实现了音乐能力的提升,真正让音乐核心素养在课堂落地。

(盛伏平,发表于《教育视界(智慧管理)》2020 年第 5 期)

大任务长时段项目的表现性评价

——以"我是快乐小菜农"为例

在综合实践活动中有一些大任务、长时段的项目，我们可以把它们设计成"表现性任务"，通过确立综合性的表现性目标、设计持续性的表现性任务、开发系列性的评分规则，以"教学评一致性"的逻辑，保证课程实施的质量。"我是快乐小菜农"是一个以种植为主题的综合实践项目活动，在这个项目活动中，学生亲手种植各种蔬菜，学习种植知识，开展种植小课题研究。由于蔬菜生长周期较长，管理过程中涉及的活动较多，如何避免活动与活动之间的相互重复或割裂，体现综合实践活动课程的整合性和连续性，保证多重目标的达成这一问题，就是通过表现性评价的开发与实施得以解决的。

一、综合性多重表现性目标的确立

明确的评价目标，能为学生的活动指明方向，在活动中发挥航标灯作用。因此，在运用表现性评价时，我们应确定清晰明了的评价目标，使老师和学生都清楚活动中要做什么，怎样做才是最好的。评价目标应当依据课程目标来确定，根据《中小学综合实践活动课程纲要》关于综合实践活动课程的总目标的阐述，制定该项目的表现性评价目标时要体现"情感态度价值观和知识目标""能力目标""方法目标"三个维度，不但要有蔬菜种植基本知识的学习和基本技能的训练，更要有主动学习能力、进行科学对比实验能力与创新能力的培养，还要有热爱劳动、珍惜劳动成果等情感态度价值观方面的体验。

基于以上思考，师生共同拟定出多重表现性目标。

第一是根据项目本身制定的目标，即情感态度价值观和知识目标：

1. 通过本次活动，认识各种蔬菜，知道常见蔬菜的名称、外形、生长特点、管理方法、营养价值等知识，懂得种植需要"翻土——整地——施肥——播种——移栽——管理——收获"等环节。

2. 通过到开心农场亲自实践,学会常见蔬菜的种植方法;尝试管理蔬菜,学会给蔬菜浇水、施肥、除草、除虫、搭架等管理蔬菜的方法。学会收割、采摘等收获蔬菜的方法。

......

第二是根据综合实践课程性质制定的目标,即方法目标和能力目标。

1. 通过活动,熟练掌握上网调查、查阅书籍、现场采访等活动方法,能熟练运用这些方法收集资料。

2. 善于发现实践中的问题,能将问题简洁、明确地表述出来,形成研究小课题;在科学老师的帮助下,尝试设计对比实验,学会用对比研究的方法进行课题研究,提高科学探究能力。

......

这样的表现性目标,聚焦学生创新精神和实践能力的发展,不仅关注了项目本身知识技能的培养,又关注了学生发现问题、提出问题、收集处理信息、综合运用知识解决实际问题等能力的发展,更关注了规划与组织、合作与交流、沟通与表达、反思与自我管理等综合实践能力的培养。

二、持续性表现任务的设计

要想达到预期的学习目标,必须要有持续的表现性任务的推进。表现性任务既要与学习目标相匹配,又要与教学活动相整合,达到目标、评价、教学活动三者的一致性。

综合实践活动课程本质上是一门活动课程、经验课程,综合实践活动中表现性评价的任务也应当是由一个个体现综合课程特点的活动组成的。如"上网调查""现场采访""实地观察""对比实验""动手实践""成果分享"等探究活动。在开展这些活动的同时,考查学生完成任务时的表现和结果,并做出相应的评价。

"我是快乐小菜农"是一个时间跨度特别长的项目活动,在这个活动中,我根据蔬菜种植的特殊性和综合实践活动连续性的课程性质,设计了以下表现性任务:

1. 通过上网调查、查阅书籍认识各种蔬菜,了解蔬菜的生长习性、营养价值、种植方法、管理方法、收割采摘、吃法等知识。

2. 将收集到的资料分类整理并制作成资料册或PPT。

3. 小组合作选择一种蔬菜在开心农场种植并管理,给蔬菜浇水、施肥、除草、松土、捉虫等,记录蔬菜每天的生长变化。

……

在实施以上任务时,师生又不断发现问题,提出问题,动态生成了很多新的学习任务。如当我们在开心农场尝试种植的时候,我们发现开心农场的土壤非常贫瘠,于是新的学习任务生成:采集开心农场和蔬菜种植基地的土壤样本,尝试用科学小实验的方法分析土壤成分;通过上网调查、查阅书籍,学习土壤改良方法;收集厨余垃圾、动物排泄物等,逐步将开心农场的土壤改良成适合种植的肥沃土壤。

动态生成的持续性学习任务将活动不断推向深入,学生在活动中尝试种植各种蔬菜,学习各种蔬菜的种植知识,开展种植小课题研究,体验学做小菜农的快乐。学生"发现问题""自主探究""学会尽责""团队合作""学会感恩"等核心素养也在这一过程中逐步养成。

三、系列性表现评价准则的开发

评价准则(即评分规则),是对表现性任务的规格要求。一个能清楚、明晰地界定学生活动表现的评分规则是成功实施表现性评价的关键。评分规则是老师教、学生学的一个目标准则,因此评分规则要内容具体、语言简洁,让学生一看就明白自己要怎么做。综合实践活动的评分规则更多的是依据具体表现性目标,分级描述学生在活动中或结果上的应有表现。"我是快乐小菜农"项目活动是一个长时段多任务的活动,因此该项目的评分规则也是依据活动目标和评价任务而开发的系列性评价标准。

如学生通过上网调查、查阅书籍了解了蔬菜的种植知识后,小组合作将收集到的资料进行分类整理并将资料做成资料集。那怎样的资料集才是最好的?在指导学生制作资料集之前,师生共同讨论,先开发设计了相应的评分规则,以评分规则导教、导学。

评分规则中规定:资料集的内容紧扣主题,详细具体,有文字资料、图片资料等多种形式的可以得五星;内容与主题符合,较详细,形式单一的可以得三星;部分内容与主题符合,资料较少,形式单一的得一星。

前置的评分规则使学生在制作资料集前就有了努力的方向,制作中,学生边做边对照规则不断调整,完成的资料集质量相对较高。完成后,学生对照评分规则自评、互评,不但对自己和同伴制作的资料集有个准确的评判,也发现了自己和同伴的优缺点,再次调整的过程就是学生学习能力和学习品质不断提高的过程,评分规则是促进学生学习的重要手段。

根据评价目标和学习任务,我们还开发了"蔬菜种植评分规则""采访过程评价准则""采访报告评价准则""科学小实验评价准则""成果展评评价准则""蔬菜浇水评价准则""黄瓜搭架评价准则""蔬菜收割采摘评价准则""蔬菜美食制作评价准则"等序列性的评价准则,以评价准则推进综合实践项目活动的深度开展。

综合实践活动是由师生双方在活动展开过程中逐步建构生成的课程,随着"我是快乐小菜农"项目的不断展开,师生会对活动的目标与内容、组织与方法、过程与步骤等做出动态调整,相对应的评价也会随之不断调整。我们会逐渐开发出最适合该项目活动的表现性评价,以此来综合评价学生在活动中的各种表现和成果,促进学生的学习。

(沈国琴,发表于《江苏教育(学校管理)》2019 年第 6 期)

参与量表开发:让学生像专家一样思考

——小学综合实践活动课程中表现性评价量表的开发

表现性评价不仅能评判学生知识技能的掌握程度,关注学生知识技能获得的过程,更能评判学生综合运用知识技能、创造性地解决实际问题的能力情况,是最适合综合实践活动课程的评价方式。评价量表作为表现性评价的重要工具,它的开发与设计是表现性评价运用中的关键所在,需要让学生在教师的指导下亲自参与进来。传统教学中存在着这样的两种现象,一种是评价量表全部由教师设计,学生只是对照教师设计好的评价量表进行评价。这样的评价,学生属于被动接受,很难真正理解评价量表的内容,评价的导学作用得不到真正发挥。另一种是教师放任学生自己设计评价量表,用所谓的自主开发的评价量表来评价学生的活动。这样的评价量表可能会存在不全面、不科学的问题,无法准确评判学生在活动中的表现,更无法发挥评价在教学中的引领作用。本文所要讨论的是学生如何在教师的指导下参与评价量表的开发。

一、参与评价项目的选择

评价量表的开发实质上就是依据具体表现性评价目标,分级描述学生在项目活动中或结果上应有的表现的过程。一个综合实践项目活动,需要完成的任务很多,尤其是有些长时段多任务的活动。需要完成的任务多,则评价的项目也多,因此开发表现性评价量表首先要选择合适的评价项目。教学中,教师往往会从自己的视角出发选择评价项目,师本化的评价项目可能不切合学生的认知规律,所以评价项目的选择需要师生的共同参与。

根据目标、评价、活动任务的匹配性原则,选择评价项目,应先思考该活动的目标有哪些,实现这些目标需要通过哪些任务来完成,这些任务中哪些可以通过评价量表来检测达成情况。比如"种植黄瓜"项目,教师首先让学生分组罗列活动目标和活动任务,小组汇总后全班交流,最后全班筛选出以下表现性学习任务:观察黄瓜和黄瓜的种子,查阅关于黄瓜名字来历、生长特点、种植方法、管理方法、营养价值、美食制作等的资料;将收集到的资料分类整理并制作成资料册或 PPT;到开心农场亲自实践种植黄瓜,管理黄瓜,给黄瓜秧苗浇水、施肥、除草、除虫、搭架,设计观察记录表,记录黄瓜每天的生长变化,黄瓜成熟时尝试采摘黄瓜;在种植和管理黄瓜中,发现问题,尝试设计科学小实验,记录实验现象,分析实验数据,发现规律,解决问题;尝试用开心农场收获的黄瓜做简单的美食;尝试用学到的黄瓜保鲜方法,对收获的黄瓜进行储存;整理活动中的过程性资料,用成果集、PPT、小品、手抄报等形式展示活动成果。根据以上表现性学习任务,教师再次组织学生分析讨论,最终确定了资料集、黄瓜种植、黄瓜搭架、黄瓜美食制作、成果展示等量表。

学生在教师指导下亲历了评价项目选择的全过程,像专家一样反复对黄瓜种植需要完成的表现性任务进行思考、分析和论证,对自己在活动中应该做什么、怎样做、做完以后要达到怎样的结果等都有了明确的思考。正式种植黄瓜时,学生自觉对照评价量表的最高标准,不断调整改进自己的学习,取得了良好的实践效果。

二、参与评价指标的分解

评价量表一般由三个部分组成:量表主题、表现维度、表现等级。表现维度,也可以称作"指标",是确保学生表现的最重要的部分,是解决"怎么评,从哪些方面评"的重要环节。教师要采用多种方法指导学生参与分解细化主题中包含的要素。

(一)从评价目标出发,细化评价指标

评价量表指标的分解有多种方法,可以从表现性评价目标出发,将表现性评价目标描述的内容和表现具体化。一般适用于学生对该项目活动有一定基础的表现性任务的评价中。

如在综合实践活动"鞋底花纹探秘"中,在制定"鞋底摩擦力实验评价量表"时,教师组织学生围绕主题头脑风暴,列出该实验所要达到的表现性评价目标,再将评价目标细化成可操作的评价要求。五年级学生从三年级开始就经常在科学课上做实验,对实验要求非常熟悉,因此他们能很快列出实验所要达到的评价目标,还对实验时其他

人的参与程度和参与情况提出了评价要求。不过,学生提出的评价要求是稚嫩甚至是凌乱的,这时教师要引导学生整理、归纳、提炼。经过师生共同整理,得到了以下评价指标。其一,实验参与:实验时全员参与、分工合理、安静有序。其二,实验操作:实验步骤正确,操作规范,实验数据准确,实验结论填写完整,材料整理有序。

在评价量表指标细化过程中,学生在教师的指导下制定评价目标,描述评价要点,实则也是学习方法、汲取知识的过程。学生经历了这一过程,在正式活动时无须教师强调,就能自觉对照自己开发的评价量表高效完成实验,从而提高主动学习能力和自我管理能力。

(二)从活动样例入手,归纳评价指标

评价量表指标的分解要因活动而宜,灵活处理。在进行"黄瓜种植"综合实践项目活动时,教师最初也采用细化评价目标的方法引导学生确定评价指标。学生像以往一样小组合作,积极讨论。分解的评价指标有以下几种。第一种,种植情况:勤奋浇水,认真观察记录;生长情况:叶子密集油亮,黄花多,美丽好看,卷须粗壮而长;果实情况:结果多,饱满美丽。第二种,种植情况:没有虫咬,无杂草,土地松软,疏密适中,施肥准确;生长情况:黄瓜苗大,叶片大,黄瓜植株茂盛,颜色柔嫩,黄瓜植株高、壮,花颜色鲜艳;果实情况:果实大,数量多,黄瓜直、甜、饱满。第三种,种植情况:浇水量适中,无虫害,叶子上毫无破损,土壤肥沃,分布均匀,长势好,无杂草;生长情况:黄瓜很高,叶子很绿,卷须粗壮,叶子茂密,根茎粗壮;果实情况:果实大而饱满,口感好,数量多。

仔细分析这些指标,可以发现这些指标涵盖面太大、内容凌乱交叉,有的根本不属于这个维度。师生共同分析后发现学生对黄瓜种植不够了解,缺乏经验,无法细化评价目标。于是,教师改变指导策略,带领学生分析黄瓜种植样例,对比不同种植水平的样例特征来界定评价的维度与指标。如移栽黄瓜时,教师指导学生观察自己小组移栽的黄瓜苗和种植教师移栽的黄瓜苗,发现自己小组移栽的黄瓜苗不是太密就是太疏,而种植教师移栽黄瓜的行距和株距都差不多、深浅基本一致。通过指导学生对比种植样例,归纳得出"移栽技术"指标:疏密合理,行株距适中,深浅合适一致。

学生在学习分析样例,界定样例特征的过程中,归纳出了评价指标,学会了用多种方法解决问题,提高了实践创新能力。

（三）多角度融合，拟定评价指标

评价量表和表现性任务是相匹配的，表现性任务通常由多个子任务组成，每个任务又有多个维度。因此评价指标的分解还需要指导学生多角度思考，融合几种方法来拟定评价指标。

如在开发出黄瓜"移栽技术"指标后，教师带领学生再次请教种植教师，查阅资料，了解黄瓜种植的步骤和方法，结合表现性评价目标，审视前面分解的评价指标，发现"浇水量适中""施肥适量"等不属于种植情况，可以专门列为"管理技术"指标。经过反复思考和讨论，师生得出"黄瓜种植技术"评价量表指标。第一，"播种技术"指标：种子播撒均匀，发芽率高，黄瓜秧苗壮实。第二，"移栽技术"指标：疏密合理，行株距适中，深浅合适一致。第三，"管理技术"指标：浇水及时，浇水量适中，浇水位置合适；肥料选择正确，施肥及时，施肥量合适，施肥方法正确；除虫方法多样，除虫及时，黄瓜苗无虫害；除草及时，方法正确，黄瓜地里无杂草。

在开发黄瓜种植技术的评价量表指标中，学生在教师的组织下，像专家一样组成了一个研究团队，教师则成为团队的首席顾问，师生反复研讨，多次实践，经历了失败，最终成功设计出内容丰富的复合评价量表指标。在这个过程中，学生自觉获取信息，有效鉴别使用信息，反思自己的行为，总结经验，学习能力和实践创新能力不断提高。

三、参与区分度的描述

区分度即表现等级，就是依据学情，对学生通过实践、努力可能达到的表现程度进行设定。区分度可以用优秀、良好、合格、不合格来表示，也可以用五星、三星、一星等来表示不同的等级。具体根据学生实践时的喜好来确定。

用清晰具体的语言说明每一个评价指标在不同程度描述上的表现特征是评价量表制定中的重要环节，需要学生的亲自参与和教师的适时指导。在"黄瓜种植"综合实践项目活动中，学生第一次尝试描述每个等级的区分度时，教师只是简单地讲解指导，就让各个小组分别研讨开发，得出了如表2-15、表2-16所示的两个小组设计的评价量表。

表 2－15　小组设计的评价量表一

等级＼项目	播种技术	移栽技术	管理技术
☆☆☆☆☆	很好	很好	很好
☆☆☆	一般	一般	一般
☆	差	差	差

表 2－16　小组设计的评价量表二

等级＼项目	播种技术	移栽技术	管理技术
☆☆☆☆☆	种子播撒均匀,发芽率达100%,黄瓜秧苗油绿粗壮	栽种的黄瓜疏密合适,行株距在30厘米左右,深浅一致,种完后黄瓜神气十足,成活率高	浇水及时,浇水量适中,浇水位置合适;选择多种肥料定期给黄瓜苗施肥,施肥量合适,施肥方法正确;定期给黄瓜苗防虫,知道多种防虫除虫方法,做到黄瓜苗无虫害;除草及时,方法正确,黄瓜地里无杂草,黄瓜苗长势好
☆☆☆	种子播撒均匀,发芽率达90%,黄瓜秧苗较壮实	栽种的黄瓜行株距基本一致,深浅一致,成活率较高	能定时浇水,浇水量较合适,知道水要浇在根部;会选择合适的肥料,在种植老师的指导下,会给黄瓜苗正确施肥;知道多种除虫方法,发现虫害及时除掉;掌握一定的除草方法,能做到及时除草
☆	种子播撒不够均匀,发芽率达80%,黄瓜秧苗较壮实	在种植教师的指导下会栽种黄瓜,行株距有大小,深浅不一致,成活率达一半以上	能在教师的提醒下给黄瓜苗浇水,浇水量按自己心情而定;在种植教师的指导和帮助下,给黄瓜苗施肥;能在旁人的提醒和教师的指导下,给黄瓜除虫

　　教师改变自己的教学策略,把这两组的量表作为样例,指导学生观察、对比、分析,从而发现第一组的指标描述模糊,区分笼统,实际操作中无法根据量表对黄瓜种植做出评价。第二组的指标描述具体,区分度明确,等级层次清晰,操作性强。

　　教师又请第二组进行经验交流,在分享中得知他们在制定评价量表时先根据评价目标确定各个评价指标的最高要求,再描述同伴们可能出现的最坏的表现,最后细分中间等级。听了这一组同学的介绍,其他小组深受启发,纷纷修改自己的评价量表,突破了区分度描述这一难点。"伙伴学习"的力量是强大的,在共同描述区分度的"连接时刻"中,学生学会了量表区分度的描述方法,提高了相互学习、相互借鉴的团队合作能力。

描述不同层次表现水平的区分度是量表开发的一个难点。小学生的年龄特点和认知水平,决定了部分学生对表现性评价指标的最高要求的理解不够到位,因此在学生自主开发评价量表的过程中,教师可以引导学生收集作品样例,引导学生在观察样例、分析样例中发现区分度,描述区分度。

评价量表作为评价工具,是学生持续自我评价的参照,也是朝着表现性评价目标不断努力不断提高的一个方向,能促进学生更加主动、自觉地学习。尤其是学生积极参与,像专家一样,经历了建构、对比、反思、调整的过程才开发出来的评价量表,对学生的激励和引领作用更是不可估量。学生对照自己开发的评价量表中的最高表现等级,不断努力,持续改进,善于思考、善于质疑、勇于探究、乐学善学、主动解决问题、团队合作等素养都得到了不同程度的培养和提高,实现了综合实践活动课程提高学生综合素质的培养目标。

(沈国琴,发表于《教育视界(智慧管理)》2020 年第 5 期)

第三章

教学评一致性：课堂实践

离开了课堂，"教学评一致性"只是一个概念；离开了"教学评一致性"，课堂的成败变成了随意行为的结果。原理总是简约而清晰的，"教学评一致性"的课堂实践，就是要清晰三个问题：评价任务如何呈现，评价信息如何收集，评价信息如何优化处理；而实践总是具体而丰富的、复杂而多样的，这三个问题在课堂上会有各种生动的答案。

第一节
呈现评价任务

评价任务的呈现：以"学生明白"为原则
——以《雷雨》一课教学观察为例

课堂评价的开展,是从"呈现评价任务"开始的。评价任务的呈现有一项基本原则,那就是:要让学生明白——要让学生明白该任务要求他做什么、怎么做、做出什么来、做到怎样,即要明白评价任务的内容、方法、结果及标准。要让学生明白,前提是教师自己一定要想明白,如果教师自己都糊里糊涂的,那学生怎么可能明白? 但是,教师明白了,不等于学生就自动明白了,因此,"呈现评价任务"也是一项专业基本功,如何帮助学生明白评价任务需要教师的专业精进。不要小看"评价任务呈现",不要以为只要布置任务就行了,事实上,学生不能完成评价任务,或者任务完成的质量不高,很重要的一个原因就是他们没有明白自己究竟要做什么、怎么做、做出什么来、做到怎样。笔者所在学校的卢老师最近三次执教《雷雨》(统编版二年级下册)一课,笔者有幸参与课堂研究的过程,并观察了第一与第三次课堂教学,对于如何呈现评价任务才能让学生明白深有感触,学生是否理解评价任务,与任务呈现是否精准、是否合理运用示范、是否有学生参与构建范例、是否符合儿童的认知规律相关。

一、提高任务呈现的精准度

评价任务的呈现要精准,如果呈现不精准,就无法收集到精准的评价信息。

本课教学的第一项评价任务是:自由朗读课文,边读边圈画雷雨前、雷雨中和雷雨后的景色并发现不同,说一说景色的变化。

关于这项任务,老师希望出现的景象是:学生能圈出相关的景物(这些景物是一些词语,如"乌云""叶子""蝉"),并说出雷雨前、中、后的变化。在"圈出"这项任务中,学生一直会遇到困难。第一次上课的时候,卢老师用"直接布置"的方式要求学生完成该任务,结果学生圈出来的都是"句子"或者"短语",如"满天的乌云,黑沉沉地压下来""吹得树枝乱摆",而不是老师希望的那样——问题出在哪里呢? 是我们把"景物"与"景色"混淆起来了,老师在以"直接布置"的方式要求学生圈景的时候是这样说的:"边读边圈画雷雨前、雷雨中和雷雨后的景色。"老师说的是"景色",而没有精准地说是"景物"。

这个问题没有引起我们的重视,我们当时以为,这主要是因为"没有示范"。因此,在第二次上课的时候,先由教师示范圈了第一自然段中的"景物",但在要求的时候,仍然要求学生圈画"景色"。结果很奇怪,学生照着老师的样子圈,居然与老师所想要的结果对上了,学生圈了一些表示景物的词语,而不是句子或短语。于是,我们也就认为这没有问题了。

但是在第三次上课的时候,第一次上课的情形重演了,学生圈了一段又一段描写景色的句子与短语,而不是只圈出词语。在课后反思中,我们认识到,教师示的"范"不精准,那么学生仍然无法理解教师的意图。我们讨论了修改方案,把评价任务示范性呈现的设计改为:雷雨前、雷雨中、雷雨后的景色是在变化着的,这种变化是通过景物的变化写出来的。请大家看第一自然段,写的景物有乌云、叶子、蝉。在讲明"景物"与"景色"的关系之后,老师示范把这些景物圈出来,继而要求学生把文章中写到的景物圈出来。——这是我们在第三次上课后修改的教学设计,卢老师说她还会找时间再上这节课,我们相信评价任务的精准呈现一定会带来学生的精准表现。

二、保证教师示范的正确性

有一些评价任务,仅仅采用"直接布置"的方法,学生是无法明白任务要求的,教师示范是呈现略微复杂的任务时的常用方法。在本课的教学中,也多有运用。

如前述的第一项评价任务,通过示范的方式——特别是第三次上课之后设计的精准化示范,能够帮助学生明白任务。

本课教学中的第二项评价任务,也是通过"示范"的方式呈现的。如果没有示范,学生很难明白任务要求做什么。

本课教学中的第二项评价任务是：品读好词好句，借助图片、替换词语等方法在语境中体会"压""垂""挂"等词语的精准。

这是一项关键词欣赏的阅读任务。怎样来帮助学生明白这项任务呢？卢老师采用的方法也是"示范"，示范了一个"压"字的赏析。这个"压"字的赏析，在第三次上课时，采用的是"三猜"的方法。(1)猜景：同学们在朗读的时候，脑海里，雷雨前、雷雨中和雷雨后的景色也在不断地变化着，其中有一种景色令卢老师印象尤为深刻，你们来猜一猜是哪一种景色。(学生最后猜到"满天的乌云，黑沉沉地压下来"。)(2)猜词：文章一开头就写乌云。谁来读一读这个句子？学生读句，老师让同学猜，老师最喜欢其中的哪个词。(3)三猜：为什么喜欢这个词？交流这个"压"给自己的感觉(具体内容略)。最后总结：同学们，一个"压"字让我们感觉到了雷雨前的乌云密布，这个字用得好、用得妙、用得呱呱叫。此时，时机成熟，提出任务要求：在这篇课文中，像这样用得好、用得妙、用得呱呱叫的词，老师告诉你，还有四个，请大家睁大你们的火眼金睛，默读课文，去找一找，注意，是一个词，一个动词。

这一过程非常典型地用"示范"的方法帮助学生明白评价任务。通过示范，学生明白了要找一个词，一个动词，一个用得好、用得妙、用得呱呱叫的词，这样的词，还有四个。

三、强化范例建构的参与度

通过示范的方式帮助学生明白评价任务的内容、方法、结果与要求，能较好地解决仅仅靠"直接布置"讲不明白的问题。而组织学生参与示范的过程，一起来完成这个"示范动作"，而不是单纯地"告知"，学生也不是线性地"接受"，而是在参与的过程中不断明晰，这样，学生对任务要求才会有更加切身的体会。

如前所述，通过"三猜"，学生明白了接下来的任务，要在课文中去发现关键词，并进行品读。这个"发现"与"品读"的过程，是在培养学生的词语敏感性，是语感培养的重要方面；同时，要学生说说理由("你为什么圈这一个字？")，这又是在培养学生"有理据地说话"，这也是语文学科核心素养的应有之义。

学生参与范例的建构,也是在建构新的理解;继而带着范例理解中形成的新经验去面对新的任务,又是对这种新经验的运用、迁移与证明。有一些要求,老师直接说明就可以了;有一些要求,则要老师先行示范;有一些要求,则要学生参与示范的过程。不同的方法为了同一个目的:帮助学生明白评价任务。

四、遵循认知方式的儿童性

"评价任务",这一看似有些"硬"的词语,在呈现给学生的时候必须考虑儿童的认知规律,要"翻译"成为儿童的语言,要置于儿童喜欢的世界中,而不是以成人的方式简单地把专业术语塞给他们。即使从理论上讲,我们的评价任务已经设置得十分科学,但是如果儿童听不懂、想不明,那就毫无意义。

遵循儿童的认知规律,就要用儿童的语言来说话。卢老师是懂儿童的,在鉴赏词语的板块中,她用的是"用得好、用得妙、用得呱呱叫"这样押韵的、富有节奏的语言来唤醒儿童的语感,培养儿童的语言直觉,儿童不断地以这样的语感要求去对接文本,发现"垂""挂""坐""扑"这些词语,并进行赏析,在一次次的赏析中加深对"用得好、用得妙、用得呱呱叫"的理解。

遵循儿童的认知规律,就要善于运用儿童熟悉的情境。在以"压"字作为范例进行关键词品赏之后,卢老师也没有硬生生地说"找出文中其他你认为用得特别精妙的词语",而是呈现了四个"宝盒",告诉孩子有四个"用得好、用得妙、用得呱呱叫"的词就藏于这四个宝盒中,二年级儿童的"寻宝"兴致即被激发起来。

当然,这种情境的创设也不能太过,要把握一个度,否则就会有"买椟还珠"的危险,孩子只关注了"包装"而忘记了知识的实质。在这一点上,卢老师的课堂也是处理得非常有度的。比如,在第三项评价任务的处理上,同样可以看出创设儿童认知情境的价值。第三项任务,在第一次上课时是这样呈现的,老师呈现四幅毛毛雨的画面,然后呈现"淅沥沥,淅沥沥,毛毛雨下起来了"的动态画面,随之提出任务:会有哪些景色的变化呢? 要求写不少于三十字的一段话,写出一到两处变化,用上一到两个动词。——这样的呈现也是清楚明白的,但是缺少儿童学习的情境——而情境可以让任务更有驱动性。于是,我们商量进行改进,在第三次上课时,我们看到卢老师做了调整,一是评价要点更简洁了,只要求两点:至少写两个景物,至少用好两个动词;二是把这个评价任务置于真实情境中,老师说:"江南,春天的细雨是非常美的,老师拍了一些照片给大家带来了。"出示了四幅"江南春雨图"后,老师说:"这些照片老师要拿去参加展出,展出要求写一段说明,请大家帮助老师一起写好这段说明。"最后出示两个要求。——这样,就把写作的任务放到一个真实的"做事情境"中去了。课上,无论是写作的过程、作业的结果,还是学生对照评价要点的自我评价,都有喜人的表现。

遵循儿童的认知规律,还要助力于儿童的发展,而不是止于儿童的起点。有时候,评价任务整体设计完后,需要分步呈现,帮助学生实现学习的明确进阶。在第一项任务中,前述的圈出雷雨前、中、后的相关景物,只是这项任务的第一步;任务的第二步是发现哪些景物只写了一次,哪些不只写了一次;第三步是用"雷雨前( ),雷雨中( ),雷雨后( )"来说话,如此帮助学生学会"说一说雷雨前、中、后的景色变化"。

评价任务的呈现,可以以直接布置的方式,但是一定要精准;当仅仅通过直接布置不能讲明白的时候,"示范"无疑是一种常用的好方法;"示范"可以是老师的明确演示,也可以通过强化学生的参与度来提高他们对任务要求的理解水平。不管以何种方式呈现任务,都要遵循儿童的认知规律,运用儿童的语言,创造对于儿童学习有驱动性的情境,促进儿童的发展。让学生明白,这是评价任务呈现的基本原则。

(张菊荣,发表于《教育研究与评论(课堂观察)》2021 年第 2 期)

评价任务如何精准呈现

——基于10节英语课的观察研究

教学中,教师常常设计与目标相匹配的学习任务来开展教学。当任务能用以检测目标达成度时,也就具备了教与学的评价功能。这样的学习任务即为评价任务。一节课的教学成效与教师设计的评价任务有关,但评价任务能否发挥最大功效,首先取决于其能否精准呈现。

近一年,我和团队一起观察研究了10节课。每节课,教师均设计了1—3个评价任务,10节课共19个评价任务。我们所观察的10节课的教学内容来自译林版小学英语教材的10个不同单元,涉及二至六这5个年级。每个任务在课堂上的呈现方式各不相同,教师呈现任务的方式也各有特点,任务呈现后学生的表现也不尽相同。我们希望通过观察与研究找到精准呈现评价任务的最佳方式。

一、评价任务的不同呈现及其存在的问题

我们在整理观察记录的基础上,梳理了10节英语课19个评价任务的要点及其大致的呈现方式(见表3-1)。

表3-1 10节英语课19个评价任务及其呈现方式

编号	课题	评价任务	任务的呈现
Y2B-6	二下 Unit 6 Let's go shopping (Revision)	T1:Window shopping 购物 T2:Puppet show 木偶秀	T1:通过展示模拟的商场橱窗,带着学生一起看着橱窗里的衣服说单词 T2:出示"给自己的木偶挑选服装、参加木偶秀介绍木偶及其衣服"的任务
Y3A-4	三上 Unit 4 My family (Revision)	T3:阅读 The Tadpole's Family 绘本 T4:复述 Mike's Family 故事	T3:出示"边听边阅读绘本 The Tadpole's Family,读完后,根据图片试着用自己的话讲述故事"的任务 T4:出示"根据关键信息复述 Mike's Family

编号	课题	评价任务	任务的呈现
		T5：创编 *My Family* 绘本	故事"的任务 T5：出示"根据视频提示，创编绘本 *My Family*"的任务
Y3A－5	三上 Unit 5 Look at me! (Story time)	T6："I'm a little designer"角色扮演	T6：告诉学生当小小设计师的条件，即"读出这些单词、说出这些句子"；学生跟着老师一起读和说，争当一名小小设计师
Y3B－2	三下 Unit 2 In the library (Revision)	T7：Make a suggestion card 做建议卡	T7：出示"刘涛想要去电影院，请做一张建议卡提醒他能做什么，不能做什么"的任务
Y4A－P1	四上 Project1 A profile	T8：Make a mind map and introduce myself 做一张思维导图并进行自我介绍 T9：Make a profile and take part in the future star competition 做个人档案并参加未来之星比赛	T8：出示"根据要求做一张个人信息的思维导图，然后流利地介绍自己"的任务 T9：出示"做一份个人档案，并带着个人档案参加英语未来之星的比赛"的任务
Y4A－6	四上 Unit 6 At the snack bar(Story time)	T10：Design a menu 设计菜单 T11：Order the food 点餐	T10：以快餐店为情境，请学生小组合作设计这个快餐店的菜单，根据所给语言支架鼓励学生使用目标语言 T11：出示"根据所设计的菜单，小组内角色扮演，模拟点餐场景进行语言交际活动"的任务
Y4B－5	四下 Unit 5 Seasons (Revision)	T12：Introduce four seasons in Suzhou 介绍苏州四季 T13：Make a postcard 做一张明信片	T12&T13：呈现新冠疫情期间不出市、不出省的情境，随后布置"制作一张明信片"的任务，要求学生介绍自己所居住的城市；视频呈现苏州的四季，让学生欣赏苏州四季的美景与美食，并介绍苏州的四季；学生学会介绍四季后，聚焦一个季节做明信片
Y5A－6	五上 Unit6 My e-friend (Checkout time)	T14：梳理"Monica's e-friend"并提炼关键信息 T15：围绕"My e-friend"提炼关系信息和写作	T14&T15：先呈现"我的网友"的写作任务，而后告诉学生通过听、读、看等方式提炼"老师的网友"的关键信息，通过提取关键信息来完成写作活动

编号	课题	评价任务	任务的呈现
Y5A - 7	五上 Unit 7 At weekends （Writing time）	T16：Plan our weekends 用思维导图规划周末生活 T17：Write our weekends 写一写我们的周末	T16：直接布置用思维导图规划周末生活的任务 T17：要求学生根据写作的书面要求完成"我的周末"的主题写作
Y6A - 6	六上 Unit 6 Keep our city clean （Writing time）	T18：Make your mind map 制作保持城市整洁的思维导图 T19：Write and share 写作与分享	T18&T19：比较十年前和现在的自己，再用十年前和现在的苏州作比较；在比较中，让学生身临其境，感受保护环境的重要性，先构建思维导图，再完成写作与分享的任务

注："编号"栏中的 Y 表示译林版小学英语教材，其后的数字表示年级，A、B 表示上、下册，短横后的数字表示单元。如"Y2B-6"表示"译林版小学英语教材二年级下册第六单元"。下文的课名均用编号指代。"评价任务"和"任务的呈现"两栏中的 T 表示任务。

综观 10 节课中评价任务的呈现，结合学生的上课表现与教学效果，我们发现，大部分课堂评价任务的呈现达成了预期目标，学生能听懂任务，并积极表现，在表现中理解与掌握学习内容，综合性使用目标语言。

但也有一部分课堂评价任务的呈现或多或少存在问题，罗列如下：

第一，表述是清晰的，但平淡无奇

评价任务的呈现需要通过清晰的表述，才能让学生明白任务的完成方式与目标。然而，上述 Y3B-2 和 Y5A-7 两节课却出现了问题：任务呈现时表述是清晰的，但是"干巴巴"的，导致学生表现出"没劲"的状态。如"T16：Plan our weekends（用思维导图规划周末生活）"以及"T17：Write our weekends（写一写我们的周末）"，教师通过直接布置的方式呈现这两个任务，即学生用思维导图规划周末生活，根据写作的书面要求完成"我的周末"主题写作。以上两个任务步骤清晰，表述足以让五年级的学生听明白、看明白。但平淡无奇的任务表述，很难让学生提起兴趣。学生不"心动"，自然很难落实到"行动"中。观课中我们发现，有些学生很久也提不起笔，有些学生围绕周末写作业架构思维导图。可见，这样的任务呈现方式是需要反思的。

第二,流程是具体的,但过于烦琐

评价任务的呈现流程应该是具体的,让学生能明白任务且知道如何将任务完成得更好。然而,Y2B-6一课的任务,尤其是第二个任务出现了流程具体、任务烦琐的问题。教师先带着学生一起看着橱窗里的衣服说单词,再让学生给自己的木偶购买服装,用所学语言带着木偶进行表演。任务呈现时,学生也知晓评价标准:I can say the names of some clothes. I can introduce my puppet's clothes.(我能说出一些衣服的单词。我能介绍我的木偶的衣服。)但是因为任务二重复了任务一中"购买服装"的活动,学生有些不知所措,反而影响了任务的完成。

第三,内容是全面的,但偏于散乱

呈现评价任务时,教师要尽量考虑所设计的任务能否聚焦主题、涵盖内容。评价一节课是否完成教学内容是底线。内容散乱,意味着这节课的教学并非一个整体,很容易导致碎片化教学。上述Y4A-P1这一节课的教学,教师在呈现"T8:Make a mind map and introduce myself(做一张思维导图并进行自我介绍)"以及"T9:Make a profile and take part in the future star competition(做个人档案并参加未来之星比赛)"两个任务时,让学生根据要求做一张有关个人信息的思维导图,然后流利地介绍自己。在完成第一个任务后,教师又要求学生做一份个人档案,并带着个人档案参加英语未来之星的比赛。这样的任务呈现将教学内容打散了,缺乏整体性和序列性。

二、评价任务呈现的问题归因

出现以上问题的原因是什么? 这是我们在观察与研究中一直在思考的问题。通过二次比对,即根据任务呈现反映出的不良现象,改变呈现方式二次授课,进行再观察与再研究,分析得出如下原因。

(一)评价任务呈现前缺乏对学生能力的预判

随着年龄的增长,学生的英语学习能力、语言能力、思维水平等在逐级攀升,教师要时刻关注他们的能力变化,并将其设为评价任务设计和呈现的关键参考因素。然而,一些教师往往轻视或高估学生的能力,呈现任务前没有对学生的能力进行准确预判。如 Y3A－5 一课的任务呈现,基本都是教师讲授,而非学生主动参与。这就是因为呈现前教师缺乏对学生能力的预判,低估了三年级学生的能力,用"教师代劳"的方式草率处理。经过调整后,研究团队再次进入课堂,教师呈现本课"I'm a little designer"(我是小小设计师)的角色扮演评价任务时,采用问题导向学习的呈现方式,让学生思考诸如"当小小设计师需要知道些什么?"等问题,启发学生学习与本课相关的颜色与服装;然后,以杨玲为例示范如何做小小设计师,激发学生自己体验做一名小小设计师的兴趣。这样的呈现方式,不仅有行之有效的策略,还隐含了任务的评价标准,如完成"做一名小小设计师"任务的评价要点是知道各种服装与颜色类单词,能使用目标语言带着模特进行展示与推介。

(二)评价任务呈现时过度关注结果而忽视过程

呈现评价任务时,教师往往还会因为过于关注结果而忽视过程。这也是评价任务呈现产生问题的一个原因。如 Y2B－6 这一节课中的两个任务出现了"流程是具体的,但过于烦琐"的现象,是因为教师太关注学生学习的结果性目标,而忽视了过程性活动。通过研究,我们用结果导向过程的思路调整呈现方式,即研究要完成"木偶秀"的任务,学生需要经历怎样的学习活动、在怎样的情境中进行木偶秀的表演、评价任务的标准又如何设定等,进而逆向设计呈现方式。如教师拟定的"木偶秀"这一任务的评价标准:(1)会介绍木偶的衣服;(2)能激发同伴的回应。标准的制定又倒推到前一个任务,于是,决定微调第一个购物任务的活动方式,改为"Shopping on line"(在线购物)。这样的活动更体现了学生在课堂购物的真实性,也方便学生后期"木偶秀"活动的开展,即将购物车中的服装让各自的木偶试穿。这是一次从结果走向过程的任务呈现的尝试,能有效解决任务烦琐的问题。

(三)评价任务呈现后对学生学习积极性的调动不到位

课堂的主体是学生,学生是否对评价任务产生兴趣并积极投入任务,直接关系到学习的成效。因此,评价任务的呈现需充分考虑学生学习积极性的调动与管理。Y3B－2 和 Y5A－7 两节课中的任务呈现,反映出"表述是清晰的,但平淡无奇"的共性问题,很大程度上是教师在英语课堂上对学生学习积极性的调动不到位导致的。呈现任务只是起点,学生持续不断地、积极地体验并完成任务才是关键,适切的呈现方式是为了学生更积极地投入学习。因此,调整这两节课的评价任务呈现,让学生从"没劲"向"积极"转变。如Y3B-2一课中,教师将"做一张建议卡"这一任务置于真实的情境中,学生跟着刘涛在"library, classroom, home, cinema"(图书馆、教室、家里、电影院)四个场景中"行走",最终人人完成任务。而Y5A-7这一节课中的两个任务"Plan our weekends(用思维导图规划周末生活)"和"Write our weekends(写一写我们的周末)",从计划到写作,教师不仅要完成教学内容的讲授,还要引导学生秉持积极生活的价值观。因此,调整后的呈现更注重引导学生的积极性,如学生先做好"Study time""Sport time""Fun time"三个板块周末生活的思维导图搭建,然后围绕三个方面开展写作。写的内容丰富了,写的积极性提高了,写的质量自然"拔节"。任务的呈现也告别了"干巴巴",变得有趣味且有意义。

三、评价任务呈现的几点策略

(一)评价任务的呈现要有活动载体

一节课的任务不能多,可以是一个大任务或几个小任务。任务的呈现要通过具体的英语学习活动来分解,以活动为载体,让学生在活动中积极体验,促进理解,提升英语学习能力、语言能力与思维品质。如Y3A-4一课的内容为"介绍家庭",三个评价任务分别以读绘本 *The Tadpole's Family*、讲 *Mike's Family* 故事和创作 *My Family* 的绘本这三个活动为载体。又如Y4A-6一课是有关快餐店情境的对话,为了达成目标,教师设计了两个评价任务。这两个任务是以设计菜单复习食物单词和在快餐店使用目标语言进行点餐的活动为载体展开,效果甚好。

(二)评价任务的呈现要有标准导向

评价任务的精准呈现有赖于评价标准的引导。学生明确一节课的任务,是以明确完成任务的标准为前提与导向的。标准的确立不仅能让学生明晰任务的完成方法或步骤,还能充分调动学生的学习积极性、挑战意识,高效完成学习任务。除此以外,标准是检验目标达成的评价工具,也是学生自主学习的导航仪。以上 10 节英语课的每一个任务,都有相应的标准,引导学生精准完成任务。

如 Y6A‐6 一课有两个评价任务,第一个评价任务以完成思维导图的开放性问题为标准,内容如下。

Q1:What was dirty? 根据你的观察,整理多年前城市中哪些地方是"脏"的,完成图 3‐1 所示的思维导图(在靠近鱼身的 4 个空圈中填写)。

Q2:What can we do to keep our city clean? 作为一名小小的市民,请你提出保持城市整洁的建议,继续完成图 3‐1 所示的思维导图(在鱼身外围的 11 个空圈中填写)。

图 3‐1　思维导图

第二个评价任务以表格的形式明确写作评价标准,详见表 3‐2。

表 3‐2　写作评价标准

评价要点	规　则　描　述	星级评价
用词丰富	有连接词,有形容词,有动词短语	
句式正确	单词拼写基本正确;语法使用基本准确;标点运用基本恰当	
层次分明	开头总体描述;中间细节描述;结尾总结升华	

注:根据写作质量给出"一星""二星""三星"的星级评价。

以上标准的制定,让学生有了完成学习任务的评价导向。对于怎么才能更好地完成任务、达成目标,学生了然于心。标准导向结果,更引导着整个学习过程。《促进学习的课堂评价》一书中指出,评价的主要目的在于改善学生的学习。

因此,任务的呈现要充分体现评价的这一目的,在帮助学生以评价改善学习的过程中,一定要以标准为导向,保证任务完成的公平性与发展性。

(三) 评价任务的呈现要有情境带动

评价任务的"生存环境"就是真实情境,离开真实情境,任务很难立足。因此,任务的呈现要在特定的情境中,靠情境来带动。以上 10 节英语课中评价任务的呈现,大部分是用情境来带动的。如 Y4A-6 一课是在模拟快餐店点餐的情境中展开的;Y4B-5 一课是在新冠疫情期间不出市、不出省的情境中呈现制作一张明信片,向外地朋友介绍苏州的四季之美的评价任务;Y6A-6 这一课是以学生所居住的城市"苏州"为对象来呈现制作保护城市整洁与美丽的思维导图和写作的任务。评价学生是否学会,要看学生能否在新的情境中"用英语做事"。如《追求理解的教学设计》一书中所言,教师的主要作用是"设计正确的体验"。实践也表明,教师在特定的情境中呈现评价任务,能够帮助学生建立所学知识与任务情境的关联,从而促进理解,带动学生正确体验学习活动,高质量完成评价任务。

（李勤华,发表于《教育研究与评论(课堂观察)》2021 年第 3 期）

评价任务如何呈现才利于学
——"认识面积"课堂观察报告

课堂是学生学习的主阵地,我们希望学生的学习能真实地发生,能在课堂上有所收获甚至有所突破。经过多次实践和研究发现,围绕评价任务展开的教学活动有利于学生学习的开展。同样的评价任务,教师呈现的方式不同,学生的理解不同,情绪投入也不同,学习的效果就会不同。那么,在设计好评价任务后,如何在课堂教学活动中更好地内嵌评价任务,帮助学生达成学习目标呢?

本报告试图以邱老师执教的苏教版小学数学教材三年级下册"认识面积"一课为例,研究评价任务如何呈现更利于学生真实学习的发生。

一、观察背景与方法

2021年3月23日,学校数学课程研究中心的教师对邱老师执教的"认识面积"一课进行了课堂观察,观察的主题是"评价任务如何呈现才利于学"。整个研究过程包括量表开发、观察与记录、教学思考等。

评价任务呈现的方式有很多种,本次课堂观察主要从"呈现内容的清晰度""呈现方式的整体性""学生的参与度"三个视角,围绕主题进行观察并填写观察量表。

二、观察结果与分析

本节课的设计非常清晰,以学习目标为导向,围绕认识面积、探索方法设计相应的评价任务。

学习目标如下:

1. 通过观察、操作、比较等活动,初步认识并理解面积的含义,能准确描述;通过从具体事物中找到面积的表象,发展空间观念。

2. 尝试用不同的方法比较封闭图形的大小,掌握数方格比较的方法。

评价任务如下:

1. 看、说、找、摸生活中物体的面,并说出感受。(对应学习目标1)

2. 找出哪些平面图形有面积,并涂色表示它的面积。(对应学习目标1)

3. 比较两个长方形的面积大小。(对应学习目标2)

评价任务简约而不简单,从实物到图形,从具体到抽象,层层递进。我们观察的主要内容就是这3项评价任务:(1)评价任务内容表达清晰吗?(2)评价任务的呈现是整体的还是碎片化的?(3)学生的参与度高吗?

（一）关于第一个评价任务呈现的观察与分析

评价任务的呈现比较清晰:教师通过提一个个小问题,连成一个任务串,由浅入深,引导学生认识并理解面积的含义。学生的学习积极性很高。教学片段如下:

师 在教室里,两个同学用同样的速度擦黑板和课桌的桌面,谁先完成? 为什么?

生 擦桌面的先完成。

师 为什么?

生 因为桌子比较小,黑板比较大。

师 桌子的什么比较小?

生 (齐)面(积)。

师 桌子的面比较小,黑板的面比较大。是的,物体都有面,它们的面有的大、有的小。在你的周围,你还能找到哪些物体的面呢? 它们的大小又是怎样的?

生 数学书。

师 你找的是数学书的哪个面?

(学生拿起书,用手比画。)

师 也就是数学书的正面。那数学书的正面和这本数学书是同一个概念吗?

(学生陷入思考。)

生 不是,这个只是数学书的正面。

师 也就是说,数学书的正面只是数学书的——

生 一个面。

师 那我们一起来摸一摸,摸的时候要注意什么呢?

生 摸它的正面。

师 然后呢?

生 要有顺序地摸。

师 你来示范给我们看看。

(学生示范。)

在上述教学片段中,教师从学生熟悉的情境导入教学。学生的主观代入感强,学习兴趣浓厚。举手的学生很多,有两个学生甚至站起来,眼睛紧紧盯着老师,好像在说"我来,我来"。教师从看一看、找一找到摸一摸,分步引导学生做些什么、怎么做、做到怎样。一次次的实践操作,给学生提供多次体验机会。从学生的反应看,教师布置的学习任务,学生听得明白,能很轻松地完成,对"面"的理解比较深刻。在这个教学片段中,教师做了两次引导:第一次,让学生说完整桌子的什么比较小;第二次,询问学生找的是数学书的哪个面。教师及时引导,不仅有助于学生理解面积的含义,还对培养学生数学语言的严谨性、规范性有深远的意义。

(二) 关于第二个评价任务呈现的观察与分析

教师通过让学生完成学习单的方式整体呈现评价任务,分两步进行:(1)判断是否有面积;(2)涂色表示面积。任务要求简单、清晰。出示要求后,学生均能沉下心来完成,判断、涂色用了2分钟。

从观察到的学习单情况看,大部分学生能找出封闭图形的面积并涂色,正确率达到93.75%;只有2位学生把所有的图形都涂了色,可惜教师没有发现。

(三) 关于第三个评价任务呈现的观察与分析

教师在出示第三个评价任务(见图3-2)后,请一位学生声音响亮地读题。小部分学生开始交流,大部分学生在学具盒中寻找辅助工具。学生没有出现无事可做的现象,他们对任务的要求应该是清楚的。

此项任务,邱老师给了学生整块学习时间(8:40—8:50,共10分钟)来探索、交流、反馈。前4分钟,80%的学生找到了一种方法;8分钟过后,超过半数的学生有了两种

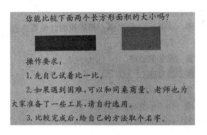

图 3-2　第三个评价任务

方法。我们观察到一对同桌：先是独立完成，一位用"把透明方格纸覆盖在长方形上"的方法（数方格法 1）来解决，另一位用"把一个个小方格贴在长方形上"的方法（数方格法 2）来解决；之后，他们展开交流，尝试对方的方法；当操作中碰到困难时，他们寻找原因，主动帮助对方。课堂调查发现：这题有 26 位学生用了"数方格法 1"，18 位学生用了"数方格法 2"。

三、思考与建议

（一）评价任务的呈现需要有合理的评价任务

如果评价任务的设计没有考虑到内容的清晰度、方式的整体性、学生的参与度，那么评价任务的呈现就没有办法做到清晰、整体和有体验感。有时，教师认为表达得很清晰，但是学生却听不懂。那是因为教师在这一过程中，带了相关知识，而学生没有这方面的知识储备。我们称这样的清晰为"伪清晰"。教师在设计评价任务时，应该设计符合学生已有知识水平和认知规律的任务，这些任务接近学生的"最近发展区"。

在引入面积的概念后，邱老师让学生说还有哪些物体的面时，如果再添加一个任务，一边说一边摸物体的面，那么，学生在描述什么是面时，就知道摸着课桌面、直尺面，体验感和可操作性就更强了。告知式的呈现，学生看似懂了，实际上并没有转化为他们自己的知识，对概念还是模糊不清。

（二）整体呈现评价任务更利于学生创造信息

评价任务的整体呈现，能够将"目标、任务、活动"集中在一起，形成一个"大事件"，有利于学生创造信息。但是,涉及的知识点比较多,对学生来说会有难度。这时,我们可以分步实施。如在第三个评价任务中,教师给了提示:先自己试着比一比;如果有困难,可以和同桌商量,或者借助老师准备的学具。这样,不仅维持了学生的学习欲望,而且帮助学生在能力范围内循序渐进。跟上一个评价任务相比,学生的思维水平有了明显的提高。最后,教师追问:不借助工具,你是怎么试的?尝试穷尽学生的思维可能。

评价任务整体呈现,让学生有了整块的学习时间,有利于学生之间的互动。如在第三个评价任务中,学生从"独学"到"同学",找到了4种解决问题的办法,实现了高质量的、有深度的学习。

(三)评价任务的呈现也应关注学习兴趣

学生感兴趣,才会愿意学,学习才是有效的。小学生由于年龄的特点,注意力容易分散,尤其是课末。如何激发学习兴趣、保持学习动机,使课堂变得生动高效,评价任务呈现的方式至关重要。

如在巩固练习中,教师出示图3-3后,提问:(1)两位同学扫地,一位扫A区,一位扫B区,公平吗?(2)两位同学跑步,一位绕A区跑一圈,一位绕B区跑一圈,公平吗?

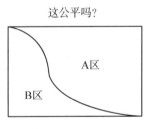

图3-3 巩固练习图

从现实情境中学生感受到面积和周长的区别,产生内需:为什么要学习面积?面积和周长有什么不同?学习面积对我今后有什么帮助?从而调动学生的学习积极性,让他们认识到学习是自己的事情,更好地激励他们主动学习、爱上学习。

(徐虹,发表于《教育研究与评论(课堂观察)》2021年第3期)

第二节
收集评价信息

评价信息的收集：课堂评价的第一步

评价信息是在课堂教学过程中出现的、和教学目标达成高度相关的、用于评价课堂教学效果的一系列学习信息。评价信息和教学目标达成高度相关，可以帮助教师和学生掌握学习进程，预判学习效果。"教—学—评"一致的课堂教学中，"评"推进"教"和"学"。课堂评价的展开包含对评价信息的收集和有效处理，收集评价信息是课堂评价的第一步。本文以我执教的小学低年级语文课为例，谈谈哪些评价信息是值得收集的，可以从哪些路径来收集有价值的评价信息。

一、收集哪些评价信息

（一）反映学习概况的评价信息

能够反映学生当下学习概况的评价信息是不可忽视的，它能证明学生前一阶段的学习效果，从而成为有力的证据，帮助教师调整下一阶段的教学。教学一年级上册汉语拼音第一课"ɑ o e"时，我发现全班学生朗读得都非常准确，容易读错的"o"的朗读也没有问题。我判断这个班的学生都超前学习了拼音，学得还比较扎实。课后的问询调查，果然证实了我的判断。接下来的拼音课，我调整了教学策略，适当引入音节词的拼读并添加一些实践活动，避免学生重复学习的无聊和无效。

（二）揭示思维过程的评价信息

课堂上，很多评价信息都能揭示学生的思维过程：正确的解题思路体现出合理的思维过程；出错的地方也有教学价值，错误本身就是一种学习进程的体现，尤其是典型的错误信息,能把学生的思考路径和思维缺陷展现出来,更有收集的必要。二年级上册的《坐井观天》一课中有一个反问句:"天不过井口那么大,还用飞那么远吗?"我让学生用自己的话来说一说这句话。一位学生说道:"天不过井口那么大,不用飞那么远吗?"很多学生在改说反问句的时候,都和他一样,不舍得把"吗"字去掉,只是从形式上模仿,没有把握整句话的意思。这种体现思维"短板"的评价信息,也应当重视。

(三)指向"迷思概念"的评价信息

头脑中存在的和科学概念不一致的认识就是"迷思概念"。小学生的头脑中特别容易产生"迷思概念",尤其是当学习没有基于合适的知识环境时,他们容易把日常生活中形成的感性认识,或者学习过程中输入的浅显认知当作准确、理性的判断。例如,低年级学生初识比喻句时,容易把"我和弟弟长得很像"之类的句子误判为比喻句,因为句子中含有"像"字。这类指向"迷思概念"的评价信息也值得收集。

二、从哪里收集评价信息

(一)从课堂发言中收集

教师要求学生在课堂上认真倾听;同样,教师也要认真倾听学生,倾听他们的发言,收集需要的评价信息。

一年级上册的《青蛙写诗》,其中一个教学目标是"准确、流利、有感情地朗读课文"。为此,我让学生通过各种形式朗读课文。学生在朗读描写雨点声音的两个叠词"淅沥沥""沙啦啦"时,都是用同样的语调,朗读节奏呆板,听不出雨点儿声音的美妙,感受不到青蛙要写诗的冲动。我重新出示这两个词,让学生单独读:"你们听,小雨点唱歌了——""淅沥沥。"(学生读得轻一点。)"再听,大雨点唱歌了——""沙啦啦。"(学生读得响一点。)"雨点儿的歌声真美妙,你再来读。""雨点儿在唱一首优美的歌,你继续读。"……教师从课堂发言中收集了有价值的评价信息并迅速反应,对标研判。

(二)从课堂表情中收集

课堂表情是一组具有外显特质的动态反应,包含肢体动作、神情反应等。课堂表情最能直观传递学生当下的注意力状态、情绪状态、思维程度等，蕴含着丰富而实用的教学反馈价值，是评价信息的重要来源。有经验的教师在推进教学的同时，都会有意识地收集学生的课堂表情，以判断学生学习的投入程度。

（三）从课堂练习中收集

"教—学—评"一致的课堂，一定要重视课堂练习的完成度。课堂练习往往保留了学生的学习轨迹，最能反映学生"目前走到哪里了"，属于实证类评价信息。教师既要关注课堂练习正确与否，又要挖掘隐藏在正确与错误背后的深层原因。

学完一年级上册的《升国旗》后，学生一起完成补充习题。其中有一道"按课文内容填空"的题目错误率比较高，题目是："（　　）（　　）国旗，我们（　　）（　　）；望着国旗，我们敬礼。"正确答案为："（向）（着）国旗，我们（立）（正）；望着国旗，我们敬礼。"很多学生答成："（五）（星）国旗，我们（立）（正）；望着国旗，我们敬礼。"表面上看，是学生不熟悉课文导致的错误，但如果让学生来背课文，他们又能很熟练地背诵。课文背得出，为什么填空做不对呢？其实，是学生没有学会完整读题，没有习惯前后连贯地看题。收集到这样的评价信息，教师就要有针对性地开展读题、审题练习。

三、如何收集评价信息

（一）在课堂巡视时收集

课堂巡视是教师把握学情的重要方式，不能"走过场"，应当规划科学的巡视路线，有目的地开展观察，时刻保持敏锐，从而捕获稍纵即逝的评价信息。

教学一年级上册的《雪地里的小画家》时，我让学生找出哪些小画家来到雪地里作画，用圆圈圈出来。巡视时，发现一个学生先圈画了"青蛙"二字，随即又擦掉了，思考片刻，再次圈画。不难发现，这个学生在提取文本信息时，并没有立足文本内容。在反馈环节，询问为什么擦掉之后又圈画了，他答道："因为青蛙也是小动物。"而其他学生纷纷举手，表示青蛙没有参加。我让大家朗读课文最后一句，再次询问："能把青蛙圈画出来吗？"学生这才肯定地回答"不可以"。"在文中寻找答案的时候，要注意什么？"学生答道："要听清楚老师的问题。""要读了课文再寻找。""要根据课文的内容答题。"……教师在课堂巡视中观察到学生的答题过程,从学生思维的动态过程推测学习情况,发现了答题错误的源头。

(二)在个别访谈时收集

个别访谈时,不管是正确的答案,还是典型的错误答案,教师都要留意。这类评价信息一定要拿到"台前",使之成为"标杆"。一年级上册的《对韵歌》是一篇识字课文,内容不多,内蕴却丰富。在总结拓展环节,我让学生自己编写对韵歌。大家编了很多:山对湖;路对桥;小河对树林;蓝天对白云……个别访谈时,一位学生答道:"大对小。"我随即肯定,接着启发大家:"反义词同样可以用来对韵,你们还能说出哪些呢?"随后,学生创作的"反义词对韵歌"不断涌现。又有一位学生发言:"老师,我以前读过《笠翁对韵》,还有三字对、五字对。"我选出了几个简单的三字对让大家朗读,在学生可以接受的前提下,将教学内容向深度推进。这样的教学推进,基于教师在个别访谈中收集到的评价信息,让课堂呈现出学生自主生长的积极样态。

(三)在小组观察时收集

小组学习较之于整班学习,有更大的自由度。学生往往比较放松,能展现真实的状态,有利于教师更精准地收集评价信息。观察小组成员在完成学习任务过程中的行为,包括他们之间的对话、配合度以及学习单的完成情况等,教师可以更清楚地把脉学生"已经走到哪里了""还可以走向哪里"。

40 分钟的课堂,信息量很大,如果任何信息都要收集和评价,那么课堂将淹没在纷乱和繁杂中。课堂评价信息的收集,基于教师的课堂经验以及对教学目标的清晰认识。无论是结果性评价信息,还是过程性评价信息,只要指向目标,都有价值;收集到评价信息后无论是证实了目标达成,或根据这些信息需要调整教学策略,甚至有新的教学资源、新的教学目标生成,都是课堂教学本来样态的呈现,不能轻易"滑过"。

（张雪梅,发表于《教育研究与评论(课堂观察)》2021 年第 7 期）

评价信息可在认知迭代中动态收集

——从小学英语名师课堂找"证据"

信息驱动决策,评价信息关注学习过程、定位学习水平,是促成课堂评价目标、生成核心素养的重要学习资源。评价信息收集的指向与方式是动态的,是紧随课堂认知迭代而持续进阶的。

一、认知迭代的内涵

迭代思想,源自计算机软件领域的一种算法,主要是为达成目标,主体在持续的过程反馈中不断优化、跃迁的状态变化。每一次状态的跃迁,称为"一次迭代"。基于此,哈索克·张提出了认知迭代的概念,即"为了强化确定的认知目的,而产生知识的周期创新性进步"。而本文的"认知迭代"主要指小学英语课堂里,在任务驱动和评价信息的动态收集、反馈中,学生对课堂认知的三次迭代,以达成课堂评价目标。

崔允漷教授提出,学生学会某种知识的关键在于信息的第二次转化。第一次信息转化是"教的信息"到"学的信息"的物理位移;第二次信息转化则是学生自我从"学了"转向"学会"的化学反应。据此,笔者认为,课堂上学生对知识经历了从"知"到"用"再到"迁移创新"的三次认知迭代。第一次认知迭代(即认知1.0),学生激活已知、获取新知;第二次认知迭代(即认知2.0),学生理解新知、实践新知;第三次认知迭代(即认知3.0),学生发展思维、迁移创新。至此,实现"呈现任务—收集信息—反馈信息"的教学环节循环。

二、认知迭代与评价信息动态收集的基本图示

评价信息动态收集,指在认知迭代的不同阶段,评价信息收集的目标指向是动态变化的。课堂上,评价信息的收集推动了认知迭代,而认知迭代又引导了评价信息收集的进阶。

评价信息收集怎样随认知迭代而动态进阶？如图 3-4 所示,在认知 1.0 阶段,评价信息收集对应知识的获取,即"What"(是什么)层面的评价信息;到认知 2.0 阶段,评价信息收集指向成长为更高阶的理解与运用,即"Why"(为什么)"How"(怎么做)层面的评价信息;到认知 3.0 阶段,基于知识的掌握与运用,评价信息收集对认知发展提出"应变"要求,它要求学生在变化的情境任务中,灵活应对、迁移、创新,即收集"If what"(如果……怎么办)层面的评价信息。

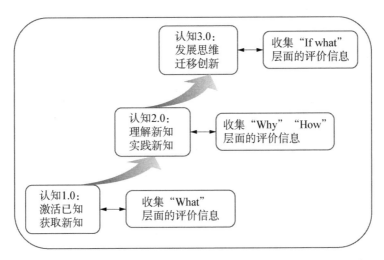

图 3-4　认知迭代动态进阶图

三、评价信息动态收集的展开

(一)认知 1.0 阶段:重视收集"What"层面的评价信息

第一次认知迭代,是知识本身的更新与扩展。而知识的学习不是无源之水、无本之木,新知识的获取总是基于已有认知与经验,因此,激活已知、衔接新知尤为重要。此阶段的评价信息收集,指向已有认知的激活以及新知识的获取与识记。

1. 收集已有认知的评价信息

(1)温故与摸底

如李勤华老师执教的"What's the matter?"的复习课,课堂伊始的热身环节这样设问：I feel happy today. Being happy is a kind of feelings. Do you know How many kinds of feelings? 教师基于文本主题"What's the matter?"抛出了核心话题"feelings"(感觉、感受)，并运用"头脑风暴"的方式收集了学生关于话题的已有认知。在滚动发言中，教师收集了丰富的评价信息，实现了短时间内集中、有效地激活关联词汇，为接下来的复习、拓展做了充分的语言准备。

（2）谈话与破题

"温故"承"已知"，"谈话"启"新知"。教师引导学生围绕主题进行发散性的思考、想象、表达，就是破题的过程。如教学"Water"一课后，张扬老师运用 free talking(自由谈话)的方式，收集学生关于"water"(水)的评价信息，连接之后的教学要点。教学片段如下：

师 Today, I will show you a new friend, he is powerful and helpful. What is it? Let's enjoy a video.

（播放录像，录像中的文字内容如下：Hello, I am your good friend. I am powerful. I can help the flowers bloom. I can put out fires. I can help the fish swim, too. I am changeable. When I climb the snow mountain, I change into ice. When I jump into the hot pot, I change into vapor. Guess, what am I?）

师 Do you like the little drop? What is it?

生 Water!

师 Good job! It's water. And what do you know about water?

生 We can't live without water.

生 It's useful and helpful.

生 The water is healthy to us.

生 I think it's powerful and changeable.

生 I think we can make electricity from water.

生 Everything needs water.

生 I think water can help everything grow.

师 Good! Today, we will learn more about water.

课堂里收集到的评价信息表明，学生能充分调动已有认知，多角度地交流话题，并展示丰富的思维过程。这些评价信息涉及水的多种形态、各种作用，以及水的重要性，为后面"Where is water from?"（谁来自哪儿？）"How do we use water?"（我们该如何使用水？）等阅读和表达任务做了认知铺垫。

2. 收集识记新知的评价信息

对知识进行获取、识记、确认的评价信息，是证明认知完成第一次迭代的重要依据。在众多名师课例里，教师多采用"Look and guess"（看一看，猜一猜）"Read and find"（读一读，找一找）"Listen and tick"（听一听，勾一勾）等形式，引导学生观察图片、详读文本、细听文本，收集"who"（谁）"what"（什么）"when"（何时）"where"（哪里）等角度的评价信息，研判学生认知水平、阶段。

（二）认知 2.0：重视收集"Why""How"层面的评价信息

1. 收集"Why"层面的评价信息：知识理解

"Why"层面的评价信息集中体现学生对概念、逻辑的理解，既"知其然"又"知其所以然"。在收集评价信息时，一般引导学生总结、比较知识，或证明文本中的某个观点。

如戈向红老师执教的"Make a money chart"一课，是面向五年级学生的一节财商课。"Make a money chart"一文，讲述了小男孩 Lee 带着 10 元钱和妈妈去超市购物的经过。Lee 想要买一包薯片、玩具小狗和漂亮的笔记本，妈妈则指引 Lee 理性消费。

教学中，基于学生对文本的听、读、记，戈老师设置了"Why doesn't Lee buy them?（Lee 为什么不买这两样？）"的任务，给予适切的方法指导，搭建了表达的支架（见图 3 - 5）。

此阶段，评价信息收集的过程即学生理解文本的过程。通过自主梳理文本第 4 页内容，学生的评价信息自然呈现：（1）找出了 a bag of chips（一袋薯片）、a toy dog（一只玩具狗）的价格；（2）比较了价格是否高于 10 元，确认是否买得起；（3）明确物品是否真的需要，确认是否购买；（4）总结了文本的消费观，并完成填空。通过比较与总结，学生明确了消费不能超过所持有的金额、所买即所需的消费观，最终理解了理性消费的文本内涵。

2. 收集"How"层面的评价信息：运用实践

"How"层面的评价信息则体现学生对概念、逻辑的简单运用。能根据要求灵活、

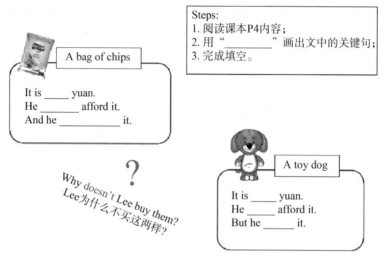

图 3 - 5 表达支架图

自主地运用知识完成简单任务，是第二次认知迭代完成的主要依据。

如周亚文老师执教的"At the zoo"一课，有这样一个教学片段：

师 So, now we have three good friends——

（教师手指板书。）

生 Size, looks, colour.

师 They are very important! Let's say a chant about three friends. Everybody, lct's stand up!

生 （齐读，教师伴读）Animal, animal, size, colour, looks . . .

师 When we want to talk about animals, We use——

生 Size, colour, looks.

师 When the animals are different, we're going to describe them with different words. Now, let's make a riddle. You can choose an animal from the back of paper. And you can finish the riddle by circling the correct phrases according to the chosen animal.

（教师出示谜语卡，见图 3 - 6。学生制作。）

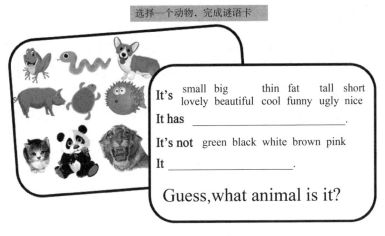

选择一个动物，完成谜语卡

It's small big thin fat tall short
lovely beautiful cool funny ugly nice

It has _____ .

It's not green black white brown pink

It _____ .

Guess,what animal is it?

图 3 - 6　谜语卡

师　OK, who can show us your riddle? You please!

生　It's fat. It has a big nose. It's not black. It likes eating so much. Guess, what animal is it?

生　(齐)It's an elephant.

师　Is it an elephant?

生　No!

生　Is it a pig?

生　Yes!

……

周亚文老师以动物的 size(大小),colour(颜色),looks(外貌)三个显著特征为抓手,有效引导学生掌握描述不同动物的独特要点。学生到底有没有形成知识运用的能力? 周亚文老师设置了这样的任务来收集评价信息:从以上三个角度设计一个动物谜语,并请同学猜测。

在展示过程中,学生设计的动物谜语,特征描述清晰、明确,学生可以较快地猜出谜底。这样的评价信息显示,学生经历了过程理解,已经会用新知完成简单任务,证明第二次认知迭代完成了。

(三) 认知 3.0：重视收集 "If what" 层面的评价信息

学生需要解决现实中的真实问题，而现实又是不断变化的。"If what"意味着面对复杂、变化的现实情况，学生能灵活生成应变能力、解决问题。而个性化、整合性评价信息的涌现，则是第三次认知迭代的关键。

1. 收集个性化的评价信息

个性化的评价信息呈现出有思辨、有逻辑的观点与论据，既言之有"物"，也言之有"理"。吴艳丽老师执教的"Two Fish"一课，要求学生基于对主题知识的理解，独立地分析问题，并有条理地表达观点、给出论据。教学片段如下：

师　What do you think of the two fish? Let's read the story with the recorder, then try to answer.

（学生跟读文本并思考。）

师　What do you think of the two fish?

生　I think the first fish is foolish and the second fish is smart. Because it's dangerous in the bucket. The fish will be cooked by people someday.

师　Good idea! You gave your opinion with the new words and showed us the reasons! Claps for you. Who can show your opinions and the reasons like him?

在这段教学中，一条评价信息反馈后，教师确认了表达的逻辑要点：(1)清晰表达自己的观点(I think ...)；(2)说明佐证观点的论据(Because...)；(3)运用所学知识(the new words or phrases)。学生在教师给出的思维支架下能够独立表达：(1)I think the first fish is foolish and the second fish is smart. Because it's dangerous in the bucket. The fish will be cooked by people someday；(2)I think the two fish both have a hard life. Because it is dangerous both in the bucket and in the sea. There are some sharks in the sea, and the sharks will eat them……学生在语言运用的过程中增长了分析、思辨能力。

2. 收集整合的、创造性的评价信息

学生对于知识与经验的整合是这类评价信息收集的要旨。上述李勤华老师执教的"What's the matter?"是一节复习课，课堂关注抗疫、孤老等社会现象，展现了具有时代性、多样化的社会画卷。教师将课程情境主角扩展为生活中需要关心或帮助的群体,如"Left-behind children"(留守儿童)、"Lonely old people"(失独老人)等。在情境中,教师多次建构对学生话题逻辑的反应,引导学生用"They're ..., and/but ... ""Dear ..., if you're ..., please ...""He/She is ..., because ...""I like/can ..., so I ...""If my ... is ..., I ..."等句式表达,感知他人的感受、困难,并尝试关心和帮助他人。

建构完成后,教师设置了基于学生现实生活的评价任务,要求学生利用思维导图,完成一份"Pass on love"(让爱传递)的爱心清单(见图3-7)。爱心清单引导学生体察身边需要帮助的人,并认真记录他们的困难,具体涉及帮助的方式等,完成帮助他人、传递爱心的评价任务。

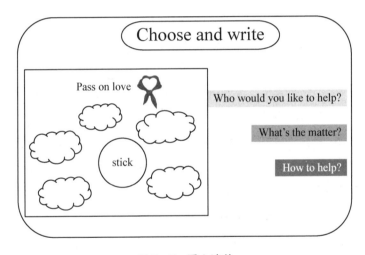

图 3-7　爱心清单

评价信息的动态收集,是对"教—学—评"一致的课堂实施的一次探索。它是基于课堂评价目标、对接认知迭代,推导出的评价信息收集的进阶层级。课堂里,认知迭代是过程与目的,评价信息动态收集则实证了迭代的完成,又开启了下一次的认知迭代。

(郭佳佳,发表于《教育研究与评论(课堂观察)》2021年第7期)

评价信息的收集，效度如何判定

——道德与法治课"我们小点儿声"的观察报告

一、观察背景与主题

道德与法治是一门以学生生活为基础，促进学生良好品德形成和社会性发展的课程。基于这一课程性质，教师在设计教学时经常会结合学生的生活实际，以此为切入点开展教学。我们的校园常常充满了儿童的欢声笑语，也许我们觉得校园是属于儿童的天地，特别是课间，就应该尽情玩、放声笑。但他们一旦习惯这样大声喧哗，走出校园可能会很难收敛。

道德与法治小学二年级上册"我们小点儿声"一课的教学内容，是引导学生学会如何在不同的场合控制自己的音量。笔者观摩了我校翁老师执教的这节课，课堂上老师设计了4个活动。活动一：在学校里要小点儿声；活动二：做个"调音师"；活动三：在校外寻找"小点儿声"；活动四：拓展升华，寻找"文明的声音"。其中，"做个'调音师'"活动是本课的重点，旨在让学生能够在不同场合合理控制自己的音量。为了激发学生的兴趣，教师特意设计了一个学生都比较喜欢的闯关环节。第一关：大小声音调调调；第二关：教室噪音小小小；第三关：校园噪音消消消。教学过程中，教师从学生的生活入手，定位精准，目标明确，不断提升学生的认知。

本次的观课主题设定为"评价信息的有效收集"，观察对象是一个8人小组。该小组一共有8名学生：5名女生，3名男生。其中，1号女生是组长。

本次观察重点围绕三个问题展开：课堂教学过程中收集了什么样的评价信息？从哪里收集评价信息？怎样收集评价信息？

二、观察过程与发现

课堂一开始，翁老师播放了一段优美的音乐。该组学生非常享受地沉浸在这段优美的旋律中。当教师问"这是怎样的音乐？"时，该组学生都积极地举起了手。2号男生获得发言机会，答道："是优美的音乐。"随后，教师揭题："今天我们学习的内容就与声音有关，请同学们读课题——我们小点儿声。"当教师示意可以再读得小点儿声时，这组学生声音都轻了好几度。学生对于教师的"指令"还是执行得非常到位的。当然，我们的课堂不仅仅是教师给指令、学生完成指令。课堂上，教师应当提取、生成、使用评价信息——这些都是判定评价信息收集效度的重要依据。观课中，笔者有这几个方面的发现。

（一）师生对话，提取有效的评价信息

这节课上，师生对话较多，如在完成第一关"大小声音调调调"时，教师安排学生演情景剧，请一位男生扮演情景剧中的主角——皮皮，一位女生读用红色标记出来的话，教师读旁白。该小组的3号女生受邀与隔壁组的男生一起出演，情景剧中的会话如下：

师 一天下课，在走廊里，皮皮遇到了他的同班同学，他大声地跟他说……

生（皮皮） 你好，我们一起去玩吧！

师 这时老师正好经过，她对皮皮说……

生（3号女生） 请不要大声说话。

师 皮皮记下了。上课了，老师让皮皮回答问题，皮皮记住了老师刚刚说的话。于是，他用只有自己听到的声音，轻轻地说……

生（皮皮） 这道题选第一个。

师 这时老师又说……

生（3号女生） 请你大声一点。

师 这时候皮皮可犯难了，到底什么时候该大声，什么时候该小声呢？你能不能帮帮他？

上述情境表演的过程中，女生因为有点紧张，只是把自己的内容读出来了而已。当然，在这样设定好的情境中想要提取有效的评价信息是很难的。评价信息不是来源于表演，而是来源于师生的对话。

当教师抛出问题后，许多学生都举起了手，包括我观察的这一组学生。翁老师叫

第三章 教学评一致性：课堂实践

107

到该组 2 号男生时,他非常自信地说:"下课的时候说话要小声一点儿,上课的时候说话要大声一点儿。"教师接着问:"下课时为什么要小声?"这位学生想了一下说:"因为会影响同桌。"教师肯定了他的回答,并继续追问:"那上课时为什么要大声?"该生回答:"说轻了其他同学可能听不清。"翁老师又问:"你在教室里听不清别人的回答时会怎样?"这位男生表示:"很难受,想听却听不清,真想告诉回答问题的同学再大点儿声。"最后,教师总结:"如果对别人有影响的时候,声音就要小一点儿;如果要让别人听清楚,那你的声音就要大一点儿。"

这一教学环节中,教师摒弃了原本乏味的说教,让学生通过情境的体悟,感受到了要随时调节自己的音量。对话的过程中产生了大量信息,教师对这些信息进行实时分析,给出了行为上的有效指导。当听到学生说"下课时说话要小声一点儿,上课时说话要大声一点儿"时,教师是兴奋的,很快捕捉到了这一有效的评价信息,随即向学生抛出了"下课时为什么要小声?上课时为什么要大声?"等问题。学生马上联系自己平时的课间情况作答。这里,教师收集不断生成的评价信息,在这个不断"催生"的过程中,学生会从各个方面审视自己、评价他人,从而形成正确的是非观。

(二)实践活动,生成有效的评价信息

在道德与法治课堂中,实践活动能更好地指导学生的行为,为创造良好的生活奠定基础。我们把目光聚焦第三个闯关环节"校园噪音消消消"。翁老师先请学生观看学校食堂就餐学生发出噪音的视频,让学生讨论噪音问题,随后请了一组"调音师"上台,为大家演示怎样把这个噪音调小。因为有了视频上发出各种噪音的不良体验感,演示的"调音师"们都做到了轻拿轻放,与视频中的行为形成了鲜明的对比。可是,这样的演示对于学生生活习惯的改善能够起到真正的作用吗?当然,如果只是演示的话,那肯定是一种即兴表演而已,不是学生真正的行为习惯。如何让这种演示成为"现实"呢?我们要分析问题的根本。所以,在对比之后,翁老师抛出了一个问题:"看了她们的表演之后,请你看看,她们和视频里的有什么不一样?"此时举手的学生非常多,他们都有话要讲。虽然这一次翁老师没有请我所观察的这组学生回答,但是当他们听到有学生说"视频里面是把盘子扔到盆里面就好了,而演示的同学是把盘子轻轻地放在凳子上,然后轻轻地走回来的;视频里是好多人直接倒进去的,演示的同学是一个一个把盘子放到了盆子里"时,也都非常赞同,连连点头。学生通过对比分析,知道了有秩序地放盘子产生的噪音比较小,给人的感觉更舒服。

在实践操作的过程中,教师时刻关注学生的一举一动,肯定他们的表现。在这一教学环节中,教师收集到的是有关行为的评价信息。学生把视频中的学生的行为和班级同学的做法进行了对比,在对比过程中,自主判断哪种行为更好。此处,教师弱化了视频中的反面事例,只是让学生谈感受、辨是非,从学生的立场出发,有效地进行了行为指导,让他们建立起了正确的价值观。

实践活动的真正目的是指导学生的行为。课堂上,教师设计了"争星榜",要求学生给自己的课堂表现打星:能够做个合格"调音师"的可以给自己打三星。大部分学生都打了三星,但是这组的7号女生却给自己打了两星。当教师问到她为什么给自己打两星时,她小声地回答道,自己在课堂上发言的声音不够响亮。从这一环节,我们不难发现,学生已经意识到自己的问题所在。更重要的是,学生的行为也会在教师一次次的启发中有所改善。

不仅如此,翁老师还把评价信息的收集延伸到学生的课后生活,评价每一个学生在学校生活中的音量控制情况(表3-3是评价内容及标准)。

表3-3　学生在学校生活中的音量控制评价

评价内容	三星标准	两星标准	一星标准
安静就餐	能够自觉遵守规则,安静就餐;有序摆放餐盘。	能够在老师的一次提醒下安静就餐;餐盘摆放时声音略响。	会跟同学轻声交流,餐盘摆放不整齐,有噪音。
文明等候批作业	能够安静、有序地排队等候批改作业。	排队批作业时会跟同学窃窃私语。	排队批作业时有点吵闹。
快速整队	能够快速整队,在行走过程中保持安静。	能够在老师提醒下整好队,速度较慢。	整队拖拉,在行走过程中会跟同学讲话。

（三）合理分析,使用有效的评价信息

道德与法治课程兼具生活性、活动性、实践性和开放性,在课堂上所展现的内容是丰富多彩的。正因如此,课堂中所呈现的评价信息也是灵活多样的。如何让这些评价信息变得有效呢？教师要对课堂或课后产生的评价信息进行理性的分析。

课堂上,教师适时收集,快速分析,得出有效信息,对此进行评价和引导。如在"做个'调音师'"环节,翁老师先拍摄了早上默写结束收本子时候的视频。随后,带着学生剖析产生那么大噪音的原因。学生说："收本子的时候,有人会跟别人讲话。""收本子的时候,收本子的跑过来,不收本子的也跑过来,他们在说话。""有的在叫老师,向老师问问题。"其中,我观察的这一组的5号男生说："有些人放本子的时候就'哐'一下放下去了。"事实证明,学生非常善于观察和分析问题,教师要做的就是适时引导。所以,此时翁老师并没有多做评价,只是表示这样的声音真的让人很不舒服,把问题留给了班级的"调音师"们,问他们该怎么做。轻轻放,轻轻拿；要好好坐；收本子的时候不要砸在课桌上……一个个好建议"冒"了出来。这样行云流水的教学过程应该是有效教学的最好体现了。课上,学生的思维得到了激荡。课后,翁老师让学生继续当"小小调音师",让他们在就餐、排队、收作业、课间活动中学会控制自己的音量,为下一节课"最佳调音师"的评选做好准备。

不管是课堂上收集到的有效评价信息,还是课后总结的有效评价信息,都能助力课程教学目标的实现。

三、观察思考与建议

(一) 做到了多种渠道收集评价信息

在整个教学过程中,教师紧密联系学生生活实际,找寻合适的素材,有效整合校园、家庭以及社会资源,让学生从多个角度来思考问题、正确认知、合理做事,从多种渠道收集评价信息——从和学生的交流过程中收集评价信息；在学生实践活动的过程中收集评价信息；延伸到课后生活,收集评价信息。也正是有了这些评价信息,学生更好地了解到唯有意识和行为一致,才能真正养成良好的习惯。

(二) 需进一步利用有效的评价信息提高教学实效

整节课,学生的主体地位较为凸显,教师设计了一系列让学生自主探索体验的环节。教学过程中产生的评价信息较多,考验着教师如何从这么多评价信息中去提取有效的评价信息,生成有利于学生掌握的知识和技能。对此,教师如果在处理评价信息时有更多生成性的对学生学习和生活的指导,会进一步提高教学的实效。

(钱婷,发表于《教育研究与评论(课堂观察)》2021年第7期)

课堂巡视中如何处理学习资源

——"解决问题的策略——画图"课堂观察报告

一、主题解释

课堂资源,除了教师在教学设计时准备的资源之外,更多的是课堂上动态生成的资源。本报告中所述的"学习资源",专指课堂上学生生成的资源。我们认为,学生在数学学习过程中的一切表现都可以视作学习资源,包括他们的语言表达、数学计算、画图表示、操作解释、符号创造,以及他们的作业、手工制作、合作表现等。在课堂巡视中,教师如何处理学习资源? 我们可以简单地概括为这样一个流程:学习资源的发现、学习资源的判断、学习资源的处理。在这里,资源处理的前提是发现,课堂巡视是资源发现的重要方式,但在实际的课堂上,巡而不视、视而不见、见而不管的现象司空见惯,因此,我们观察小组把本次观察主题定位在:教师在课堂巡视中如何处理学习资源,这次主要研究沈老师在课堂巡视中如何充分发现学生的学习资源并进行即时判断,进而对资源做出有效处理。

二、研究过程

整个研究过程,包括量表开发、课堂观察及材料整理。

(一)量表开发

观察量表的开发,主要依据观察小组成员的主观研究倾向:顺向操作,易于把握。课堂资源的发现和处理,是教师教学智慧的体现,所以,我们将"发现"与"处理"作为量表设计的两个重要的观测点(见表3-4)。

表 3-4

资源的发现	资源的处理	处理的效果

（二）课堂观察与材料整理

上午第 2 节课，我们观察了沈老师的课堂，并对相关信息进行了文字记录、录音，对相关材料进行了拍摄。课后，根据课堂笔记、手机录音等，对材料进行汇集与整理。下午 1 点 20 分，对沈老师在课堂巡视中学习资源的处理情况作公开报告。

三、观察结果与分析

本课根据"目标—评价—教学一致性"的要求进行设计，学习目标清晰，评价任务匹配（详见表 3-5）。

表 3-5

学习目标	1. 根据题意初步学会画线段图并分析数量关系。 2. 根据线段图描述题目中的条件和问题，深入分析并掌握和差问题的不同解题思路和方法。 3. 运用线段图进行问题分析，灵活解决生活中的实际问题。
评价任务	1. 根据例 1 题中数量之间的关系，把线段图填写完整。（检测目标 1） 2. 根据线段图分析题中两种量之间的关系，找到解决和差问题的不同方法。（检测目标 2） 3. 找到和差问题的检验方法。（检测目标 2） 4. 完成练一练和练习八 1、2、3、4。能根据题意用线段图表示出条件和问题并解答。（检测目标 1、2、3）

课堂上，学生用一定的时间完成评价任务，其中自然产生了丰富的学习资源。这些学习资源，沈老师在课堂巡视中是如何发现、怎样处理的？我们所看到的情况如下。

（一）发现错误资源，及时指导

沈老师在本节课中共有 5 次巡视，每次巡视都比较有针对性。比如学生画线段图时,沈老师在巡视中发现有不少学生把表示数量或数量关系的信息都写在线段图的上方,使得线段图比较"挤",马上提醒学生线段图要清晰。又如学生完成评价任务3时,教师在9位学生处都稍作停留(并与其中6位学生进行了点对点交流),发现对于倍数关系的线段图,有多名学生不知道每份线段的大小需要相同,马上给予指导和示范,引导学生根据题意给每份线段确定一个恰当的长度。

(二)发现优质资源,及时分享

在学生完成评价任务2的过程中,沈老师多方巡视,发现学生中有多种解决问题的策略,于是进行了收集,然后在全班展示。学生展示时,教师通过鼓励、引导、多次问答(主要以学生评价及同学补充为主),最终明确了解决问题的各种策略。比如:在展示学生的第二种解决策略时,为了让学生明确"84÷2"表示哪个量,沈老师首先让孩子们听取展示孩子的说法,在肯定了展示孩子的说法后,马上又问:"听到他说的这一步了吗? 谁来告诉我84÷2=42(枚)是谁的?"通过追问检测资源分享后的结果,被提问的孩子说过程时,我们观察到其他孩子也在偷偷地说算法。

(三)发现资源不足,及时引发

当学生完成学习目标,出现资源不足时,教师的处理尤为重要。如何引出学生未曾思考到的想法? 这不仅考量教师对学情的掌握是否到位,更考量其及时的教学机智。比如,在完成评价任务3时,我们观察的48位学生中,只有6位学生做到检验完整,说明学生思维的缜密性还不够。这时,沈老师通过举反例并引导学生讨论,让学生意识到自己的检验不够完整,继而进行修改。

(四)资源处理的广度、深度及丰富性尚有欠缺

比如,在完成任务2时,沈老师收集、展示的大多是正确的解决方法,并且也与部分学生进行了点对点的交流,对于学生中的一些问题资源,如在观察组的观察报告中,我们发现有多名学生采用了"$72÷2=36,36+12=48$"的错误计算方式(正确的是:$72÷2=36,12÷2=6,36+6=42,36-6=30$),虽然沈老师发现了并进行了个别指导,但由于巡视的路线及时间关系,不可能全部发现,但老师应该意识到错误的普遍性。

这堂课中沈老师没有进行展示及剖析,使得这些问题资源没有得到处理,部分学生没有得到纠正,因此部分学生的学习目标没有达成。恰当选择学习资源并进行恰当的处理,是以学定教的关键环节。我们建议呈现典型的错例、正例,引导生生互评,将解决问题的主动权交给学生。

四、讨论与建议

"课堂巡视"与"资源处理"息息相关,由对课堂巡视的观察,我们继续思考课堂资源问题。

(一)如何在巡视中发现共性问题,促进目标达成

每一个教学任务的实施,都会引出不同的学习信息。课堂巡视作为收集学生学习信息的重要手段之一,其关键是在大量了解学生信息的基础上,找出学生学习过程中的共性问题,继而进行处理。第一,巡视的范围要广,尽可能地关注班级所有的学生。第二,巡视要有针对性。由于课堂时间的有限性,教师必须在充分了解学生学习特点的基础上,有效地发现学生中存在的学习障碍。

(二)如何在巡视中把握好学习资源的处理方法

教师的巡视行为不仅是一个收集学习资源的过程,也是一个判断学习资源的过程。首先,对于影响学习目标达成的"中间问题",即让学生无法继续完成评价任务或可能会导致出现无效学习资源的问题,教师应及时处理(如沈老师在评价任务 3 中,对每份线段的长度问题的处理就比较及时)。其次,对于学生有能力思考、判断的问题,教师应该让学生自己处理,从而更深层地达成学习目标。

(三)如何在巡视中发现目标外的精彩

教学的目的在于促进学生的发展。在掌握基本知识和基本能力之外,获得数学美的体验、思维方法的改进、自信心的提升等,这是我们追求的更高层次的精彩。因此,教师在课堂巡视中不仅要正确地判断出预设中的指向学习目标的资源,还要从中发现

预设外的学习资源,让课堂呈现更多的精彩,让学生获得更有意义的体验。本课中有部分学生表达能力非常强、思维比较缜密等,教师可以进行及时的评价与处理。比如:在任务1中,在画线段图时,老师提问:"先画谁比较好?"第5组第2位学生回答:"先画小宁,因为小春的邮票是在小宁的基础上再多12枚。"老师表扬道:"你说得真棒!"其实除了"真棒"的表扬语,我们更应该表扬孩子哪里说得"棒"。老师可以说:"你说得真好,不仅说出了方法,还说出了原因。"这样表扬,也就预示了孩子们怎样回答才是"棒"。

(陈莉琼,发表于《教育研究与评论(课堂观察)》2018年第1期)

课堂巡视的线路与策略

——"解决问题的策略——画图"课堂观察报告之二

一、为什么要关注教师的课堂巡视线路与策略

课堂巡视是教师的常见行为,然而现实中,很多的课堂巡视并没有发挥真正的作用:有的巡视只是走马观花,蜻蜓点水;有的巡视流于表面,没有抓住典型问题并及时纠正;还有的巡视发现了问题,却视而不见,没有采取有效的跟进措施。另一方面,在我们的课堂观察中,也鲜见将课堂巡视作为观察主题的。事实上,课堂观察不仅形态丰富,而且事关课堂教学中"教"与"学"的关系处理,对于教师了解学情、基于学情改进教学策略具有极其重要的意义。关注教师的课堂巡视线路与策略,可以发现教师的巡视是否有效,是否有意义。

二、怎样观察教师的课堂巡视线路与策略

观察教师巡视路线的"工具"非常简单,只要准备一份写有全班学生座位号的空白表格,在上面做好"优""中""差"的标记。当然,为了遵守研究伦理,这些标记我们不便公开,也不在本报告中涉及,只是作为小范围研究之用。

我们以这张空白座位表(如表3-6)为工具,用符号标注,记录教师的巡视线路以及在巡视过程中与学生进行交流的情况。比如,表示教师与学生互动的情况时,用"○"表示教师对该生进行了重点观察,停留时间较长;用"☆"表示教师与该生进行了点对点的互动交流。

1 − 1	2 − 1	3 − 1	4 − 1	5 − 1	6 − 1	7 − 1	8 − 1
1 − 2	2 − 2	3 − 2	4 − 2	5 − 2	6 − 2	7 − 2	8 − 2
1 − 3	2 − 3	3 − 3	4 − 3	5 − 3	6 − 3	7 − 3	8 − 3
1 − 4	2 − 4	3 − 4	4 − 4	5 − 4	6 − 4	7 − 4	8 − 4
1 − 5	2 − 5	3 − 5	4 − 5	5 − 5	6 − 5	7 − 5	8 − 5
1 − 6	2 − 6	3 − 6	4 − 6	5 − 6	6 − 6	7 − 6	8 − 6

　　课堂记录时,我们用的是铅笔。后期整理绘制时,我们用了不同色彩的笔,以便将巡视线路标示清楚。在完整记录几次教师巡视情况,并经过整理分析之后,你会惊奇地发现,课堂巡视过程原来暗藏玄机。如果我们能做到有效巡视,巡而视之,视而见之,见而用之,将会给教学带来事半功倍的效果。

三、教师是怎样巡视的

　　在本节课上,沈老师一共进行了五回巡视,具体如下。

(一)第一回巡视:在学生尝试画线段图时

　　如图 3−8,教师共进行了三次巡视:

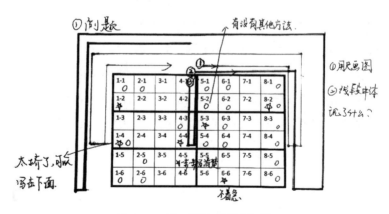

图 3−8　第一回巡视观察记录

第一次巡视用黄色线（①号）表示：教师从讲台到 8-4,再返回到前排,再到 1-4,然后返回到讲台。在巡视到 5-1 时,教师发现该生没有用尺,提醒该生规范用尺。

第二次巡视用红色线（②号）表示：教师从讲台到 8-6,再返回到前排,再到 1-6,然后返回讲台。在这次巡视的过程中,教师对 8-1 到 8-6,以及 1-1、1-4、1-6、2-1、2-5、2-6 进行了重点观察;与 8-2 有点对点交流,问他线段中体现了什么;与 1-2、1-4 也有点对点交流,提醒他们如果发现太挤了,可以写在下面。

第三次巡视用蓝色线（③号）表示：教师从 4-1 出发到 4-4 返回。在巡视 4-3、5-1 到 5-4、6-1 到 6-4 时都有停留,重点观察;与 4-4、5-3、4-5 进行了点对点交流,提醒 4-4 一步一步都要写清楚,也鼓励 6-6 不要急、慢慢写。

从这三次的巡视来看,教师巡视的覆盖面是比较广的;在巡视的过程中对发现的学习信息及时进行处理,并关注到学生的细节,对部分相对较弱的学生有鼓励。这是一次非常有深度和广度的巡视。

（二）第二回巡视:在指导学生对已完成的题进行检验时

如图 3-9,教师共进行了两次巡视:

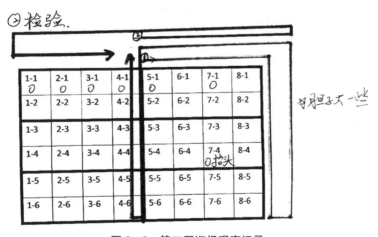

图 3-9　第二回巡视观察记录

第一次巡视用褐色线（①号）表示：教师从讲台出发到 8-6,返回后再从 5-1 到 5-6,再返回。在巡视的过程中,提醒 7-4 抬头,注意写字姿势,鼓励全班同学胆子大一些。

第二次巡视用蓝色线(②号)表示:教师从5-1巡视到8-1,再从8-1巡视到1-1,再返回讲台。这一次巡视主要集中在前排,重点观察了1-1到5-1、7-1的完成情况。

从时间和巡视的范围看,本回巡视的时间较短,覆盖面较小,与学生的交流互动也比较少,因此捕捉到的信息也是比较少的,属于浅层巡视。

(三)第三回巡视:在完成"练一练"时

如图3-10,教师从1-1出发到8-6,再返回讲台;再从讲台到5-6,然后返回;再到1-6,然后返回。可以看到,教师在巡视过程中对大部分学生都进行了重点观察,与4-2、4-6、6-5、6-6、8-5进行了点对点交流,对2-1进行个别指导(帮他纠正画图中出现的错误),还提醒5-2、5-5、6-6注意写字姿势。

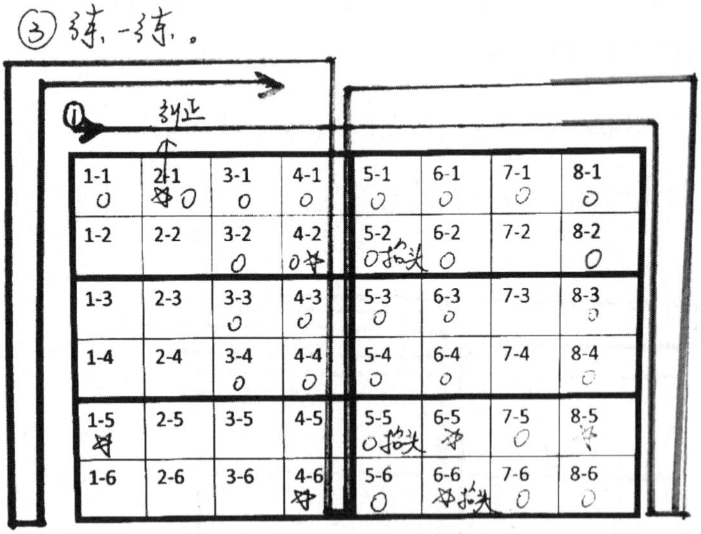

图3-10 第三回巡视观察记录

这回巡视的覆盖面比较广,能从中捕捉到一些典型信息,发现学生有问题时及时指导与纠正,是一次有深度的巡视。

(四)第四回巡视:在解答有倍数关系的问题画线段图时

如图3-11,教师进行了两次巡视,都是从讲台出发到1-6,原路返回后到8-6,

再原路返回。在巡视过程中,教师在9位学生的座位处停留并进行重点观察,与6位学生进行点对点交流,提醒3-4可以列在右边,提醒8-5由于时间紧张,答句可以不写,与8-2进行了2次点对点交流,还表扬了解答速度快的学生。

这回巡视的覆盖面不是很广,但比较有深度。

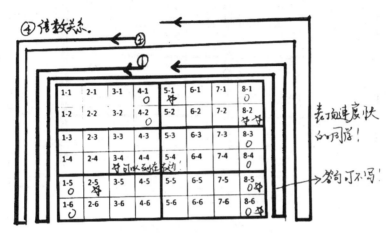

图3-11　第四回巡视观察记录

（五）第五回巡视:在完成拓展练习时

如图3-12,教师从1-1出发到8-6,返回讲台后再到4-6,返回后又到8-6。在巡视的过程中,教师提醒学生线段图前要写上名称便于区分;对18位学生的练习进行了重点观察,主要集中在教室右侧的学生,对于教室左侧学生的关注比较少。

从巡视的范围看,覆盖面大约占全班的50%,但缺乏点对点的个别交流,是一次有广度但缺乏深度的巡视。

四、怎样巡视会更好

结合五回巡视的记录,我们可以直观地发现沈老师在巡视过程中的一些情况:有走马观花式的浅层巡视,也有深入学生的深度巡视,更有兼具广度与深度的全面巡视。这给我们今后在课堂教学中怎样进行巡视带来了一些启示。

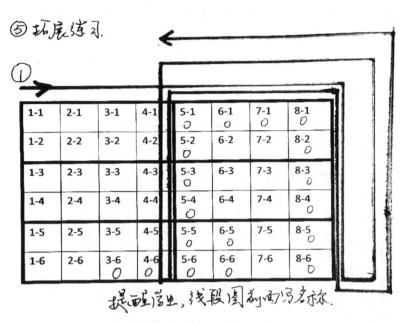

图 3-12　第五回巡视观察记录

（一）巡视应关注覆盖面

覆盖面决定信息量。缺乏经验的教师头脑里时刻不忘的是自己设计的教案，在课堂巡视时大多只是蜻蜓点水，走个过场，巡视完毕，就紧接着进行下一个环节的教学了。这就是巡而无视，这样的课堂巡视意义不大，无法真正了解学生的学习情况。本节课中教师进行的第二回巡视，虽然范围较大，但覆盖面较小，仅在少数学生的座位旁进行了重点观察，与学生几乎没有互动交流，就属于巡而无视。因此，我们在巡视时应尽可能覆盖全班学生，在有限的时间内收集到尽可能多的学习信息，了解班内各类学生的学习情况，及时调整教学重点，有针对性地对学生的问题进行解答。

（二）巡视应具有针对性

稍有经验的教师会放慢自己教学的节奏，有选择地巡视，照顾不同学习层次的学生，特别是接受能力相对较弱的学生。本节课中的第一回巡视，一共有 3 次，对 21 位学生进行了重点观察,与 7 位学生进行了点对点的互动交流,不断提醒学生一些注意事项,激发学生思考"有没有其他的方法""线段体现了什么",鼓励学生第一次画线段图"不要着急"⋯⋯从中我们可以看出,教师不但关注学生的学习习惯,而且注重激发学生的思维,还关注学生的心理状态。这样的课堂巡视,是值得我们学习的既有深度又有质量的巡视。

(三)巡视应极具敏感性

对巡视中的信息,教师应具有专业敏感性。有些教师会将巡视过程中遇到的预设之外的情况屏蔽,以免它的出现打乱自己原有的上课节奏和整节课的思路,影响教学的效果。我们应尽量避免这种视而不见的情况。预设之外的情况如果处理得当,也会成为一节课的点睛之笔。当然,这对教师的临场应对能力是一种极大的挑战。在本节课上,我们没有遇到类似的情况,但我们应该期待学生有意料之外的观点,教师能及时捕捉到这样的宝贵信息,并尽可能地恰当处理。这样才能最大化地发挥课堂巡视的作用。

总之,课堂中教师巡视行为必不可少,我们应有方向、有目标、有选择地进行巡视,在巡视的过程中了解学习信息,并及时处理,从而更有效地提升课堂质量。

(严林华,发表于《教育研究与评论(课堂观察)》2018 年第 1 期)

第三节
处理评价信息

课堂学习信息的优化

本文所指的学习信息,是指学生在课堂学习过程中为完成学习任务而表现出来的所有信息,包括口头表现、书面作业、手工制作、讨论过程等。对课堂教学的研究,只有当我们触及"信息"这个词的时候,才算是触摸到了课堂的心跳,进入了教学现场。课堂是一个充满信息的世界,学习信息是确认课程目标是否实现、学生是否"学会"的证据,我们评价课堂教学是否有效达成目标,就要看学习信息能否证明目标的达成。当我们把研究的视角转向学习信息的时候,我们就不再是纸上谈兵,而是在以活生生的方式研究活生生的课堂了。

一、学习过程就是学习信息不断优化的过程

根据华东师范大学崔允漷教授等人的研究,学生学会某种知识需要"信息的两次转化"。第一次是"教的信息"转化为"学的信息",从教师转向学生;第二次是学生的自我加工,从"学了"转向"学会"。我们打个比方,第一次转化是信息的"物理位移",从教师方移到学生方;第二次转化则是信息的"化学反应",通过自我加工,学生的原有知识与新的知识融合起来,成为"新知识",成为"我的知识",成为"真本领",这时,学生才算是真正地"学会",课程才算是真的完成。因此,崔教授得出的结论是:"教了不等于学了,学了不等于学会了。"教要转化为学,需要信息的第一次转化;学要转化为学会,需要信息的第二次转化。第一次转化是基础,第二次转化是关键。是否实现了第二次转化,是否"学会",何以见得? 那就要依靠"评(评价)"。如何评价? 就要看学习信息,看其能否证明学习目标的达成。

学习信息证明学习目标的达成,这不是一个简单的结果,而是一个动态的过程,"信息"是一个"活概念",在课堂中不断生成、不断变化;而课程所希望的是,这些不断生成、不断变化的信息在不断优化。由此,我们可以说,学习过程也就是学习信息优化的过程。

何为优化? 即学习信息呈现出学习目标所希望的特征来。因此,当我们在研究学习信息的时候,我们不能仅凭个人好恶来行事,而是要不断地反观目标。从某种意义上来说,学习的过程就是不断地接近目标的过程,学习信息正是在不断接近目标的过程中实现优化的:与课堂教学目标的要求越来越近,与单元学习目标的要求越来越近,与课程目标的要求越来越近。

需要特别注意的是,我们使用的是"学习信息"这个词,这个词的对象一定是"学生",而不是别人。我们要记住,始终要把"学习信息"作为焦点去研究课堂;我们要警惕,不要把教师的教误断为学生的学,不要把教师的信息水平误判为学生的信息水平,不要误以为教了等于学了、学了等于学会了。这是我们经常会有的误解:教师的教材吃得透,教师的讲解很卖力,教师的演讲很出色,学生一定都懂了,学生一定都会了——这样,我们就混淆了"教的信息"与"学的信息"。这两者有着必然的关联,但却并不能完全等同。

二、教学过程就是教师帮助学生优化学习信息的过程

我们再强调一下,"学习信息"一定是指"学生的学习信息"。这看起来有些同义重复,"学习信息"理所当然是指"学生的学习信息"。但这样不太合理的重复,仍然是必要的。因为在课程现场,有着太多的误解:误把教的信息理解为学的信息。

教与学的关系,是教学中最重要的关系。离开了学,就无所谓教;离开了教,也构不成"教学"意义上的"学"。课堂教学的过程,就是不断地处理教学关系的过程。在这种关系中,最重要的一层,就是教师成为学生优化学习信息的帮助者。这个"帮助者",有着丰富的含义,是精神伙伴,是课程导师,在懈怠时鼓劲,在自足时提醒——而在本文中,主要是指课堂学习中教师的专业角色,这种专业角色的主要使命是:帮助学生优化学习信息。

我们假设，课堂上已经出现了大量的信息，这很重要，因为没有这些信息，"优化"就无从谈起——事实上，有时候，我们的课堂上"出现不了"信息，或者"出现不了"大量的、丰富的信息（这与我们的"学习任务"设计相关）。这里我们假设信息已经出现了，我们老师该怎么做？去发现（选择），去研判，去处理。

第一，敏锐地发现信息。课堂充满学习信息，课堂信息稍纵即逝。教师在课堂信息世界中，要具有专业的敏锐性，要有师者的"火眼金睛"，要善于在芜杂的信息中发现具有重要教育价值、课程价值、教学价值的信息——在课堂现场，这是教师的第一基本功。没有这一项基本功，教师就会走失在信息的丛林中，就会迷路于信息的矿山里，就会淹没在信息的海洋里。如果发现不了、找不到真正可以推进教学的信息，信息的优化便无从谈起，课程的落实也无从谈起。

第二，精准地研判信息。为了叙述的方便，我们把"发现"与"研判"分开表述。听上去，"发现"更要求有专业直觉，而"研判"更要求有专业理性。但事实上，在课堂教学中，这种研判也是几近直觉的研判，是对学习信息的价值在瞬间作出的专业判断（其实质是将学习信息与学习目标进行关联性思考）。这种研判依赖于教师的一种重要专业素养——"教学智慧"，这是一种"实践智慧"。

第三，合理地处理信息。通过研判，我们对信息的特点与价值已经心中有数了，根据信息的特点，如正确的、错误的、齐整的、杂乱的、经典的、另类的、精准的、欠完善的、有更多可能性的等，进行合理的处理，如鼓励、提升、归并、拓展、展示、提出问题、组织讨论、总结等。不管采用怎样的方法，最终，是要让学习信息变得更加符合目标的要求、课程的要求、教育的要求，让其更加优质。

三、优化学习信息是一项教学系统工程

课堂是学习信息优化的"前沿阵地"。而优化学习信息的实质，是优化课程实施的质量，这是一项系统工程。这一教学系统工程与教学的全部要素相关：学习目标、评价任务、教学过程，以及包括学科素养在内的教师专业素养等。

学习目标，是信息优化的指南针。优化学习信息的过程，也是评价驱动学习的过程。在这个过程中，学习目标起着核心作用；如果没有科学、正确、明晰的学习目标，

学习信息的处理就如雾里行舟，没有方向。因此，要优化学习信息，前提是优化学习目标，教师要善于将课程目标转化为课堂的学习目标，以此统领课堂现场的信息处理。

评价任务，是学习信息的直接催生器。所谓"优化学习信息"一定要看得到信息的变化：从"未优化"到"优化了"。优化信息，首先要"有信息"。学习信息从何而来？在学生完成学习任务的过程中产生。我们通常称指向目标的学习任务为"评价任务"，在完成评价任务过程中产生的学习信息为"评价信息"。课堂需要释放丰富的、真实的评价信息，这就需要合适的评价任务；如果评价任务不能催生丰富的、真实的评价信息，那么，所谓"优化"就是无米之炊。在课堂现场，我们经常看到很多碎片化的提问替代了整合化的"评价任务"。于是，看上去课堂上学生能"回答"一个一个的小问题，看上去学习几乎没有什么障碍与差错，看上去学生都"学"了，但实质上，这些信息可能都是虚假的，没有经历真正的"评价任务"，没有面对真实的课程问题。无论是催生原始状态的学习信息，让课堂呈现真实而未必正确的信息，还是在后续信息处理中，重组学习任务，以帮助学生创生更优质的信息，"学习任务（评价任务）"的设计与实施都是极为重要的。

教学过程，从某种意义上来讲，就是发现（选择）、研判、处理学习信息的过程，就是教师帮助学生优化学习信息的过程（如本文第二部分所述）。课堂上的信息一定是有变化的，是从原初的信息变为优质的信息，如果信息只是从"水平 A"到"水平 A"，而到不了优化了的"水平 A′"，教学就没有意义。我们也发现，不少课堂中出现一教就会，一学就对的情况，却看不到学生的信息水平有纵深的发展，这样的课堂令人担心是否是"虚假繁荣"。

最后，我们要说，没有教师的专业素养，学习信息不会自动优化。教师的专业素养是一个太大的概念，这里想强调的是教师的学科素养。在学科核心素养的观照下，不同的学科所指的"学习信息"，是有学科特点的。比如，语文学科的语言信息，数学学科的数学思维。如果教师本人缺乏学科素养，那么，他既不可能敏锐地发现重要的信息，更不可能帮助学生去优化信息，引领学生走向课程的更高处。如果语文教师缺少语文素养，那么他听到（看到）学生无序的表达、欠生动的叙述、内容干巴巴的文字，会无动于衷，或者即便知道不佳，也无能为力；如果数学教师缺少数学素养，那么他可能只能停留在某一道习题的答案上,而无法引领学生从一道题的解答迁移到数学思维、数学思想上来。

（张菊荣,发表于《教育研究与评论(课堂观察)》2020 年第 2 期中,发表时题为《谈谈学习信息的优化》）

评价信息需要有效处理

——基于信息二次转换理论的思考

"评价信息是指在课堂教学过程中出现的、和教学目标达成高度相关的、用于评价课堂教学效果的一系列学习信息。"崔允漷教授指出,从"教"到"学会",信息必须经过两次转换。第一次转换是从教师的"教"到学生的"学",第二次转换是从学生接收信息的"学"到学生加工信息变成"学会"。只有实现了信息的第二次转换,学生才有可能"学会"。如果只关注信息的第一次转换,不关注信息的第二次转换,教师就无法了解学生是否真的"学会"。这便是信息二次转换理论。显然,评价信息的有效处理,就是要帮助学生实现信息的二次转换,即进行信息的精加工,而不仅仅是信息的接收。

纵观我们的课堂,很多教师对于课堂中出现的纷繁复杂的评价信息并不能进行合理的、有效的处理,导致学生的学习很多时候只停留在信息的第一次转换阶段,很难实现信息的第二次转换。没有信息的第二次转换,往往意味着学生的学习并没有真正地发生。细细想来,其中的问题有很多。结合最近一年的课堂观察,我梳理了几类较为典型的问题,探索了几点改进策略。

一、不少课堂未能实现信息的第二次转换:分析三类问题

(一)偏重"碎片教学",忽视"完整实践"

在日常教学中,"碎片教学"随处可见。细致是好的,但琐碎未必是好的,尤其是琐碎的课堂,肯定不是我们想要的。从"教"到"学",学生接收到的是一些碎片化的信息,不是一次完整的实践。学生没有完整地面对学习,换句话说,没有经历信息的第二次转换,就没有"学会"。

以语文学科为例,语文教学姓"语",语言教学必定是重中之重。低年级学生的语言建构与运用,往往是从一个字、一个词开始的。日常的字词教学中,我们更多的做法是跟随文本:读到这里停留一下,说一说、品一品,再读一读;读到那里停留一下,循环

往复。随意性、机械化的操作,导致学习的不深入。我们不难发现,学生明明在课堂上借助文本学习了那么多的好词好句,可是等到写文章时压根儿不会用。我想,这与教师碎片化的字词教学有很大关系。教学的"点"太多,学生往往不能将琐碎的知识结构化;知识不能结构化,就意味着学生没有"学会"。

(二)聚焦"正确信息",摒弃"错误信息"

通常,为了教学的顺利进行,教师在课堂教学中更多地把目标聚焦于学生正确的学习信息。这一现象在公开课中尤其突出。在一些作业展示环节,有些教师甚至为了避免错误的信息影响到预设的教学流程,展示的都是全对的、优质的、来自"优等生"的作业,对错误信息视而不见。表面上看,学生都掌握了,事实上,学习能力中等及偏下的学生可能都没听懂。这样的课堂看似精彩,实则只是老师教了,学生学了,"优等生"学会了而已。

而学科教学面向的是每一个学生。如果我们怕学生出错,怕给学生纠错,那么教与学一定不能实现积极的互动。课堂上出现学生犯错的信息,无论是结果性的错误,还是过程性的错误,都很正常。成尚荣先生曾经说过:"教室,出错的地方。"学生错误的学习信息是课堂教学的重要资源,它反映了一部分学生的学习情况。帮助这部分学生从"学"到"学会",实现信息的第二次转换,才是课堂教学中评价信息有效处理的真正体现。那些错误的学习信息中,一般都包含着教学契机,问题在于,我们能否敏锐地发现、专业地利用并有效地处理这些信息。

(三)喜欢"整齐划一",规避"与众不同"

有些教师为了让学生在考试中取得好成绩,以此证明学生都学会了,喜欢在指导学生做题目时用所谓的"标准答案""统一答案"。以语文学科为例,低年级通常会出现一些短语填空题,如"(　　)的天空",大部分学生都会讲到"蓝蓝的天空",个别学生可能会想到"蓝湛湛的天空""瓦蓝瓦蓝的天空"等。当学生冒出这些 ABB 式、ABAB 式的好的叠词时,有的老师非但不肯定,还会质疑:会写"湛""瓦"两字吗?写错了要扣分的。于是,全班整齐划一地填"蓝蓝的天空"。看似学生全对了,但是他们真的学会了吗?

再说用"像"字写比喻句这类题目,从学生的答案看,基本固定在那么一两句简单的比喻,什么原因?老师要求背的。死记硬背,只能是短时记忆,学生没有将其转换成长时记忆,没有"学会",自然在考试中不能及时提取相关学习信息。有时题目要求变了,出示了本体或喻体,要补充缺少的那一部分。这跟教师之前要求背的不一样,学生便没有办法将之前"学到"的知识运用到新的情境中去,还是没有"学会"。因为没有"学会",等学生进入中、高年级写作时就不能灵活运用比喻句,有个别学生即便用了"像",写的也根本不是比喻句。

试想,长期在这样"整齐划一"的课堂中,学生的思维如何发展与提升?学生怎么审美鉴赏与创造?……学科教学承载着学科核心素养,担负着学科育人的使命,指向的是学生终身的发展。与大部分学生的想法、做法不一样的学习信息,常常包含着特殊的学习过程、思维方式、情感体验,往往体现了学生从"学"到"学会"的过程,是值得教师特别重视与理解的。

二、如何帮助学生成为信息的加工者:分享三点策略

那么,到底如何帮助学生从"学"到"学会",做信息的加工者,实现信息的第二次转换呢?在观察与研究、实践与操作中,我总结了以下三点策略。

(一)关注信息的主体,从重"教师的教"到重"学生的学"

学生是学习的主体,评价对学习的促进最终靠学生才能实现。因此,不关注学生"学"的课堂教学评价是没有任何意义的。

就教案来看,倾向于"怎么教"的方案,可谓教师立场的教案,即教师在课堂教学中往往习惯于按照教案的流程"赶课",而对课堂中出现的大量有价值的评价信息视而不见。教师在不清楚学生学习进程的情况下推进"教程",在教学环节的设计中,所有环节的主语都是教师,如创设情境、呈现幻灯片、指导学生探究等,不太关注学生是否学会。倾向于"学生学会"的方案,可谓学生立场的教案,即整个教学过程的设计都聚焦学生何以学会,从期望学生学会什么出发,设计何以学会的完整学习历程,配合指向目标监测的形成性评价。这些课堂评价信息就像导航仪,使学生在学习道路上可以不断

监控自己的学习进程,明确目的地,并准确定位,然后沿着正确的路径走下去,直至"学会"。由此可见,在评价信息的有效处理中,我们必须重视"学生的学",帮助学生实现信息的第二次转换。

(二) 关注信息的真实,从重"学习结果"到重"学习过程"

关注信息的真实性,就不能让"优等生"代替所有的学生,把一些人的认识当成全班的认识。以偏概全,以点带面,显然谈不上真实性,不利于学生真正"学会"。

根据班级学生日常学习能力的表现,我们通常将他们分为"好的""一般的"和"差一点的"。正因为学生学习能力存在差距,所以课堂上呈现的学习信息也大不相同,同样也可以评价为"好的""一般的"和"差一点的"。基于帮助学生学会的视角,为了实现信息的第二次转换,教师在评价这些学习信息的过程中更多要关注学生思考的过程:学生是如何习得"好的"信息的,又是怎么判断"一般的"信息的,"差一点的"信息背后的问题又在哪里。通过引导,促使学生在原有认知的基础上进一步思考,总结新经验,获得正确的或者是更佳、更优的信息,从而真正"学会"。

(三) 关注信息的建构,从重"教师告诉"到重"学生表达"

检验学生是否"学会"的一个标准是:学生能否在原有经验的基础上实现自己的建构,即能否用自己的话来表达,能不能联系自己的经验来表达。一些教师口中所谓的"标准",是学生在没有亲历学习过程的前提下获得的信息。这些信息的产生只是从"教"到"学",学生并没有真正地"学会"。真正地"学会",是指学生有自己的知识建构,能用自己的话、联系自己的生活或学习经验来表达,能在新的情境中表达。因此,我们在教学中,应关注学生信息的建构,更多的是让学生"表达",让学生"学会",而不是简单地告诉。

作为一种重要的教学资源,评价信息的有效处理,能帮助学生实现信息的第二次转换,即真正意义上的"学会"学习。

(卢佳芬,发表于《教育研究与评论(课堂观察)》2021 年第 11 期)

评价信息如何有效处理:叩问与探寻

学习是学习者经历的不断自我改变、自我更新的过程,就像"破茧为蝶",不断挣脱束缚自己的"旧东西",从而获得新生。课堂中信息量庞大,课堂上学生的学习绝不是简单的信息接收,更重要的是对所接收的信息进行内化、发现与创新。崔允漷教授认为,"学生学会某种知识需要'两次信息转化'"。第一次是信息的传递过程,需要学生通过视觉、听觉等感官来接收信息,并简单分析理解信息。第二次信息的转化才是学生学习的本质,是学习的高阶层次。我们需要通过评价信息来证实学生是否达成了既定的学习目标,这就离不开对课堂上评价信息的充分捕捉,关注课堂生成,助推原有评价信息的修正,帮助学生实现信息的第二次转换。

关于评价信息的处理存在哪些误区?如何改进?江苏省吴江实验小学教育集团苏州湾校区的数学团队对此进行了深入的课堂研究。下面,我将借助五则课例展开论述,希望通过观察与研究,探寻帮助学生完成信息自我转换的最佳方式。

一、叩问:这样处理评价信息有效吗?

(一)原初信息被屏蔽,信息收集不全面

【课例1】三年级下册第六单元的"认识面积"评价任务

课上教师设置了打扫卫生的生活情境:两位同学分别打扫A、B两区(如图3-13所示),这公平吗?具体的评价任务是:能感知面积的大小,能区分面积和周长的不同含义,能表达不公平的原因。

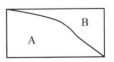

图3-13 A、B两区图

评价信息及处理方式:

(出示问题后,学生窃窃私语。)

生 公平,因为两块区域的面积一样。

师 大家有疑问的声音。

生 A大B小。

师 到底是怎样的？有的同学认为公平，有的认为A大B小。我们扫地扫的是什么？

生 （齐）面积。

师 A区的面积是哪部分？B区的面积是哪部分？

生 确实是一样的。A区和B区中间的（线）是一样的。

师 老师把A区圈出来，让扫B区的同学扫这一块区域。（边讲解边画图）你们觉得公平吗？

生 （齐）不公平。

生 A区的面积比B区大。

师 A区的面积是这一个面的大小，确实不公平。

在既定的学习目标下，在有限的课堂时间里，教师想收集到所有的原初学习信息着实不易。教师除了通过巡视及时捕捉信息外，还可以通过"还有不同的意见吗？""谁还想上来说一说？"等提问补充收集信息。在"认识面积"一课的教学中，评价信息出现明显的分歧后，教师没有关注信息中反映出来的真实问题。课上，学生明显把面积和周长的概念混淆了。而教师直接引导全班一起看课件画出A、B区的面积，归纳结果。这是用教师的讲代替学生的学，学生没有主动参与学习，只能完成"信息的传递"。学生没有思考、表达和对质的通道，"信息的转化"无法达成，学习效果肯定大打折扣。教师在处理学习信息时应尊重原初信息，在学生思考后给予他们展示交流的机会，以使学生在自我解析、同伴对质的过程中，知识越辩越明。这一片段的教学，原初信息被屏蔽，信息收集不全面。

（二）过程信息被无视，信息处理不及时

【课例2】三年级下册第七单元的"认识分数"评价任务

在帮小猴子分12个桃的情境中，学生能通过圈圈画画写出至少2个分数；能理解所有分数的含义；通过对比，交流理解总数相同，表示每一份的分数不同的原因，达到本课的学习目标。

评价信息及处理方式：

（学生独立画图表示不同的几分之一，部分学生小声交流。教师巡视指导。）

生 把12个桃平均分成2份，每份是这些桃的$\frac{1}{2}$……

生 把12个桃平均分成4份，每份是这些桃的$\frac{1}{4}$……

师 都是12个桃，表示每一份的分数为什么不同？

生 平均分的份数不同，每份数不同，所以分数不同。

师 他说每份数不同，我们应该怎么说？（学生没有积极应答。）都是12个桃，这些不同的分母表示平均分的份数。（学生齐答：不同。）

生 平均分的份数不同，所以分数不同。

本着"以学为中心"设计的学习任务催生出的学习信息越来越真实，在交流中产生的过程信息越来越多。教师在处理信息时抓住环环相扣的过程信息往往能事半功倍。"认识分数"评价任务的交流中，从评价信息及处理方式可以看出，大部分学生通过独立思考和画图能理解并交流表达"都是12个桃，表示每一份的分数为什么不同"这一本课"再认分数"的本质意义，但也有不同的表达——分的份数不同，每份数量也不同，所以分数不同。这是一个很好的启发学生深度思维的契机，遗憾的是，教师没有深究学生这样思考和表达与其知识逻辑的适恰性，而是直接纠正了他们的表达。其实，学生这样思考完全是合情合理的。他们学习本课的旧知基础是除法的含义和"分数的初步认识（一）"，显然，除法的含义给学生提供了更多思考和学习的基础。所以，在被除数相同的情况下，学生从分的份数不同立刻就联系到每份数量也不同。"知识的炼制来自收集到的信息和学习者先有概念之间的互动。"所以，我认为，学生这样表达本质上是没有问题的。教师可以说："我听懂了你的意思，你说得很有道理，可以说得再简单一点吗？"以此引导学生抓住分数的本质意义。之后，可以再问："每份数量为什么不同呢？"简单拓展这个过程信息，帮助学生搭建该信息与后面学习内容的勾连。这一片段的教学，过程信息被无视，信息处理不及时。

（三）结果信息格式化，信息优化不恰当

【课例3】三年级下册第六单元的"面积单位"

评价任务 1：

根据"认识 1 平方厘米"的经验，自主学习"认识 1 平方分米"：同桌合作比一比 1 平方分米的大小，并找一找生活中的 1 平方分米；能用 1 平方分米为单位量出物体的大小。

评价信息及处理方式：

（学生完成任务时一直在看板书。）

生　1 平方分米的边长是 1 分米。

师　他说得对不对？

生　（齐）对！

师　对吗？一起说，怎样的正方形面积是……

生　（齐）边长是 1 分米的正方形的面积是 1 平方分米。

师　听这位同学继续说。

生　（接着汇报）我跟鞋面比一比。

（其他学生也跟鞋面比一比。）

生　（补充）和头顶比一比差不多。

师　最后你干了什么？

生　（继续汇报）我量了口罩。

师　你量出来口罩的面积是？

生　是 2 平方……

（其他学生帮助回答。）

师　（小结）大家看，他的方法和测量 1 平方厘米的方法是一样的。

评价任务 2：

根据"认识 1 平方分米"的经验，自主学习"认识 1 平方米"：同桌合作比一比 1 平方米的大小，并找一找生活中的 1 平方米；尝试估计生活中物体的面大约有几平方米。

评价信息及处理方式：

师　你能说说什么叫作 1 平方米？

生　它的边长是 1 米。

师　说完整，边长是——

生　边长是1米的正方形的面积是1平方米。

（教师指着任务单指导学生齐说：边长是1米的正方形的面积是1平方米。）

师　和你的同桌说一说。

（学生练说。）

师　我们来比画一下，怎样才能比画出：（学生伸开手臂。）我看你们都伸开了双臂，这是1平方米吗？（生齐说"不是"。）可以找同伴合作，围一围。

（学生尝试围1平方米。）

师　你们觉得6个同学一起围——

生　（齐）大了。

师　几个同学围起来差不多大？

生　（齐）4个。

师　请你接着汇报。

生　（继续）我觉得1块黑板的面大约1平方米。

生　（补充）教室1扇窗玻璃的面大约1平方米。

师　你估计了哪个面积？

生　整块黑板大约4平方米。

生　门大约2平方米。

师　下面我把1平方米放在地上，一起来看看，几个同学站上去可以把它站满。

（学生齐数"1，2，3，…，15"。）

当评价任务催生出很多评价信息时，教师要引导学生进行信息的共享讨论，由点及面地进行信息的整合。若评价信息不深入，有价值的信息不被充分利用，学生创造信息的能力被漠视，久而久之，课堂上有价值的评价信息就会慢慢变少。上述课例中，教师这样处理关于平方分米的评价信息：指名个别学生交流，教师和该生一问一答完成任务单的反馈；全班齐说1平方米的概念后，当学生有困难时，1位学生补充和教师直接讲解。这样处理关于平方米的评价信息：指名个别学生交流，教师和该生一问一答完成任务单的反馈；其他学生齐说概念，2位学生补充，其他都是教师讲解为主。在平方米的教学后，教师让学生自主完成任务单，然后以同样的步骤、同样的方法，根据任务单——交流学习信息。我不禁产生疑惑：一位学生的交流，其他学生齐说概念，相同的学习过程,学生的评价信息真正实现转化了吗?从两次基本雷同的信息反馈中,我们只看到了学生对概念的认识及粗略识记,概念的表象都没有清晰地建立。这一片段的教学,结果信息格式化,信息优化不恰当。

二、探寻:如何更有效地处理评价信息

(一)勾连新旧知识

课堂上评价信息的产生,是学生根据已有知识对评价任务作出的反馈,新知识的出现和已经存在的知识是不可分割的。因此,评价信息的处理,首先应当勾连新旧知识。

【课例4】五年级上册第二单元的"平行四边形的面积"

评价任务1:

能用方格图测量平行四边形的面积;和同桌交流不同的方法;能解释自己的方法。

评价信息及处理方式:

(学生能用不同的方法求出平行四边形的面积,同桌小声交流。)

生　先数整格的,再把不是整格的拼成整格,一共是28平方厘米。

师　你数的是什么?

生　正方形的个数。

师　正方形个数和平行四边形的面积有什么关系?

生　有几个小正方形就是几平方厘米。

生　我先把平行四边形像这样剪开,然后把三角形移到这里,拼成一个长方形,它的面积是28平方厘米。

师　你为什么要先剪后拼?

生　转化成长方形来计算,我们学过。

师　这两位同学用了不同的方法测量出平行四边形的面积都是28平方厘米,谁还想来说说?

生　和第二位同学的方法相同。

师　你为什么要剪、拼?

生 这样可以把不是整格的拼成整格的,数起来方便。

师 你的想法和他不太一样啊!

评价任务 2:

能画出平行四边形并把它转化成长方形;尝试画一个不能转化成长方形的平行四边形,和同桌交流。

评价信息及处理方式:

部分学生尝试画各种不同的平行四边形来证明自己的观点,也有少部分学生冥思苦想不同的形状,希望找到那个不能转化成长方形的特例。第一位学生展示,可以转化成长方形。第二位学生举手,表示不能转化。然后上台试了试,发现也能转化。第三位学生举手示意,说不能转化,其他学生不服。这位学生上台后发现,能转化成长方形。第四位学生站起来又坐下去,自己笑着说:"我的也可以。"教师给学生展示的时间和机会,抓住合适的时机反问质疑。

评价任务 1,是从已学的面积测量的方法入手,从长方形面积公式的推导过程切入。教师先用单位面积平铺来解释平行四边形面积的含义,然后引导学生调用已有经验再认单位面积的个数就是平行四边形的面积。评价任务 2,让学生经历猜想、验证(借助平移、旋转等原有经验来完成)到归纳(建立新知的过程)。教师处处以学生的已有知识为基础来展开教学、处理评价信息,顺势而为地勾连新旧知识;学生通过自己的思考、交流和实践,把新知融入已有的知识体系中,构建起更完整的知识体系,从而为接下来运用新知解决问题打下基础。如此,勾连新旧知识,处理评价信息,是十分有效的。

(二)强调认知过程

【课例 5】五年级上册第一单元的"认识负数"评价任务

教师设置现实的问题情境:记录学校四、五、六年级学生人数变动情况。具体的评价任务是:尝试用符号来表示转进和转出人数;感受符号的简洁,意识到认识负数的必要性。

评价信息及处理方式:

(学生根据自己的理解选择记录方式,部分学生的记录为空白。)

生 四年级:转入 5,转出 2;五年级:转入 4,转出 1;六年级:转入 6,转出 8。

（教师微笑点头。）

生 四年级：入5，出2；五年级：入4，出1；六年级：入6，出8。

师 （称赞）比刚才的同学的简洁一点。

生 四年级：＋5，－2；五年级：＋4，－1；六年级：＋6，－8。

师 （惊讶）同学们能明白他这样表达的含义吗？

（生齐答"明白"。）

师 我们请这位同学介绍一下他的想法，好吗？

生 我们在解决问题的时候，在原来人数的基础上，转入几人就加几，转出几人就减几，所以我就想到用加、减符号来表示。

师 还有其他人想说吗？

生 我也是用加、减符号来表示的，我是从电梯的楼层中得到启示的。妈妈的车停在地下2层，电梯显示"－2"，我知道它不读减。

师 现在你想用哪种方法来记录？为什么？

生 我想用"＋""－"符号来记录，这样很简洁。

师 那我们把它改成简洁版的吧。（学生修改。）

在学习过程中，学习者的已有知识既是学习的基础，也是新知的"绊脚石"。通过听、看等方法，只能完成知识的传递，这样到达学生脑子里的知识很容易被遗忘，也很难被调用以解决新的问题。这是因为，潜意识里学生对"新知"没有认同感，没有真正接受它成为知识体系的一部分。学生只有对学习内容做出自我梳理、自我审视和必要的调整，才能完成学习，达到学习的目的。在"认识负数"的评价任务中，学生反馈了很多评价信息，教师在巡视中没有单独指导，而是请多位学生交流自己的任务单，并给学生思考的时间，等待学生的反驳与争论。在一次次对比中，学生感受到用"＋""－"号记录相反意义的量更简洁。最后，教师留给学生修正答案的时间，是对他们参与知识提炼过程的赞许和对结果的充分肯定。学生通过对原有答案的调整、修改来接受新的知识。

（三）促进新知产生

"数学学习的根本目的是促进学生掌握新的知识、技能、思维方法，提升数学思维品质。"我们在处理评价信息时，要明确学生的原有知识层次和能力范围，要找准催生学生信息的生长点。在课例 2"认识分数"评价任务的处理中,教师能从学生的已有知识出发,肯定学生的理解和表达,引导学生通过小组交流、课堂辩论等方式,抓住分数的本质意义,得出:都是 12 个桃,分的份数不同,所以每份的数量不同。并追问:"每份数为什么会不同呢?"这样,逻辑上由一个共同的起点慢慢形成知识的两个层面:一个是分率,一个是确切的量。学生能更好地理解分数的意义,分清两个层面的联系和区别。尊重学生的原有认知,从学生的角度去解释问题,我们就能发现,在他们丰富的表达中,新知呼之欲出。

(董兰,发表于《教育研究与评论(课堂观察)》2021 年第 11 期)

课堂评价信息处理是否有效?

——统编版语文五年级上册《松鼠》课堂观察报告

一、观察背景与主题

在任务驱动的学习过程中,学生借助教师的指导,紧紧围绕一个共同的任务,在强烈的问题动机的驱动下,通过对学习资源积极主动的应用,进行自主探索和互助协作的学习。为了完成教学目标,教师往往会设计评价任务,通过任务的完成度来判断学生是否达成了学习目标。在课堂教学过程中出现的、与目标达成相关的学习信息被称为评价信息。其间,学生的学习会经历两次信息转换:第一次转换是信息的人际转换,即教师把知识教授给学生,学生只是信息的接收者;第二次转换是信息的自我转换,学生本身对信息进行加工,将知识内化,真正实现学会知识。关注信息的第二次转换,让学习真实发生,是教师在处理评价信息时应该重点关注的。

基于此,我们开展了"评价信息的处理是否有效?"的主题观察,了解学生在完成评价任务的过程中产生的各种评价信息,以及教师的处理能否帮助学生完成信息的第二次转换,具体表现为:能否体现结构化的特征,对同属一类的知识进行归纳和总结;在处理过程中,能否改变学生的原有认知,实现提升;教师与学生的课堂对话,能否在进阶中有效提升学生的课堂学习能力,从而有效提高课堂的教学质量,让学习在课堂中真实发生。

本次观察的是江苏省吴江实验小学教育集团爱德校区叶志芳老师执教的五年级上册《松鼠》一课。本单元是习作单元,选编了《太阳》和《松鼠》两篇说明文。说明文是一种以说明为主要表达方式、客观地说明事物或阐明事理的文体,目的在于给人以知识,或说明事物的状态、功能,或阐明事理。《松鼠》是一篇文艺性说明文,语言生动形象,是学生学习的范本。围绕这一课的教学,观察小组从三个不同的维度观察:(1)评价信息的处理是否呈现了结构化特征? (2)评价信息的处理是否显现了提升性效果?

（3）评价信息的处理是否体现了进阶式过程？

二、观察过程与发现

本单元由两篇精读课文、两篇习作例文和一篇习作组成，单元目标是"用恰当的说明方法把某一种事物介绍清楚"。单元的设计思路为：先学习课文，再研究例文，最后进行写作练习，让学生在语言建构和运用的基础上，感悟写法，练习写作。

为了完成教学目标，叶老师一共设计了三个评价任务：（1）借助词语，请你以松鼠的口吻做自我介绍，如"我是一只讨人喜欢的小松鼠，我……"；（2）阅读《中国大百科全书》和课文中相对的一段话，对比两种语言风格；（3）请结合资料及课文内容，试着用活泼生动的语言，运用恰当的说明方法，向身边的朋友介绍白鹭的外形。

（一）评价信息的处理是否呈现了结构化特征？

在学习松鼠的外貌这一环节，叶老师出示要求，请学生阅读课文第1自然段，说说作者是如何写小松鼠的外貌的。朗读完这一自然段后，学生交流："作者写了它的面容、眼睛、身体。""还有四肢和尾巴。""我觉得作者写得很生动，用了打比方的方法，将它的尾巴写得十分漂亮。"叶老师评价："你从说明方法这个角度来分析，非常好。其实，作者把松鼠的面容、眼睛、身体、四肢、尾巴都写得十分具体，通过描写事物的形状或面貌来说明事物特征的说明方法就是'摹状貌'。"叶老师在这个环节先点出了摹状貌的说明方法让学生加以理解，紧接着提问："作者在写松鼠外貌的时候有没有按照一定的顺序？"几位学生作答："这一自然段写松鼠外貌的时候，第一句话先整体写，接着再写身体各个部分。"……面对几位学生的回答，叶老师很好地围绕两个方面对课堂上产生的信息进行了处理：首先，写外貌的时候，心中要有一定的顺序，先整体、再局部，分点写可以写得清清楚楚；其次，还要关注手法，可以采用打比方、摹状貌等说明方法，将松鼠的外貌写得生动有趣。

在这个过程中，叶老师看似蜻蜓点水的几句小结式话语，引导学生对这些信息进行了二次转换，通过结构化的梳理，让学生真正掌握了写小动物外貌的技巧。

（二）评价信息的处理是否显现了提升性效果？

在完成评价任务的过程中，学生可以更主动、更广泛地激活原有知识和经验，理解、分析并解决当前问题；问题的解决为新旧知识的衔接、拓展提供了理想的平台，即通过问题的解决来建构知识。在这个过程中，教师对课堂评价信息的有效处理能够激发学生的思维冲突，引发学生的思考和探究，起到提升的效果。本堂课开始时，叶老师设计了一个任务：运用所给词语，以松鼠的口吻来做自我介绍。教师创设的学习情境，需要与当前的学习主题相关，还要尽可能真实，从而引导学生带着真实的"任务"进入学习情境，使学习更加直观和形象化。一位学生这样介绍："我是一只讨人喜欢的小松鼠，因为我乖巧、驯良。"叶老师给出的评价是：能够抓住关键词，说出了松鼠的特点。这位学生脸上露出了笑容。叶老师并没有让他坐下，而是继续问道："能否用更多的词语来说说松鼠的乖巧和驯良？"经过思考，学生用上更多的词语，具体地说出了松鼠的特点。叶老师给予表扬，随即抛出一个问题："在表述的过程中，还有什么要注意的？"有学生提到语言不够简洁，而且用了很多次"然后"。此时，叶老师总结："说的时候要用上更多的词语来表现松鼠的讨人喜爱，还要注意表达的流畅性。"经过叶老师的提醒，相信学生在自己的脑海中已经建构出自我介绍的注意要点。这就完成了信息的第二次转换。在自由练习中，学生互相听与说，互相提意见。最后，叶老师请另一位学生再次做自我介绍，他的表达完整、流畅。

可见，评价信息是学生达成学习目标这个"旅程"中的证据表现，学生能走到哪里，教师的"导航"十分重要。教师要及时处理信息，引领学生的课堂学习；学生要对信息进行深加工，最终达成教学目标。

（三）评价信息处理是否体现了进阶式过程？

课堂教学是一个动态化的生成过程，师生对话会产生大量的信息，对这些信息的有效处理，可以改变学生的认知，离预设的教学目标越来越近。我们可以从叶老师的课堂上寻找到这样的证据。

在第二个任务中，叶老师让学生画下课文中比较典型的语段，并自由朗读，比较《松鼠》与《中国大百科全书》的语言风格以及说明方法的不同点。在这个环节，对于

《中国大百科全书》中的一段话,学生说用了列数字的说明方法。叶老师追问:"这种表述,你觉得有什么特点?"学生有些不知所措。叶老师适时引导:"我们之前学过《太阳》这篇文章,你觉得和这篇课文的语言相似吗?"学生回答道:"有点像,这样的语言比较平实。"经过叶老师的引导,学生能够分析出这段文字的语言特点。叶老师接着问:"那我们书中这段话的语言风格怎么样呢?"学生很容易通过对比,发现书中这段话的语言十分生动、形象。

叶老师在与学生的一问一答中,对信息进行了有效处理:品析语言时,结合上一篇课文《太阳》,用学生已经掌握的知识与新知识进行碰撞,学生能够体会到两种不同风格的语言在表达上的不同效果,从而实现进阶。

三、观察思考与建议

(一)倡导基于目标导向的教学

一堂课,学生要达到什么样的目标?这是教师该思考的首要问题。课上所有活动的设计、评价信息的处理,都应该指向目标。一切要从学生出发,学生的问题所在就是教学的起点,也是目标的定位。第二个评价任务,要求学生比较两段话的语言风格。本堂课的重点就在于体会说明文的两种语言风格,这也是学生的问题所在。从问题出发,这个任务的设计,真实推动着学习的发生。在观察的过程中,叶老师通过对信息的处理,促使学生自觉主动地对信息进行第二次转换,让学生明白了这两种不同的语言风格。但是,我们观察到,很多学生在自学过程中,对于"语言风格"这样的专业术语似乎并不能完全理解。教师在处理过程中,也没有较好地解释这一概念,这样的处理缺失对于学生的学习是阻碍。要实现课堂评价信息的有效性,所有的评价都需要指向目标,脱离目标的评价是无效的。

(二)追求信息迭代的学习

真正的系统性学习,需要不停地迭代升级。所谓"迭代",是在原有系统的基础上完善和精进,而不是换个领域重新开始。就课堂教学而言,只有在学生原有知识的基础上,通过正确搜集和处理课堂评价信息,让新知和旧知进行整合,才能促使学生对信息进行二次转换，让学习成为一种有意义的"炼制"活动。在这堂课中，我们看到了叶老师对于课堂评价信息的梳理，让学生学习到了新知，但是似乎还不够。在对学生的信息进行评价时，教师要及时了解学生的原有知识水平，在他们已掌握的知识的基础上开展评价。教师对于课堂上产生的信息进行有效评价，就像在新知与旧知之间搭建一座桥梁，让学生能够通过这座桥梁，碰触到成功的果实，从而达成真正有效的学习。

（三）采取结构优化的策略

课堂教学的过程是教师与学生对话的过程，在这一过程中会产生诸多信息，教师要对这些信息进行重新整合。对于课堂中产生的信息，教师在处理时，要做到条理分明。我们观察到，这堂课最后的写作环节中，对于学生出现的问题，叶老师的评价不是一个一个地指出问题，而是对学生出现的共性问题，进行归纳和总结。对于共性问题做出的评价，受众面更加宽广。只有这样，我们才能优化课堂结构。

（钟大海，发表于《教育研究与评论（课堂观察）》2021 年第 11 期）

语文课堂中学生语言信息的优化发展

——《黄山奇石》一课自我观察和反思

一、观察主题的解读

"语文课程是一门学习语言文字运用的综合性、实践性课程。"语文课堂是语文课程实施的主阵地,课堂实践中最多的就是师生、生生间的语言交流。王荣生教授指出,"学习语文,就是掌握语言这个最重要的交际工具","掌握的含义,是运用语言(听、说、读、写)去有效达到(口头的、书面的,共时的、历时的)'交际'目的,实现语言的交际功能"。

作为母语,汉语在日常生活中也可以习得。语文课上,应该带给学生日常习得以外的、在原有基础上进一步的语言发展。这样的学习才是有效的学习、真正的学习。如果学生没有获得口头或者书面语言表达能力的新发展、新提升,语文学习可能就根本没有发生或者说没有有效发生。那么,如何在语言文字运用的实践过程中,帮助学生提升自己的语言能力? 我认为,在课堂师生、生生的语言交流中,教师要及时捕捉关键信息、检索重要信息、追问重点信息,帮助学生言之有物、言之有序、言之有力,表达内容丰富,叙述条理清晰,从而实现语言和思维能力的提升。我选择"课堂中学生语言信息的优化发展"的自我观察主题,以小学语文二年级上册《黄山奇石》一课的教学作为案例,展开观察,期待从中寻找到提升学生语言表达能力的密码。

二、观察过程与观察框架

《黄山奇石》这篇课文,以"总—分—总"的清晰结构,详略得当地介绍了黄山石的奇趣,围绕名字、样子,用了一系列动词并借助想象展开描写,非常适合低年级学生的语言规范化学习和迁移。我于 2019 年 10 月 22 日执教此课,并全程录音。课后,从挑战性任务设计与实施的角度撰写了教学反思《"有序""有趣"的信息提取和处理》。

后来,我重新阅读当时的教学设计和教学反思,仔细回听录音,整理实录,围绕"课堂中学生语言信息的优化发展"这一主题,收集课堂信息。这是一次回顾性的自我观察,从言之有物、言之有序、言之有力三个维度,观察课堂上产生了什么信息、教师是如何优化信息的。我着重思考三个问题:(1)是否通过优化信息,帮助学生言之有物,提升了语言表达的丰富性?(2)是否通过优化信息,帮助学生言之有序,提高了语言表达的条理性?(3)是否通过优化信息,帮助学生言之有力,提高了语言表达的独特性?

三、观察的结果与分析

(一) 是否通过优化信息,帮助学生言之有物,提升了语言表达的丰富性?

言之无物、无话可说,只有"是""不是""对""不对",是交际中最尴尬的情形,被笑称为"尬聊"。低年级的学生,课堂表达容易简单化,习惯以词语或者简单的"是""非"来应答。因此,课堂上,我经常追问:"为什么?"让学生在表达观点的同时,阐明原因,丰富自己的表述内容,帮助学生养成主动表达的好习惯。

《黄山奇石》一课开始的学习任务一"找关键词",一共设置了三关:

第一关——课题中找:在课题上圈画出来;

第二关——课文中找:在课文中圈画出来;

第三关——认真读一读这些词语,看看有什么疑问和发现?

第一关是在课题中找关键词。课题一共有两个词语:黄山、奇石。如果只是简单地选择,答案基本上只有"黄山"或者"奇石",无法引起学生的深度思考,更不能实现语言的交互提升。因此,我要求学生说出选择的理由。一开始,学生参与很是积极,争着喊"黄山""奇石",但真正站起来做个人表述时,却说不出个所以然。第一个学生这样回答:"我觉得是黄山,因为写的是黄山上的石头,不是其他地方的。"第二个学生说:"我选奇石,因为写的就是奇石。"第三、第四、第五个学生纷纷附和:"我选黄山。""我认为是奇石。"

班上小洪和小吴两位同学的语言表达能力比较强,一开始就非常积极地举手,我没有请他们。争论到这个时候,我有点期待他们的表达,希望他们能打破僵局,做恰当的引领和示范。于是,我试着引导:"要把理由说明白,就得有证据,用证据来说服别人,而不是简单地说选哪个。谁有证据来说服别人?"果不其然,小洪和小吴的手举得更高了——对于低年级学生来说,有时候给予适当的"压制",会有更精彩的"爆发"。

小洪说:"我认为课题的关键词是'奇石',因为整篇课文都是在说石头。我们前面学画思维导图的时候,找关键词都要看内容。我看课文写的都是奇石,所以应该是石头。""联系课文内容来审题,是语文学习的一个重要能力。"我及时肯定。小吴的手仍然高高地举着,看样子有话说——"我觉得课文题目的关键词是'奇'。我们画思维导图的时候,关键词经常是一个字。课文写的就是黄山石头的神奇。你看那些石头,都很好玩"。班里顿时安静下来,看样子大家都被说服了。"你们同意他们的发言吗?"大家都说同意。我顺势总结:"你看,要表明自己的观点,就要说明白为什么,有什么证据,用我们以前学过的本领,证明你的观点。这样,才能说服大家。请你学着两位同学的表达,和同桌交流一下。"

知其然还要知其所以然。语言交流不仅要表达自己的观点,更要说明白观点背后的道理,做到言之有物、融会贯通,这才是真正的学会。

(二)是否通过优化信息,帮助学生言之有序,提高了语言表达的条理性?

二年级的学生,语言的发展从说逐步过渡到写,开始建立书面语言的秩序和规范。我们经常用"思路清晰、条理清楚、表达准确"等评价学生的表述,这说明了表达有序的重要性。

学习任务二是"学写黄山奇石",让学生模仿课文第2—5自然段中的任意一段,进行从说到写的表达迁移。课文第2、第4自然段,分别描写了"仙桃石""仙人指路"两块石头,构段特点是先介绍名字,再描写石头的有趣;第3、第5自然段,分别描写了"猴子观海""金鸡叫天都"两块石头,构段特点是先描写石头的有趣,再介绍名字。二年级学生自己很难在阅读中发现这样的表达秩序,教师要帮助他们发现语言范本的规律,并实现迁移学习。

学习任务开展伊始,我让学生分小组解读任务、理解任务。有些学生觉得很简单,凭借日常的语言经验表述:"猴子抱着腿,蹲在山头,望着云海。""老僧背着箩筐去采药。"我课前预估到了学生的语言定式,用PPT出示课文时特意突出了每一段介绍石

头名字的文字,引导学生发现规律,同时,将这一学习任务分解成三关:

第一关——学习课文,给石头取个名字;

第二关——学习课文,用上"好像""真像",写写石头有趣在哪里;

第三关——将自己写的内容读给同桌听并互相评价。

考虑到学生实际表达能力存在差距,我给这一任务设置了不同星级的难度。"一星"难度是能够仿照课文的语言进行填空式仿说仿写,"二星"难度是能够用上自己的想象,"三星"难度是能够自由创作。

经历这样的学习过程,学生的表达明显有条理了:

生 就说"老僧采药"吧!它好像是一位须发飘飘的老僧人,背着药篓,从白云深处走来。

生 "老僧采药"就更有趣了!远远望去,那巨石真像一位神采奕奕的老僧人,背着药篓,慢悠悠地从云雾缭绕的山顶走下来。

对课后书面练习的统计发现,全班45人,有32人完成了"一星"难度的仿写,10人完成了"二星"难度的仿写,3人完成了"三星"难度的仿写。在有序表达方面,全部达标。可见,尽管二年级学生语言表达的秩序需要建立在模仿的基础上,但教师的有效帮助,能让他们完成有难度的挑战。

(三) 是否通过优化信息,帮助学生言之有力,提高了语言表达的独特性?

语言是思维的外壳,语言的运用过程就是"在人们使用句子时进行着的心理过程"。无论是口头表达还是书面表达,只有带有自我思考的表达才是真正的表达,随声附和或者一味模仿,是没有生命力的。因此,及时"看见"有效学习信息,引导学生主动思考,是提升学生语言表达独特性的前提。

课文第3自然段写的是"猴子观海",原文如下:

在一座陡峭的山峰上,有一只"猴子"。它两只胳膊抱着腿,一动不动地蹲在山头,望着翻滚的云海。这就是有趣的"猴子观海"。

教材在这一段旁边批注了要求:联系生活,能猜出"陡峭"的意思。

课堂上,我先出示了"猴子观海"的图片。坐在前排的小洪在座位上嘀咕:"一点也不像猴子。"很多学生附和。学生的真实感受是学习的起点。我抓住这个信息,追问:

"为什么？你觉得猴子应该是什么样的？"学生纷纷发表见解：

生　可以动的。

生　爬来爬去,很调皮。

生　动物园的猴子都是一刻不停的。

看,学生学习的最初经验就是来源于生活的。多真实的表达啊！我没有急着处理这个话题,而是转向教材要求的对"陡峭"的理解：

师　看看图,你能说说什么是陡峭吗？

生　又高又大。

师　我们这幢楼房又高又大,说陡峭,合适吗？

生　又窄又高。

生　垂直,很难爬上去。

生　又高又直,很难爬上去。

生　好像通天一样,只有顽皮的猴子才能爬上去。

学生自己把话题转回到猴子了,多好的机会啊！我马上把它与前面的内容联结：

师　可是到了山顶,这只顽皮的猴子却一动不动,为什么？

生　它在休息。

生　看海。

生　观海。

师　对,观,就是——

生　（异口同声）看。

师　观什么海？

生　（异口同声）云海。

师　一动不动,怎么观海呢？你能找到这里的关键词吗？注意,要找完整哦！

我根据学生的回答出示动词:抱、蹲、望。交流继续：

生　我知道了,这些都是动词。

生　都是身体动作。

生　"翻滚"也是动词。

生　老师找的都是猴子的动作,"翻滚"说的是云海,不是猴子。

生　猴子在看云海,调皮的猴子一动不动看云海。

生　云海好看,所以它一动不动。

生　看得认真。

生　那片云海让人赞不绝口。

生　那片云海让人赞不绝口,很美。调皮的猴子都被吸引了,入了神,所以一动不动。

在回听课堂录音的时候,我被这个片段深深打动——学生在不断地自我发现、自我探究、自我纠偏的过程中自我发掘,勾连已有经验与文本描写,感悟到文字背后的精彩。如果一开始学生说"不像猴子""猴子在休息"的时候,教师直接否定,课堂就没有这样的张力,更没有这样的精彩生成。"错误是令人激动的,因为它们指明我们当前已知的和我们能知的之间存在的张力;它们标志着学习的机遇,因而它们需要被接纳。"教师在学生学习初始经验的基础上,恰当地把握时机,引导学生在课堂上学习如何学习,才能实现真正的学习。学生课堂表达产生的勾连,生生互动间的回流,正是学习别人如何学习、思考的最好途径。

四、观察主题的反思

反思这一课,首先,课堂学习中学生语言信息的优化发展,不仅表现在语言表达的丰富,更重要的是,语言表达中能传递思想,在彼此思想的碰撞中有火花激荡,这才是学生语言表达力提升的"密码"。表达的内容和形式是相互关联的,表达传递着一个人思想的丰富度;反之,一个人思想的丰富度,又决定了一个人表达的高度。因此,教师要关注学生表达的形式、技巧,也要关注表达的内涵和思想。

其次,课堂上培养学生清晰、丰富的表达力,需要合适、明晰的任务。最初寻找课题中的关键词时,学生会出现选择性争论,与任务指向选择性答案有关;后来两位学生示范了联系学过的知识进行任务阐述后,学生也都能理解并做出清晰而丰富的表达了。包括后来的仿说仿写,二年级学生能做到有序表达,与任务的清晰、可操作有直接关系。

再次,优化学习信息,教师自身要看见信息,看见那些有利于优化学习的信息。这一方面取决于教师对课程目标的清晰把控，另一方面取决于教师自身的语文修养，尤其是对语言信息的敏感度，要有一双善于捕捉信息的耳朵。在"猴子观海"片段的教学环节中，一位学生兴奋地参与表达："抱、蹲、望，我可以说一句话。猴子抱着腿，蹲在山头，望着云海。"当时我问学生："大家觉得，他的创作好不好？"有学生就回答"不好""不通顺"。课后反思，用"创作"来评价，是一种鼓励；但是单纯判断"好不好"，并不能引导学生有质量地表达。所以，要提升学生的语言表达能力，教师自己首先应该是一个语言信息的优化者。

（李莺，发表于《教育研究与评论（课堂观察）》2020 年第 2 期）

多样化处理数学课堂学习信息

数学课堂学习信息即学生在完成学习任务的过程中产生的一系列信息,包括语言、计算、画图、操作、质疑、作业、合作表现等。课堂学习信息是多样化的,处理多样化的学习信息需要采取多样化的方法。

1. 问而不答的信息,留疑存思

教师在课堂上与学生的互动多半是以教师的提问开启的。学生对教师问题的反应可以分为三种:一是秒答;二是仔细想一想才能回答;三是不能回答,要么瞎蒙。教师习惯于有问有答,问了不答教师心里着急,"替说"现象随之产生。在实际教学中,教师应注意利用好这种"答不出"的学习信息,引导学生留疑存思。例如:某教师教学"三角形的三边关系"时提问:"三角形的三条边有什么关系呢? 是不是任意三条线段都能围成一个三角形呢?"学生开始思考,没有答案之前不作答。教师也不需要追问,让留下的疑问贯穿接下来的教学活动:"今天,我们就一起来研究三角形的三边关系。"

2. 答而有错的信息,聚焦深究

学生的发言总有其合理的一方面。假如确实没有回答到点子上,我们也应肯定学生的勇敢,毕竟举手发言也是需要思考和勇气的。例如:一年级引导学生认识组座号,相当于学习高年级的确定位置,有一定的难度,但评价合理,学生也能掌握。教师:"为了收发作业和点名方便,老师想给大家分个组。假如靠门边的一竖排是第 1 小组,那么(指向第 2 小组)……(依次数出其余 7 个小组。)如果这位同学的组座号是 1-1,后一位同学是 1-2,你能确定自己是几-几吗? 你的好朋友呢?"当学生明明是 7-4 而回答 7-5 时,教师可以聚焦学生的判断方法:"你是怎么想的?"引导学生明晰他从左往右数组是正确的,从前往后数排时出错了,并让学生自己改正,而不应直接告知学生"你错了",然后换一个学生回答。在数学活动中聚焦评价,让学生知其所以"错",有助于加深学生对数学本质的认识。

3. 答非所需的信息,尊重为先

面对复杂多样的信息,教师不能只从自己的需要出发,寻找自己想要的漂亮答案,而应该从学生的角度出发,去找寻学生思维的闪光点和不足并及时给出精准的反馈。例如:某教师教学"小数的意义和读写方法"时,有学生说:"0.100 米可以写成 0.1 米。"教师回应道:"你知道得真多,但实际上这两个小数的意义不同。"学生无趣地坐下了。建议教师这样处理:"你知道得真多啊! 确实如你所说,0.100 米可以写成 0.1 米,但今天为了便于观察和比较,老师仍然写成三位小数,好吗?"这样既肯定学生正确的一面,又告诉学生教师的用意,学生自然有被尊重的满足感,对接下来的教学活动自然感到亲近,并乐于继续学习。

4. 别出心裁的信息,举为标杆

荷兰数学家弗赖登塔尔指出,"对学生而言,与其说学数学,不如说学习数学化"。学生用自己的双手有目的地操作极为重要,但这是暂时的,教学必须将学生的数学思维提高到更高的层次。课堂中可能会有一种学习信息突破了教师的预设和同伴的思考层次,教师要抓住机会将其举为标杆,以更好地引领他人。例如教学"三角形的三边关系"时,教师正在循循善诱:"第三条边可能是多少厘米?"一位女生发言:"第三条边比这两条边的差大比这两条边的和小。"教师惊呆了,多么完美的思考! 此时教师应不动声色地听完所有学生的想法,组织学生比一比大家想法的相同之处,并找一找哪种想法考虑得最周全,然后让这位学生介绍思考的过程。让其他学生推举她为榜样,比教师直接的认可更有说服力。

总之,适切的信息处理方式能让学生获得更好的学习结果。教师应注重优化信息处理方法,以期更加有效地促进学生的学习。

(沈伟英,发表于《江苏教育(小学教育)》2019 年第 12 期)

例析小学英语单元学习中评价信息的优化

在课堂教学中，为完成每个单元的教学目标，老师会设计形式多样的教学活动，引导学生通过参与活动，获取信息、理解信息、应用信息、产出信息。从结果来看，产出信息的过程至关重要，因为它是引领学习活动的目标和准则。教师们如果对产出信息的目标不明确，在组织活动时容易脱离情境，缺少任务设置，不思考这些信息是否有利于学生将来学习、生活的可持续发展，是否指向他们的核心素养发展等。长此以往，学生所产出的信息会越来越空泛无效。

针对上述问题，笔者团队通过多年的研究发现，有效设计单元评价任务能优化学生产出的信息，使之成为能够评价学生学习成果的评价信息。教师以"信息处理员"的角色，通过收集、分析和处理信息，帮助学生在课堂中催生更多、更丰富的评价信息，并且在完成单元评价任务中，增强与他人的合作和沟通，提升表达能力与沟通能力。

一、优化单元学习评价信息的意义

评价任务是实现教、学、评一体化的关键，有效的评价任务不仅能为教师的教学提供依据，还能为学生了解自己的学习情况提供证据。单元评价任务旨在帮助学生利用单元知识处理真实情境中的问题。此任务设目标、能理解、可挑战、有评价，这样才能为学生创造信息做准备，为驱动学生学习创造条件。

单元学习评价信息则是学生在单元学习过程中，聚焦主题，完成教师设计的评价任务或活动中产生的，有创生的语言、即时性的作品、个性化的点评、合作性的表扬等。这些信息都会经历催生、收集、处理的过程，教师最终收集的信息可能是正确的，也可能是错误的，可能是完整的，也可能是缺失的。因此，优化单元学习评价信息十分必要。

对教师而言，优化单元学习评价信息要求他们明确评价目标，更加关注学生所产出的信息，提升教师整理信息的能力，优化处理信息的水平，提高催生的信息的准确性、全面性、完整性,并能及时评价学生的学习过程和结果,从而反思自身的教学行为,改进教学策略。对学生而言,优化单元学习评价信息,让他们能在一定的情境下畅所欲言,积极参与评价活动,连贯、独立地阐述自己的想法,提升语言表达能力;学会在特定场景中与他人对话,并在沟通中得到所需要的信息,提升人际交往能力;能够根据评价要点,针对小组合作或者个人独立完成任务过程中产生的信息,展开自我评价或同伴评价,促进批判性思考,提升思维品质。

二、优化单元学习评价信息的策略

(一)丰富单一信息

单一信息是指学生根据教材直接产出的信息。学生产出的信息大同小异,很多信息没有与过往知识或今后要学的知识产生关联。此外,信息呈现方式也比较单一,对话式的文本产出对话式信息,语篇式文本产出填空式信息,缺少变化。在这样的学习状况下,学生很难学会迁移和运用信息。作为非母语环境中的英语教师,我们更应该以优化评价信息为目标,为学生创设真实的语言环境,了解学生的已有知识,寻找单元与单元之间的联系,搭建起板块与板块之间的桥梁,利用评价任务,突破文本表达的固定模式,从而让单调的句型变灵活,让单一的信息变丰富。

以译林版小学英语教材(下同)三年级下册 Unit 8 "We are twins!"为例,本单元包含两篇对话式文本,教学内容主要包括:uncle, aunt, man, woman, boy, girl, baby, grandpa, cousin, sister, twins 等单词;" Who is he/she?" "He/She is my . . ." "Is this your . . ."等句型。学生获取、理解信息后通常会模仿课文,产出信息,形式和内容都比较单一。学生产出的对话式信息如下:

A: Who's he?

B: He's my father.

A: Who's that woman?

B: She's my mother.

为了帮助学生产出更加丰富的信息,在本案例中教师设计了"介绍自己或他人"的评价任务。确定任务目标后,教师先运用"太阳模型"法(见图 3 - 14,数字表示年级,A

表示上册,B 表示下册),扩大主题,依据与主题的关联性和知识的紧密性,带领学生回顾已学的相关知识,包括职业、年龄、外貌、爱好、饮食习惯等。

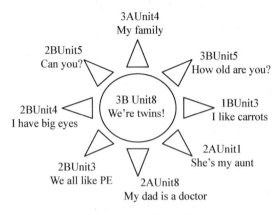

图 3‑14　太阳模型图

在完成任务前,教师提供任务评价表(见表 3‑7),帮助学生明确评价内容及要求,并根据自身的英语水平,选择不同的目标来完成。学生可以在同伴互评或教师评价的过程中,了解自己产出信息的优缺点。

表 3‑7　任务评价表

评价项目	评价要点	评价形式	评价方式
介绍自己或他人	表达正确、连贯,语音、语调优美,句式运用灵活	☆☆☆	同伴互评、教师评价
	表达基本正确、连贯,语音、语调一般,句式变化不多,有个别错误	☆☆	
	表达不连贯,句式比较单一,有多处错误	☆	

学生完成评价任务后,语言输出成果如下:

This is my mother.

She's 30.

She's a teacher.

She's tall. Her eyes are big.

She can cook very well.

She likes apples.

优化后的评价信息内容更加丰富,呈现形式也从仿照教材的对话式文本转变为经过拓展延伸的介绍性文本。

教师以优化评价信息为目标,设计合适的评价任务,关联学生的已有知识,促使学生学会较为复杂的句型表达,并借助明确的评价要求,激励学生深入探究,使其产出的信息实现了从单一到丰富,并为他们积累语言知识、灵活运用句型、提升综合语言运用能力创设了平台,为最终提高学生的学科核心素养奠定了基础。可视化的评价方式还有助于学生增强自我表达的信心,培养自我纠错的习惯,促进语言运用能力和自主学习能力的提升。

(二)梳理杂乱信息

杂乱信息的产生,是由于在小学英语教学中,知识点的呈现碎片化,散布在各单元、各年段,没有形成体系。如果学生不能有效梳理、整合教材信息,将不利于其深入学习并综合运用语言。教师需要优化评价信息,引导学生梳理、归纳、总结知识点,深刻理解知识点的内在联系,从而帮助学生实现举一反三,学为己用。

以六年级上册中出现的"一般过去时"为例,该语法知识涉及前四个单元的内容,信息较为分散,且汉语中无相似的语法现象。为了帮助学生深入理解该语法知识,教师在复习课上设计了思维导图评价任务,并提供相应的任务评价表(见表3-8)。学生可以依据评价表的具体要求,展开头脑风暴,列出不同动词的过去式形式,包括 be 动词、助动词、规则动词、不规则动词、情态动词等,再通过举例说明的方式,将上述动词的过去形式运用在句子中,最后以思维导图的方式呈现所有产出信息。

表 3-8　任务评价表

评价项目	评价要点	具体要求	评价形式	评价方式
思维导图 (一般过去时)	脉络 清晰 内容 全面	1. 有 be 动词的过去式 2. 有助动词的过去式 3. 有规则动词的过去式 4. 有不规则动词的过去式 5. 有情态动词的过去式	☆ ☆ ☆ ☆ ☆	自我评价 和 同伴互评

评价项目	评价要点	具体要求	评价形式	评价方式
举例 丰富 用词 多样		1. 使用不同的动词来举例	☆	
		2. 有陈述句的举例	☆	
		3. 有一般疑问句的举例	☆	
		4. 有否定句的举例	☆	
		5. 有特殊疑问句的举例	☆	

学生明确评价任务后,根据评价要点和具体要求创作思维导图,能够将分散的知识系统化,从而提升语言运用能力。同时,评价表对举例的多样性提出了要求,有助于避免学生使用同一句式,拓宽思路,丰富语言表达。此外,学生完成任务后,能够掌握梳理知识点的方法,有助于将来学习其他时态,培养系统性、结构化的思考能力,提升思维品质和学生能力,实现深度学习。

（三）转化固有信息

固有信息是指学生基于书本固有知识产出的信息。核心素养发展目标,要求教师的教学实现从教会学生"知道什么"到能够运用知识"解决什么"的转型。因此教师在优化评价信息时,要为学生创设真实的情境,鼓励他们运用所学的语言知识,解决实际问题,推动学生将书本固有知识转化为能力。

以六年级下册 Project1 Being a good student 为例,该单元以"做个好学生"为话题创设情境,回顾复习了第二至四单元所学内容,包括好习惯、健康饮食和交通规则。Project 单元由几个环环相扣、联系紧密的语言实践活动组成,其目的是通过形式多样的综合语言实践活动,引导学生思考、调查、讨论、交流和合作,综合运用前几个单元所学的语言知识和语言技能完成任务,进而发展学生初步运用语言的能力。教师在创设情境时,根据真实性原则逆推,思考什么样的情况下学生想要成为一个好学生,或者什么样的情况下,学生会反思自己是不是一位好学生。

经过思考和探究,教师设计了"阳光少年"评选活动。学生需要运用前三个单元中的单词和句子,以海报的形式向全班同学推荐自己或他人,内容涵盖推荐者的待人处事方式、学习习惯、饮食习惯、规则意识等(见图 3-15),最终师生共同评选出大家心目中公认的阳光少年。

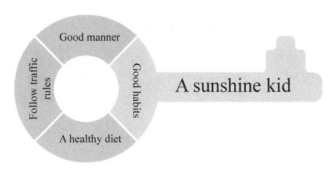

图 3‑15　推荐自己或他人的内容

教师通过"阳光少年"评选活动,带领学生探讨阳光少年所需要具备的个人素养,把知识层面的内容转化为实际运用,帮助学生学以致用,真正实现书本固有知识信息的转化。在每个学生心目中,阳光少年的标准各有不同,想要推荐的人也不一样,因此教师将任务情境设定为推荐自己或他人,让学生自己选择描述对象。学生变得有话可说,体现了评价任务的真实性和有效性。学生使用不同的视角完成任务,则需要选择运用恰当的人称和动词形式完成输出。这一过程有助于他们发展批判性和创造性思维,丰富语言的表达,提升综合语言运用能力。

(四) 完善缺失信息

在单元教学中,学生产出信息会出现缺失现象,主要表现为语言表达没有达到预期,正确率不高,没有在正确的情境中使用句型等。上述问题的成因在于,教师在设计教学任务时,从自身的角度出发,趋于理想化,忽略了学生的真实体验和实际水平。

以三年级下册 Unit7 为例,本单元的主要内容是参观农场,旨在帮助学生学会询问和介绍农场物品,如水果、农场动物等,并正确使用这些单词的单复数形式。为了指导学生将书本知识灵活地运用到其他类似情境中,教师设计了"参观农场"的任务,需要学生四人一组,发挥想象,在 10 分钟内画出自己的农场,并用"This/That is ..." "It's ..." "These/Those are ..."等句型,介绍农场里的动物、水果等。但在实施过程中,教师发现学生产出信息存在以下缺失:

1. 任务完成度缺失。在规定时间内,学生大多使用8分钟左右的时间设计农场,导致很多小组未能预留充足的时间展开讨论,只有1/6的学生完成了语言表达活动,语言输出的时间没有得到保障,未达到教师预期效果。

2. 语言表达信息缺失。在沟通过程中,大部分同学选择用中文来协调,没有达成用英语沟通的目标,语言表达能力也没有明显的提高。只有1/8的学生用到了一些拓展性的语言,如:"They are cows. They are black and white.""It's a chicken. It's cute."拓展的语言主要为颜色和一些简单的形容词,与提升学生的综合性语言运用能力的目标仍有差距。

上述问题促使老师不断反思,寻求优化评价信息的途径。教师应从学生的角度来设计任务,反复重构、完善任务,从而使其更加符合学生的认知特点。教师需明确目标,带领学生读懂任务,并提供评价维度,鼓励学生自我挑战,借助评价任务,使课堂教学从教师的"教"真正转向学生的"学"。

经过研讨后,本案例评价信息要求调整如下:1.学生在课前完成农场设计,课上主要完成角色扮演和语言表达活动;2.小组中的每个学生需明确自己的任务及完成方式;3.教师提供明确的任务目标和要求(见表3-9);4.学生需要全程用英语沟通,并且要体现语言的多样性。

表3-9　任务目标和要求

评价任务	参 观 农 场					
评价维度	角色扮演		完成度		语言表达	
评价准则	角色	分值	任务	分值	规则	分值
	参观者	1	农场设计	1	只使用书上的单词与句型	1
	设计师	1	角色分配	2	有个别单词、句型的增添,但不多	2
	导游	3	语言表达	3	增加了很多单词和句型,并灵活使用	3

经过优化后,学生产生的评价信息如下:

导游:Welcome to our farm. Look, these are our fruit trees.

参观者1:What big apples! What are those?

导游:They are pears. They are very sweet.

参观者 1：I like pears.

参观者 2：What's this?

设计者：It's a duck. Look, it can swim.

参观者 2：Quack, quack. I like ducks. Look, it's black and white. What's that?

设计者：It's a cow.

参观者 2：I see. I like cows. I drink milk every day.

在评价要求的指导下,小组成员为了获得较高得分,积极讨论,充分激活旧知,并在新情境下运用新知,拓展了思维的广度和深度,产出的信息也逐步从缺失走向完善。

（五）容留错误信息

学生在完成任务的过程中,或多或少会出现一些错误的信息,如单词使用错误、语法错误、句子情境使用错误等。如果不是原则上的错误,特别是当这些错误只在个别同学身上发生的时候,教师可以做一个旁观者,不要马上打断他的思路或否定他,而是引导他在小组合作学习的过程中,逐渐发现自己的错误,或者在看到同伴身上类似的错误时,引起反思并做出调整。

以四年级英语教材下册 Unit3 My day 为例,本单元主要内容为 Mike 一天的活动,教师需提醒学生关注动词短语表达以及具体的时间表述。因此,老师设计了一个 15 分钟左右的任务——写一写"My Day"。该任务包括三个小活动:第一,说一说你一天的活动(动词词组);第二,猜一猜伙伴某一个活动的时间;第三,写一写你一天的主要活动。学生需四人一组,合作完成。学生产出信息时,出现如下信息不完整或错误现象:

1. I get up in the morning. I play football in the afternoon. I go to bed at night.（没有写出具体时间,未能体现本单元学习的时间表达方式）

2. I 6:30 get up. I 7:30 go to school. I 12:00 have lunch. I 4:00 go home.（时间语序表达有误）

3. I go home at 5:00. I have breakfast at 7:00. I do homework at 5:00. I have lunch at 12:00.（没有按照时间先后顺序完成表达。）

学生产出的信息与预期不符,原因主要有两点:其一,学生没有体会教师设计的三个活动之间的内在联系;其二,教师在布置任务时表述不够清晰,如第三个活动,可以改成"按时间顺序,写一写你一天的主要活动,注意句式的变化"。评价信息的目标明确之后,学生的语言输出才会朝着教师预想的方向发展。

学生产生错误信息后,教师可以不一一纠正,而是选择展示一些优秀作品并展开同伴评价,引导学生将其与自己的作品进行比较,从而发现并纠正自己的错误。教师应当给予学生充分的时间和空间,进行自我反思和探究,让他们有发现错误的可能和改正错误的机会。

在小学英语单元教学中,教师设计符合学生认知水平的任务来优化单元学习评价信息,能促进自己更关注学生的学习过程,并用学生产生的信息来反思自己的教学行为,改进教学策略,使任务设计更全面、合理,帮助学生实现从知识到能力的转化,从而提高教师自身专业水平。教师借助评价任务来优化评价信息,可以让学生产生更加丰富多彩的语言表达,并在完成任务的同时,加强与他人的沟通、合作,提升自主学习与合作学习的能力,实现英语学科核心素养的全面发展。

(肖晶,发表于《教育视界(外语教学)》2020年第5期)

第四章

教学评一致性：课堂样态

　　明白不是清汤寡水，明白中有着丰富的内涵，明明白白的课有着丰富的样态，呈现出"课堂四现象"：儿童创造信息，课堂信息不是教师信息的复制粘贴；整块学习时间，儿童的学习不是都在碎片时间里通过碎问答完成的；穷尽思维可能，告别浅尝辄止，远离拼凑起来的表面繁荣；同学成为同学，看重同学之间的相互启发。

第一节
儿童创造信息：评价信息的主体坚守

儿童创造信息，是有效教学的首要证据。有效教学是否实现，不是看教师发出的信息，而要看学生创造的信息。如果儿童创造了信息，那么我们就要研究他们创造了怎样的信息，他们是怎样创造信息的，这些信息是优质的吗，我们如何让信息更加优化……

有效教学的首要证据：儿童创造信息

衡量有效教学的首要指标是学生有没有达成预期的目标。何以知道学生是否达成目标？要看学生是否创造了能证明目标达成的学习信息。因此，我们可以说，有效教学的首要证据就是"儿童创造信息"，如果儿童没有创造课程目标所需要的学习信息，就不能说教学已经完成，哪怕老师教得很多、讲得很累。关于"儿童创造信息"，我们需要叩问诸如此类的问题：是儿童在创造信息吗？ 我们期待儿童创造怎样的信息？如何帮助儿童创造信息？

一、"儿童创造信息"的基本内涵

首先，强调信息创造的主体是儿童。在教学现场，我们经常会看到这样的现象：老师说"我已经讲过了"；老师说"我已经告诉你们很多遍了"；老师指着黑板说"我上次告诉你们的时候，答案是写在这里的"。然而，总是有学生记不住，总是有学生答不上。于是老师很不开心。我们所希望的是什么？ 是我们告诉学生，学生记住了，然后把信息重新"还"给老师。——的确，一个孩子如果连基本的记忆也没有的话，学习将会面临相当大的困难。记忆是学习的基础，但是，"学习"的含义应远远超越"记忆"，更何况

"记忆"本身也需要学习。如果教学只是让学生记住、复制老师的话(或者其实也不是老师的话,老师也没有自己的话,只是搬运了别人的话而已),那么课堂上可能表面上也充满着信息,但是这些信息的创造者却不是学生。学习是一件没有人替代的事,儿童理应成为信息的创造者,而不是复制者。

其次,强调信息的性质是"创造",而不是复制,也不是指儿童创造了人类历史上从未有过的知识。关于学习与信息的关系,崔允漷教授认为,学习必须经过信息的"两次转换",第一次是从"教"的一方转向"学"的一方,这是信息的人际转换;第二次是学习者的信息加工,转换成自己的知识,是信息的自我转换。儿童创造信息,就是要完整地完成信息的两次转换,我们不妨把第一次转换比作信息的"物理位移",此时尚未实现信息的创造;儿童只有根据自己的经验对外来的信息进行加工吸收,原有的知识与新来的信息进行了"化学反应"(化学反应与物理位移不同的是,它能产生新的物体),产生了新的经验,才算是实现了信息的创造。那么,我们又何以证明儿童具有了新的经验呢?那就要依靠"评价"——在新的情境中学生能否凭着新的经验思考问题、解决问题。

最后,儿童创造信息的实质是实现真正的"学会"。课程目标的完成不是以教师是否教了,也不是以学生是否学了,而是以学生有没有学会为标志的。儿童创造信息,其实质就是学生的"学会"。什么是"学会"? 就是知识为我所有,变成"我的知识",即变成带得走的"素养"。有了这种素养,学生可以面对未来复杂的、不确定的情境。

二、"儿童创造信息"的期待特征

儿童创造信息,当然是指儿童创造优质的学习信息。这种优质的学习信息,应该具有这样的特征:

一是本质的。课程学习不是无主题变奏,而是定向的创造。儿童创造信息,不是远离课程目标眼花缭乱地创造大量的无意义信息。我国近些年研制的学生发展核心素养、学科核心素养,就事关课程的核心本质。如果在语文课堂上没有创造语文课程的本质要求,在数学教学中没有催生数学学科核心素养所要求的信息,那么,课堂无论怎样热闹都是没有意义与价值的。具体地说,如果在语文教学中,没有语言的建构、文化的理解、思维的发展、审美的鉴赏,或者,这些语文学科核心素养不是通过具体的语文实践活动获得的,而仅仅是被告知的,学生只是在外围转,那么,这样的信息就将远离本质。认识学科本质,因此是极其重要的。不在本质上下功夫,再学一百年,仍然是这一领域的外行。

二是迁移的。此处所说的"迁移",其实已经是一种创造,学习信息如果只是局限在原有的情境中传递,那就谈不上创造。儿童创造信息,就是在考量儿童的迁移能力。迁移的特征,要在新的情境中才能显现。在新的情境中,儿童综合调用所学、新学,去产生新的思考、新的方案、新的行动,这些学习信息,才具有创造的意味。实现迁移的前提是对本质的深刻理解,真正的理解就是能迁移,而不仅仅是信息的再现。我们所期待的儿童创造的信息中,应体现出这种高阶思维的特点来。我们强调学生信息的迁移性特征,也是我们对核心素养的呼唤,因为核心素养必须在新的情境中才能显现出来。

三是提升的。儿童创造信息贯穿整个学习过程,而不仅仅是一种一次性的结果。儿童创造信息的过程中,我们要能看到信息的不断优化:从不会到学会,从知之不深到知之甚深。儿童学习的过程,就是信息水平不断提升的过程。"文似看山不喜平",教学也是如此。教学过程中,儿童的学习信息如果只是平面重复,所谓"会的本来就会,不会的依然不会",教学就没有有效性。我们期待看到的是虚假的信息得到澄清,错误的信息得以纠正,概念化的信息得到实证,表面化的信息见到本质,是从此处走到彼处的信息,而不是原地踏步走的信息。

四是整体的。杜威在《艺术即经验》一书中提出了"一个经验"的理论。我以为,这里的"一个经验"是指一种完整性,即儿童通过学习获得一种可以完整做事的经验。儿童的所有信息如果不能综合起来表现出其完整性来,只是一些碎片信息的叠加,那就不能转识成智。因此,我们期待儿童创造的信息,要向着整体性方向发展。在教学中,我们要特别善于帮助儿童进行碎片化信息的结构化处理。

五是独特的。苏霍姆林斯基的《给教师的建议》中的第一条,就强化了这样的观点:"请记住:没有也不可能有抽象的学生。"人的独特性、儿童的独特性,注定了信息在每一个儿童身上的存在方式的独特性。我们要尊重这种独特性,顺着这种独特性去开展教学。课程教学的目的不是让每一个儿童成为同一个样子,而是要顺应着独特性去帮助儿童成为其该有的样子。当然,所有的独特性背后,都有普遍性。独特性只是普遍性在不同儿童身上的不同表现,是公共知识的个人化建构。在儿童信息的处理中,我们要特别关注"特殊的信息",往往这些独特的信息背后,隐藏着极其重要的、有趣的教学价值。

六是多元的。我们期待儿童创造的信息是多元的,这里说的"多元",包括两层含义,一是指不同的儿童创造不同的信息,即尊重其独特性,因为个体的独特性,整体上就会具有多元性;二是要鼓励同一个儿童创造不同的信息。面对未来的不确定性,需要我们每一个人在面对问题时不只有一张王牌,而要有多种方案。那么,在今天的课堂里,我们就要鼓励儿童的多元思维,鼓励儿童穷尽其思维的可能性,创造"一个人的多元信息"。

三、"儿童创造信息"的专业需要

我们对儿童创造信息的期待,绝不是抱着"撞大运"的想法,侥幸地想着儿童不经过教师的专业介入就能够创造课程期待的信息。如果是这样的话,课程教学就没有存在的必要了。帮助儿童创造信息,我们需要做怎样的专业支持呢?

一是坚持目标导向。判断儿童创造的信息是否优质,首先应该基于学习目标。优质的学习信息首先应该符合学习目标的指向。因此,设计合理的学习目标是课程教学的前提,目标错了,教学的所有努力就会南辕北辙。学习目标代表了课程教学的方向,也指引着儿童学习的方向,引导着儿童创造信息的方向。学习目标应基于课程标准、基于教材资源、基于本班学情。在当前,要特别强调学习目标与核心素养的对接,只有学习目标对接了核心素养,教学改革的方向才能不偏航。时下,有一些教学改革,要么在不明事理的情况下盲目跟风,见了新概念就跟,形似实无;要么"两耳不闻窗外事"或者对一切新生事物抱有敌意,回到老路上。这两种做法都是令人担心的,教学改革的方向应该统一到核心素养的培养上来,而首先,课堂学习目标要对接核心素养。

二是采用任务驱动。儿童是通过完成学习任务来创造信息的,学习任务的设计与实施决定了儿童是否有创造信息的机会。学习任务要匹配目标、明白可行,要充分考虑是否有利于儿童创造信息,是"完整的事"而不是琐碎提问,更不是简单地布置几道练习题了之。一个完整的学习任务,应该要让学生完整地理解:做什么(任务内容与情境)、怎么做(任务时间、过程与方法)、做到怎样(任务规格与质量要求)。任务实施的过程中,要充分体现"让学"的要求,学习任务的呈现要帮助学生正确理解任务要求,呈现之后要让学生有充分的时间去创造信息,在学生执行任务的过程中要收集具有教学价值的信息,学习信息的处理要能帮助学生提升。

三是提高信息质量。课堂教学中,教师绝不能做"蒙着眼睛的人",要精准地收集具有教学价值的信息并进行处理,处理方式可以是示范性的,也可以是师生对话式的,但必须通过信息处理提高信息质量。我们特别强调关注"具有教学价值的信息",新手教师喜欢收集"最好的信息"来分享,殊不知,对于学习来说,"最好的信息"是指具有教学价值的信息,比如典型的错误、出新的思维、可结构化的信息,特别是能通过改进显现提升度的作品,等等。信息的优化过程,就是学习的提升过程。

四是优化课堂生态。一个区域的教育发展需要区域的教育生态,一所学校的教育发展需要学校的教育生态,儿童创造信息需要良好的课堂生态,没有良好的课堂生态就难以有优质的儿童生态。为此,我们提出"创造课堂四现象"的设想并开展了深度的实践,"儿童创造信息"是其中的"第一现象",是"核心现象",另外的"三现象"可以说正是用来支持"儿童创造信息"的。另外三种现象是:(1)有整块学习时间,没有整块学习时间,儿童就无法加工信息以创造信息;(2)能穷尽思维可能,只有穷尽思维的可能性,信息才能充分释放;(3)让同学成为同学,在同学的相互启迪、相互支持下,相互激荡,信息才可能倍生。

有效教学是一项综合系统工程,儿童创造信息,创造合乎课程要求的信息,当是有效教学的首要证据。

(张菊荣,发表于《教育研究与评论(课堂观察)》2020年第6期)

儿童创造了怎样的信息

——Project 1 A profile 的课堂观察与研究

一、主题解读：教师期待儿童创造怎样的信息

作为教师，我们期待儿童在课堂上能有突破、有收获。这样的突破与收获，其实就是儿童在课堂上的学习与创造，盘活旧经验，创造新的学习信息。如果没有创造的经历，儿童可能就没有成长。

教师在课堂上对儿童创造信息有着怎样的期待？儿童通过课堂学习，能经历怎样的学习？又有怎样的成长？为了寻找答案，我们以译林版小学英语教材四年级上册 Project 1 A profile 的教学为例，开展了以"儿童创造了怎样的信息"为主题的课堂观察与研究。课前，执教的黄寅老师和教研组成员一起探讨教学设计方案，大家对儿童在这节复习课上的信息创造有着以下期待：

（一）儿童口头表达方面的信息创造

英语作为语言学科，学生在输入的同时需要有输出的渠道，其中，口头表达是必不可少的输出方式。教师期待学生在课堂上的口头表达能有质和量的突破，学生能基于所学的新知，在原有旧知的基础上进行信息的搜集、加工和创造，形成新的信息，从而为自己的英语学习积淀资源与素材，也为同伴的学习提供可参考、可模仿的样例。因此，黄老师期待她的学生学习本课的时候，能围绕"My profile"（我的档案）用英语准确又流利地表述个人的喜好，并综合运用前四个单元所学内容来与同伴互问互答。

（二）儿童书面表达方面的信息创造

英语学习除了口头表达，书面表达也是重中之重。中、高年级的课堂上，教师总是

设法引导学生练习书面表达，期待他们能从"正确性、丰富性、结构性"等方面组织语言，开展基于主题的"写"的训练，以实现"写"这项英语能力的提升。因此，教师总是通过创设真实情境，让学生的英语学习更贴近他们的生活实际，学生能围绕主题梳理语言知识，组织建构新的语言信息，通过"写"来达成输出的目的。黄老师期待她的学生在这一单元的学习中，学会写好个人档案信息，以"My favourite things"（我最喜欢的事情）为主题开展写作，主要描述"Sports, Fruit, Animals, Toys"四方面的内容，能使用"I like . . . /I can . . . very well. /I have . . ."等句型进行肯定与否定表达，并用好连词"and, but"等。

（三）儿童完成创意作品方面的信息创造

英语学习离不开丰富的学习活动，学习活动是为了帮助学生更好地完成学习任务或解决实际问题。解决问题或完成任务最好的媒介是作品，用英语完成一个作品，符合儿童年龄特征。教师期待学生能在一个主题学习中，完成一个作品，借助"作品"这个媒介引导学生"用英语做事"，从而创造丰富又具有儿童个性特征的信息。黄老师期待她的学生在课堂上通过学习能完成"我的个人档案册"这一创意作品。黄老师的期待，旨在通过让学生完成个人档案册，搭建一个英语说和写的表达平台，体验集"做、写、说"于一体的学习活动，创造丰富的个性化信息。如围绕"Name, Age, Class, Grade, Sex"等个人的主要信息进行结构化表达，围绕"My favourite . . ."这一个人重要信息进行综合性的写与说。全班 45 名学生都能发散思维，不仅围绕"Sports, Fruit, Animals, Toys"展开表述，还能根据个人情况围绕其他诸如"Colour"等关键词表述。

二、课堂观察：儿童是否创造了教师所期待的信息

为了更清楚地了解儿童的学习过程与结果，笔者和学校英语组团队聚焦"儿童创造我们所期待的信息了吗"这一问题，开展了 4 次课堂观察，用"一课多上"的方式，观察儿童的学习过程，搜集儿童的学习证据，并且分析数据、反思教学、调整方案，用实证的方法开展研究。

（一）问题清单，观课取证

此次课堂观察小组使用问题清单搜集课堂学习证据，观课教师带着问题进入课堂，开展观察与研究。具体问题如下。

问题一：儿童创造了怎样的信息？

问题二：儿童是怎样创造信息的？

问题三：儿童创造我们所期待的信息了吗？

（二）一课四上，反复观察

2020年10月26日，黄老师在四(6)班授课，前35分钟都是以"教师示范，学生展示"为路径让学生创造信息。如教师示范"My name is Miss Huang. I'm thirty-four years old. I'm a woman"后，学生能简单模仿；教师期待学生进行"My favourite . . ."的主题表达，学生也是在教师示范后机械模仿。因此，口头表达方面的信息创造未能达到事先的期望值。而书面表达和作品创作的任务，因时间不够未能正常开展。观察结果显示，学生未能很好地创造教师所期待的信息。观课小组总结原因：学习任务太小，没有开放度；任务完成时间太短，缺少整块学习时间；教师"替学"情况严重，没有"让学"……这些导致学生创造信息的客观条件与环境不良。

2020年10月28日，黄老师调整教学设计，将原本碎片化的数个小任务整合成大任务"Make a profile and introduce yourself"（制作个人档案并介绍你自己），设置了8分钟的整块学习时间。此次授课对象是四(10)班学生，黄老师在上课一开始就布置任务，围绕"Main information""Favourite things"两个板块，让学生说一说个人主要信息，写一写个人喜欢的事物，放手让学生说和写。学生有6分钟写的时间和2分钟小组内相互介绍的时间，所呈现的信息丰富起来了，基本达到了教师的期待。但是观课小组提出：评价标准不明确，不利于学生更大化地创造信息。

2020年10月31日，黄老师在四(7)班第三次授课。此次授课，黄老师根据任务设计了符合儿童口味的评价标准，让学生参考评价标准，进行信息创造，保证了学生基础信息的创造。但是由于缺乏真实的情境，学生创造的信息偏共性，缺乏个性的信息创造。

2020年11月3日,黄老师在四(3)班再一次调整设计,营造了"英语风采比赛"的大情境,设计了"Make and introduce a profile"(制作并介绍个人档案册)的大任务,并结合任务明确了评价大标准。学生创造信息的积极性被点燃了,表现超过了教师的预期,创造了老师所期待的信息,且信息是丰富的、正确的、个性的。

三、结果分析:儿童实际创造了怎样的信息

根据14名观察小组成员的4次数据统计,发现学生在"介绍个人主要信息""采访你的朋友""写写你最喜欢的事情"这几个学习活动中创造的信息较多。71%的学生在"介绍个人主要信息"活动中达到教师的期待值,56%的学生在"采访你的朋友"活动中有新的学习信息可供同伴参考,93%的学生在"写写你最喜欢的事情"活动中的表现远超教师的期待,其他学习活动中因为时间短暂及形式机械重复而几乎没有人创造新的信息。

那么,课堂上,儿童究竟创造了怎样的信息? 他们是怎样创造信息的呢? 根据观察数据,分析如下。

(一)儿童创造了基础性和个性化的信息

第三次观课发现,在保证给予充足学习时间的情况下,学生能创造丰富的学习信息,这样的信息包括基础性信息和个性化信息。创造基础性信息是大部分学生都能达成的目标,是学生学好英语的基础保障。如,学生围绕"My favourite things"这一主题,根据教师示范的"Toys, Sports, Animals, Fruit"4个项目,创造了自己的信息,是基础的,也是共性的,这是教师期待的大部分学生所应达成的目标。与此同时,学生还创造了"Colours, food, family, drinks"等项目的相关信息,这些都是个性化信息,每一个学生可以有不一样的创造与表现。在第三次观察中,笔者发现全班62.3%的学生能围绕主题写出50个词以上,这是优化英语学习不可或缺的资源。

(二)儿童创造信息在教师二次开发教材的过程中得以实现

教师期待学生通过完成作品创造信息,这样的"作品"是教师对教材的二次开发,"作品"的内容、形式和创作要求,都需要教师基于教材、根据学情,以学生能创造更丰

富的信息为目标进行设计。因此,儿童创造信息是在教师对教材的二次开发中得以实现的。如 Project 1 A Profile 的学习中,教师设计了"我的个人档案册",让学生通过完成作品来创造共性与个性信息。教师对教材的二次开发,不仅将枯燥的复习变得有趣,而且能为学生提供综合运用所学知识实现创造提升的机会。

四、观课反思:实现儿童创造信息的深入思考

本次课堂观察历经 4 次,教师根据每次观察搜集的证据剖析问题,及时反思并调整教学设计、改善教学方法,最终在课堂上呈现了儿童创造丰富信息的现象。观课小组看到了儿童在英语学习中自由地生长,快乐地创造与表达。那么,实现儿童创造信息的关键因素是什么? 笔者的思考如下。

(一) 大任务的设计与实施,实现信息的丰富性

期待学生创造丰富的信息,教师需要设计并在课堂落实"大任务"。任务小,缺少开放度,不利于信息的创造;任务小,一节课的内容与活动会呈碎片状,碎片化的任务很难聚焦核心素养,形成信息的方式大概率是儿童复制粘贴得来的。此次聚焦主题的课堂观察中,我们发现,设计并落实大任务可以帮助所有儿童创造丰富的信息。

第一,"大任务"对接核心素养。如本课第 4 次教学的大任务是"制作并介绍个人档案册",其中包括语言能力、学习能力、思维品质等素养的培育,学生需要迁移运用前 4 个单元甚至之前所学内容才能完成任务。大任务的设计是以促进学生英语学科核心素养的发展为目标,围绕主题语境"My profile",基于口头和书面等多模态形式的作品创作,帮助学生在学习理解、应用实践、迁移创新中理解主题,完成各自作品,习得语言知识和技能,收获英语素养。

第二,"大任务"具有完整性。如"制作并介绍个人档案册"是一个完整的任务,需要学生做一件完整的事情。内容从"个人主要信息"即"My name is ... I'm ... years old. I'm in Class 7, Grade 4. I'm a girl/boy"等,到"个人最喜欢的事物"即"I like... I can... I have ..."等,最后还有其他补充信息的创造与形成。形式为从说到写、从写到讲等。这是一个完整的英语口头与书面表达的体验活动,是基于主题的整体学习任

务,学生有 10 分钟整块学习与展示的时间,保证学生创造的信息是丰富的。

第三,"大任务"是综合性学习。学生需要围绕主题自己设计思维导图,根据思维导图结构化、创造性地表达个人信息、观点与情感等,这是指向语言运用的综合性学习,有效实现了信息的丰富性。

(二) 大标准的开发与引领,确保信息的正确性

教师期待学生创造丰富的信息,当然,这些信息应尽可能确保其正确性。如何确保学生创造的信息是正确的? 这需要教师为学生提供相应的评价依据,即与学习目标相匹配的评价大标准,让学生自己使用"评价标准"这把"尺子"来衡量所创造的信息是否正确,即使是错误的信息,学生也能及时修正。确定这样的评价大标准时,教师要做到以下几点:

一是与目标高度关联。大标准不是教师凭空捏造的,它必须与目标匹配,否则这样的评价无法确保儿童创造正确的信息。如上述第四次教学中,教师让学生写一写自己最喜欢的事情,设计了如表 4-1 所示的评价准则,这与"学习目标二:学生能用不同句型围绕'My favourite things'写 4—6 句话"高度关联。评价是为了更好地帮助学生达成目标,让学生对标学习与创造,确保"不走偏"。

表 4-1 评价准则

评价要点	评价标准	我的收获
你设计了几个项目?	1. 四个项目。 2. 五个项目。 3. 六个及以上项目。	
你使用了几种句型? 你写对了几句话?	1. 用 1—2 种句型写了 4 句。 2. 用 3—4 种句型写了 5 句。 3. 用 4 种以上句型写了 6 句。	

二是儿童看得懂。大标准是儿童化的，评价的标准是给儿童看的，因此需要儿童版的评价要点与细则描述，最好是让儿童参与标准的开发。要创造正确的信息，首先要确保儿童"会测量"，即看懂评价准则。如表4-1中的评价要点"你设计了几个项目？你使用了几种句型？你写对了几句话？"就是黄老师和四（7）班学生一起制定的。评价标准出自儿童之手，儿童肯定能看懂。观察结果显示，儿童所创造的信息正确性也明显提高。

三是教学评一致性。评价的过程与结果要有利于学生不断体验英语学习过程中的进步与成功，有利于学生认识自我，建立和保持英语学习的兴趣与信心。大标准是与教师的教与学生的学相一致的，本课的三个要点与"写一写你最喜欢的事情"这一任务中写的内容、句式、语法等一致，给学生提供评价的参考，引导学生写多、写好、写正确。大标准能促进学生更好地完成任务，确保信息的正确性。

（三）大情境的创设与链接，促成信息的个性化

教师期待儿童能创造个性化的信息，为儿童提供不一样的英语学习资源，促进儿童最大化的生长。这就需要创设真实的情境，或根据主题链接儿童熟悉的生活情境，这样的情境必然是大情境。语言源于生活，语言的使用都是在生活情境中发生和发展的。为了使学生感知学习和使用英语的真实感、现实感和需求感，教师要为学生创设贴近他们生活经验的情境。为了确保儿童创造个性化信息，教师所提供的情境需要符合以下三点特征：

一是情境具有真实感。真实的情境对儿童来说是大情境，能激活儿童已掌握的知识，形成个性化的信息。上述教学中，黄老师创设了"英语风采比赛"的大情境，用英语自我介绍是初赛必定开展的项目，这是学生熟悉的英语能力比赛。这样的情境对学生来说是真实的，要赢得比赛，学生必须围绕主题进行个性化的表达。因此，真实的大情境促成信息的个性化。

二是情境链接问题。教学情境的创设，其目的是给学生提供一个解决问题的真实环境，情境是与问题相链接的，是要充分考虑学生生活经验和认知发展水平的。一百个儿童会有一百种解决问题的方法，因此，儿童在解决问题的过程中会创造出属于个人的不一样的信息。本次观察中，笔者发现没有一位学生在口头、书面、作品方面所创

造的信息是相同的,都颇具个性化。

三是情境启发儿童思维。身临其境,思维荡漾。当儿童置身于情境中时,其思维是活跃的,想象力是丰富的,因此,儿童所创造的信息也是各不相同的。上述教学中,学生在"英语风采大赛"这个大情境下,通过听、看、读获取信息,并在这一过程中,进行了观察、感知等心智活动;在对所获取的信息进行理解加工的过程中,就发生了比较、分析、归纳等心智活动;当通过说或写输出和传递信息时,就会有建构、评价、创新等心智活动。因此,启发儿童思维的大情境,能促成信息的个性化。

教学改革不是为了改革而改革,而是为了更好地落实核心素养,帮助儿童更好地生长。儿童生长的证据和现象是"儿童创造信息"。笔者通过聚焦"儿童创造了怎样的信息"这一主题的4次课堂观察与研究,搜集了来自不同班级样本的观察证据,验证了儿童在英语课堂上能够做出教师所期待的口头、笔头、作品等方面的更佳表现,能创造丰富的、正确的、个性化的信息。教师如果能创造性地用好教材,创设对接素养的大任务、开发儿童版的大标准、链接真实的生活大情境,就能为儿童创造信息这一现象提档、增效。

(李勤华,发表于《教育研究与评论(课堂观察)》2020年第6期)

综合实践活动中的儿童信息创造及其效度

——"'七彩萝卜'名片设计"的课堂观察

儿童创造的信息是对课堂所学知识技能的最佳反馈，更是给予教师改进课堂教学的最佳凭证。而信息的效度则能直观地反映出各层级目标的达成情况，是课堂教学最为直观且能量化的有效介质。综合实践活动的自主性、开放性、实践性、整合性等特点，决定了儿童在课堂上创造出丰富信息的必然性。如何激发儿童创造信息并提升其效度，正是我们在课堂教学中所不断探寻的。

一、观察主题与过程

前不久，我们观察了沈国琴老师执教的"'七彩萝卜'名片设计"一课。本次观察从"任务设计"和"教师引导"两个着力点，分成两个观察小组。课后，我们还对学生课前的知识经验基础展开了问卷调查，力求全面地分析、研究本课教学。本次观察的主题是"儿童信息创造及其效度"，完整的观察过程包括效度设定、量表开发、问卷调查设计、课堂观察、分享及材料整理等环节。

在设定效度时，我们根据四年级学生的知识水平特点，从信息的"有价值""无价值""创造性"三个维度出发，制定了三个层级的标准：A. 儿童所创造的信息有价值，对活动开展有推动作用；B. 儿童所创造的信息没有价值，对活动开展没有帮助；C. 儿童所创造的信息有创造性，对活动开展有深入、拓展作用。

我们还制作了观察量表（见表4-2），从表中可见，本次观察以三个阶梯式任务为观察点。学生在小组合作中将大量创造书面信息和生生、师生间的语言信息，这些信息及其效度将直观地指向任务设定的合理性及课堂活动的达成情况。因此，观察中，我们尤为关注"书面信息"和"语言信息"这两个维度。

表 4-2

任务内容		儿童创造的信息	效度评级
任务一: 1. 认真观察植物名片,思考这些植物名片主要包含哪些内容、有什么特点; 2. 小组内说说这些植物名片的内容和特点; 3. 组长用关键词记录大家的发言。		书面信息:	
		语言信息:	
任务二: 1. 组内成员 2 人一小组,快速阅读资料,找出关键词或重点句; 2. 组长负责检查汇总各小组的关键词或重点句。		书面信息:	
		语言信息:	
任务三: 议:小组商议确定本组萝卜名片的样式; 做:在组长的安排下有序分工,合作完成萝卜名片的设计制作; 评:完成后对照评分规则对自己的作品做一个合理的评价。		书面信息:	
		语言信息:	

　　课堂教学中,教师的引导是影响儿童创造信息方向的直接因素,引导的语言组织、时间点、生成抓手等,都对儿童创造的信息起着至关重要的助推作用。为此,我们还开发了一份观察量表(见表 4-3),依托这张量表,可牢牢"抓住"课堂中的诸多小细节,将碎片化信息拼凑完整,从而更清晰地发现问题、更有效地解决问题。

表 4-3

教师引导记录	儿童创造信息记录	效度评级

　　我们设计的问卷调查(见图 4-1)以学生课前的知识经验基础为调查点,通过 3 个问题的设定,力求更为科学全面地了解儿童所创造信息的依据。

同学们,为有效了解大家对本次活动前期的知识经验储备情况,特进行一次问卷调查,请如实填写:

( )1. 生活中你是否见过植物介绍名片?

    A. 见过   B. 没见过

( )2. 课前你对萝卜的知识了解多少?

    A. 非常了解   B. 比较了解   C. 不太了解

( )3. 你是否有过设计物品卡的经验?

    A. 有   B. 没有

图 4-1　学生知识经验调查问卷

当天上午,我们观察了沈老师的课堂。课上我们对相关信息进行了观察记录,并在课后汇总、整理。

二、分析与讨论

本堂课教学目标明晰,以三个层层递进的任务设计贯穿全课,突出重难点处理。评价设计也与目标高度匹配,儿童创造了较为丰富的信息。课上,教师将全班45名学生分为六个小组。在"儿童信息创造及其效度"方面,本节课有如下亮点与不足。

(一)亮点

1. 任务设计明确合理

根据表 4-2 中的"书面信息",三个任务的设计是恰到好处的,且儿童创造的信息效度基本都为 A 级,甚至有的小组可达到 C 级。

任务一中,有五个小组将植物名片范例分发给每位组员进行单独观察,而后汇总大家的观点,一个小组为组长带领一起观察。各小组都能按照任务要求一步步讨论记录,其中四个小组用画线的方法将所观察到的有价值的信息画出,有部分学生还会用标注的方式进行归纳总结。

任务二中明确了合作方法为 2 人一小组,有五个小组能完全按照任务要求,2 人一组寻找关键词或重点句。在完成过程中,大部分学生能正确找出,甚至第 4 小组还能够将关键词进行一定的归类,如将颜色、形状、大小等归类为外形特征,将适合温度、湿度等归类为生长环境,这些在任务要求外的信息创造让观课老师喜出望外。

任务三中,沈老师用了议、做、评三个字代替了传统的数字序号,使每条任务信息更为明晰。实际操作时,有五个小组能根据任务顺序有条不紊地开展设计活动。其间,儿童所创造的信息极为丰富,各小组的共同优点便是在造型设计上贴合自己所种植的萝卜;在内容选择上有了前面两个任务的铺垫,也较为全面。这些优质书面信息的大量产生,归功于任务设计的合理性及明确性。

2. 生生碰撞事半功倍

根据表 4 - 2 中的"语言信息",在小组合作中,生生间的思维碰撞促进了儿童创造信息的效度。在活动开始前,我们预测出现最多 B 级效度的就是这个部分,但结果却并非如此。每组的组长都是创造信息最多且效度最高的一位同学,而各组的组员间也在频繁创造有价值的信息。如第五组的对话——3 号同学:"我啥都不行,任务要求中让组长分工,组长快点帮我想想我能干点啥。"5 号同学:"你画画,你画的萝卜很好看。"3 号同学:"那我用铅笔画草图,你用勾线笔来描。"组长:"那画画这个任务就交给你俩了。"同学间在思维上的相互"搀扶",通过语言所创造的信息,反射到了书面信息,继而促进了信息的效度,推动探究的深入。

在课后的问卷调查中我们发现,班内 43 位学生见过植物名片;18 位学生对自己组萝卜的知识非常了解,24 位学生比较了解;30 位学生有过设计物品的经历,15 位学生没有相关经历。这个调查结果也就意味着,小组合作中有 1/3 的同学在设计时,可能是在不断的思维碰撞中有创造信息的灵感的。

3. 教师引导及时到位

在对教师引导下的儿童创造信息及其效度的观察中,我们发现,教师引导的问题设计、引导节点、追问等,都能提升儿童创造信息的丰富性、全面性及其效度。如教师提问:"你们想要设计怎样的植物名片?"第四组的 6 号同学回答道:"形状可以做成萝卜状,上面可以介绍萝卜的名字、特点、吃法等。"教师立即追问:"老师这里有很多植物名片,它们又是如何设计的呢?"同学们在观察时受前一位同学回答信息的影响,自然而然地观察到这些名片造型美观、内容丰富等。儿童所创造的这些信息,都对接下来的任务达成起到指引方向的作用。教师及时、有效的引导，带领学生一步步走向思维的深处，大大提升了儿童所创造信息的质量，在观察中发现，本堂课在教师引导下，儿童所创造的信息效度有 13 条为 A，6 条为 C。

4. 评分规则翔实有效

本次活动的评分规则非常特别，内容的开发是由儿童在课上进行信息的创造后归纳而成的，这些评价信息的效度都为 C 级。因此，学生对如何让自己组的设计达到最优目标非常明确。任务三中在正式设计前，沈老师又组织学生一起学习了评分规则，再次明确评价标准。活动中，六个小组边设计边对照评分规则，一条一条进行比对，其中有四个小组一开始在形式上有些单一，比对后立马进行了修改。第三组的 3 号同学负责的是介绍内容的收集，他在对照评分规则后发现："我们组的萝卜介绍内容只有 3 项，肯定不能得高分。"5 号同学也急了："赶快再找找，看！萝卜的价值和吃法我们还没放进去呢！"这些信息的效度也都为 C 级。本次活动，评分规则的开发与使用，都大大优化了儿童所创造的信息。

（二）不足

1. 任务表述须精简及儿童化

在基于表 4-2 的观察中发现，能力较弱的第二组和第六组在任务三中不太清楚要如何进行设计操作。尤其是第六组，在任务三开始时，他们还停留在任务二的画关键词上，所创造的信息也仅仅是关键词而已。在经过老师的提醒后，他们才恍然大悟，开始萝卜名片的设计，而最终这一组创造的信息效度仅仅得到了 B。在后来的询问中得知，该组成员对任务三中所说的"萝卜名片的样式"不太理解，从而导致了无法创造高效度的信息。因此，任务设计的表达如果能更加儿童化，并对关键字用不同颜色标注，效果可能会更佳。

与此同时，学生在完成任务三的设计时，还创造了一些疑问信息，如"我们设计的植物名片放在哪里？要多大？"等。这些疑问信息的产生，也反映了教师在任务的表述上还不够明确。

2. 抓住生成信息及时引导

在基于表 4-3 的观察中发现，学生创造性的生成信息很多。如教师在提问"老师这里的名片有什么特点?"时,第四组的 7 号同学回答:"有挂绳,携带起来很方便。"这条信息被观察老师评为 C 级效度,对活动有深入、拓展作用。教师若能够抓住这条信息,便能引出名片的用途决定了它的样式,大家在设计时可根据用途来设计合理的样式,这在一定程度上也能让任务三所创造的信息更为灵动。

三、思考与建议

(一)摸清学生多维基础

综合实践活动并没有教材、教参等可供参考,在设计活动时,更多的是依据学生已有的知识经验基础来解决学生感兴趣的问题。因此,在探究中想要创造更多高效度的儿童信息,打造高效课堂,教师就必须在课前摸清学生的多维度基础,继而对课堂进行"量体裁衣",即使是同一年级,不同班级的多维基础也不一样,需要新的"量体裁衣"。这样在课堂上,教师才能更为准确、灵活地把控学生创造信息的风向标。

(二)搭建优质合作网络

小组合作是综合实践活动课堂中较为固定的学习模式,优质的小组成员搭配能构建更为合理的小组合作网络,从而更好地进行思维碰撞、合作学习,创造更有效的信息。这不仅仅要从学生的自我意愿出发,更要从知识能力水平、性格等方面考虑。在小组合作中,个人英雄主义往往要不得,相互配合的团队精神才更重要。

(三)找准典型范例引领

对于小学阶段的儿童来说,课堂上所创造的信息,很大程度上来自一定的模仿,典型范例的引领极为重要。而这些范例需要有代表性,如果能在某方面打开儿童的思路,那就更完美了。由于综合实践学科的统整性特点,在寻找典型范例时可与相对应的学科教师进行探讨,力求能找得更为精准。

(四)优化儿童信息处理

学生创造的大量信息,都需要得到一定的处理。对于高效度的信息当立即给予肯定,并尝试再次深挖下去,这就要求教师在备课时需要对教学目标有多层次的理解和设定,才能有的放矢地评价与引导。而对于低效度的信息,则可鼓励学生继续往下探寻,对于这类信息,生生间的评价处理会有更棒的化学效应。

最后需要说明的是,沈老师的这节课,学习目标清晰合理,任务设定明确得当,评价多样到位。活动中,多方位激发儿童创造信息值得我们学习,真正体现了以学生为主体的探究式学习。本文只是从研究的角度进行剖析,而不是对本节课所做的定性评价。

(孙婷,发表于《教育研究与评论(课堂观察)》2020 年第 6 期)

第二节
整块学习时间：评价信息的产生条件

核心素养在课堂上的落实，需要设计大任务。完成课堂大任务，需要完整的、持续的、聚精会神的学习时间，即"整块学习时间"。在我们的课堂里，有"整块学习时间"吗？怎样才能拥有"整块学习时间"？如何用好"整块学习时间"以提高学习质量？

课堂需要"整块学习时间"

德国哲学家海德格尔在《人，诗意地安居》一书中写道："教所要求的是：让学。"实现"让学"的第一步，就是要把学习时间让给学生。没有学习时间，如何让学生学呢？教师要把整块的时间让给学生，而不是把零零碎碎的时间给学生，这样，学生才可能真正地经历真实的学习。

一、课堂缺少"整块学习时间"：一种极其普遍、极为可怕的教育现象

（一）课堂上缺少"整块学习时间"的现象极其普遍

笔者观察课堂有一个习惯，喜欢统计学生连续的、完整的、集中精力学习某一内容的时间，笔者称之为"整块学习时间"。非常遗憾的是，我们很少在课堂上看到哪怕是3分钟、5分钟的"整块学习时间"。无论是普通教师的家常课，还是名师、大家的公开课，这种现象都已司空见惯。笔者的观课笔记，通常会记录时间，什么时候教师讲解，什么时候教师布置任务（包括提问），什么时候学生开始学习，什么时候教师开始组织交流（比如指名学生分享观点）。如果您也这样做笔记，就会清晰地看到两种现象。一种现象是，往往在教师提问刚刚落下话音的时候，就有学生举手要求回答，而"师生互

动"也就立即进行了,因此,学生几乎不存在"整块学习时间"。笔者某次观看李玉贵老师的录像课,李老师话音刚落,下面已是小手林立。李老师说:"不要举手,请不要举手,先回到课文中,去思考。"很赞赏李老师这样的处理,我们要让学生好好思考,而不是急于回答问题。另一种现象是,学生好端端地、安安静静地在完成教师布置的任务,教师总是会插话。典型的现象是,当教师巡视到某组或某生附近时,发现了某个问题,总是随意地、不断地"提醒"全班同学。这种"提醒"一次又一次地打断了学生的完整思考,我们称之为"扰学"——不但没有助学,反而常在扰学,这应该引起我们的深刻反思。

(二) 课堂上缺少"整块学习时间",作为一种现象是极为可怕的

如果每一节课上,学生都没有"整块学习时间",而且还成为一种普遍的教育现象,这是可怕的。因为这意味着学生无法在课堂上聚精会神地思考某个问题哪怕3分钟、聚焦某项任务哪怕5分钟;而这又意味着,在课堂上,学生只能始终被教师一步一步牵着走,始终无法独立地(或者与同伴合作地)进行3—5分钟的学习。长此以往,我们的课堂将无法培养学生的学习能力;从这样的课堂中走出去的学生,智力上会永远"长不大"——离开了教师在背后一步一步地提问、提示,学生就不会产生问题,不会思考问题,更不会解决问题。而这,将有多可怕! 苏霍姆林斯基也批评过这种以教师的教替代学生的学的现象:"当学生的头脑需要考虑、深思和研究问题的时候,人们却让它摆脱思考,教师使出教育学上所有的巧妙办法,使自己的教学变得尽可能地容易理解,以便像习惯所说的那样让学生更容易掌握。这样做的结果是荒谬的:按教师的设想来说,这样做应当使学生的脑力劳动变得轻松,然而实际上却使它变得艰难了,这就好比是给聪明伶俐的头脑做催眠术,使它变得迟钝起来。"学生没有"整块学习时间",课堂上就会普遍地发生教师"替学"的现象,用一个又一个没有任何难度的碎片化的"铺垫"创造"零障碍"的课堂。看上去,课堂热闹非凡,学习一路顺风;可是,这样的学习是"暖房中的学习",而不是"风雨中的锻炼",损伤的是真正的思考力。我们不能低估课堂上缺少"整块学习时间"的可怕程度。试想,如果这种现象成为一个国家的课堂上的普遍现象,这对于一个民族未来的思考力会有多严重的损伤?

第四章 教学评一致性:课堂样态

187

二、课堂"整块学习时间"：核心素养时代的迫切要求

于是，我们提出了一个课堂愿景：学生有"整块学习时间"。

（一）核心素养时代的课堂上，必然要求有学生的"整块学习时间"

核心素养导向的课堂教学，倡导这样一种思路：核心素养（学科核心素养）—课程标准—单元设计—课时计划。而且，把单元设计称为"撬动课堂转型的一个支点"。单元设计超越传统"课时主义"，以"单元大任务"方式贯穿"单元大主题"学习，对接核心素养（学科核心素养），即核心素养不可能通过几道有标准答案的问答题来落实，而是要通过完成"单元大任务"来实现。在单元设计落实到具体课时时，通常是"单元大任务"的分解，即将"单元大任务"分解为若干小任务，在课时中落实。那些分解出来的"小任务"，与传统课堂上多而杂的碎片化小问题相比，又可以称为"课堂大任务"；要完成这些"课堂大任务"，则必须依赖"整块学习时间"。

（二）课堂"整块学习时间"，首先应该是"整块"的

课堂上应该有完整的、连续的学习时间，少则 3—5 分钟，多则 10 分钟，这是前提。在这一段时间中，学生面对的是完整的学习任务，进行的是连续的思考。这听起来似乎极为简单，但是在实际课堂上却非常难得。我们的课堂常常迷恋于"打乒乓"，你来我往，热闹非凡，却看不出学生连续思考的过程，看不到学生解决了怎样的问题，这不是完整意义上的学习。要把"整块学习时间"设计出来并用好，需要我们悉心地去保护这个"整块"。首先，任务本身要体现"整块"的特点，如果教学时一味地"嚼一口喂一口"，学生的消化能力怎么可能提高？其次，任务导语一定要清晰，任务呈现之后，学生能清晰地操作。切忌任务呈现不明确、过程中间不断"扰学"。

（三）课堂"整块学习时间"，必须是用以学习的

课堂整块时间有了，还只是形式。当然这个形式非常重要，没有整块时间，无法进行深度学习；但是，有了整块时间后，不等于课堂马上转型了。整块时间里的学习质

量,才是最根本的;整块时间是用以学习的,而不是用于浪费的。因此,我们要考虑这些整块时间中事关"学习"的诸多要素:学生学什么(具体内容),怎么学(是独立学习还是合作学习),学习过程是怎样的(先学什么、再学什么),学习资源有哪些,学习结果如何评价(是否达成相关小目标),学习投入情况如何(监控与保障),是否有所创造(学习信息的创造),等等。

三、探索基于"整块学习时间"的课堂教学样态:设计与实施

(一) 强化"整块学习时间"的设计:立意要高,立足要准

一是立意要高。要放宽视野建好坐标,要把课堂"整块学习时间"的设计放在"课时计划—单元设计—课程标准—核心素养(学科核心素养)"的课程与教学发展链中去考察,而不是就课论课,更不是就"块"论"块"。唯有如此,"整块学习时间"设计的立意才可能高。苏霍姆林斯基有一个著名的比喻:"如果把掌握知识的过程比喻为建造一幢大房屋,那么教师应当提供给学生的只是建筑材料——砖头、灰浆等,把这些砌垒起来的工作应当由学生去做。"我们可以从中得到启迪。如果不把"砖头""灰浆"放在"一幢大房屋"的愿景中去考量,不把"砌垒"放在"建造"的大背景中去考察,我们就没有办法理解"砖头""灰浆"的意义,更不会理解"由学生去做"的价值。

二是立足要准。要遵循规律,根据学习目标、评价任务与教学活动三者一致性思考的要求来设计"整块学习时间"。唯有如此,"整块学习时间"设计的立足点才能准:学习目标是"整块学习时间"的意义所在,是统整"整块学习"的指南;而"整块学习任务"的设计是落实"整块学习时间"的关键(因此学习任务要求与学习目标相一致,以检测目标是否达成,故又称"评价任务"),要依据学生学习的逻辑来设计任务,学习任务目标指向要明确,强化真实性、情境性、表现性、劣构性等特征,挑战性适度,操作性清晰,开放性合理,儿童性彰显,努力让学生想学、会学、乐学,并能在学习过程中有所创造;评价任务嵌入教学活动过程中,设计好"整块学习任务"的整体呈现、整体落实、整体反馈等基本问题,防止在呈现任务时将"整块学习任务"拆散、在学生学习时不断地"扰学"而造成"断链"、在收集与处理信息时像一点一点挤牙膏一样,缺乏完整性。

(二) 优化"整块学习时间"的实施："整放整收"

"整块学习时间"如何用好,是一个关键问题,基本策略是"整放整收"。"整放",即把学习任务整块地"放下去",而不是支离破碎地"放下去",唯有这样,才可能让学生在整块的时间里对整块的任务进行整块的思考;"整收",即整体地收集学生在整块时间里创造的学习信息,整体地处理学习信息,而学习过程就是师生互动处理信息的过程,这样的信息处理,获得的是"森林"而不是知识碎片。华东师范大学的吴亚萍老师曾多次对数学课堂的"三放三收"作过论述:"所谓'放',就是把数学问题'放下去',使每个学生都可以进入解决问题的过程中,所谓'收',就是把学生解决问题的不同状态和相关信息'收上来'。一次'放'和'收'的过程组成一个完整的教学环节。自然,较之以往教学中十分细碎的'小问题'而言,这里的问题是指'大问题'设计。一般来说,在一节数学课中设计三个左右的'大问题'比较适宜,这样教师在教学时间分配和教学处理上也显得比较从容和自如。而每一个'大问题'解决的教学过程,就是一次'放'和'收'的过程,因此也就构成了数学教学过程的三个'放'与'收'的教学环节,简称为'三放三收'。"不仅是数学课堂,我以为所有课堂都可以采用这样的策略。我们可以这样理解:这里的"三"是一个概数,可以灵活调整;这里的"大问题",就是我们说的"课堂大任务";这里的"使每个学生都可以进入解决问题的过程中",就是学生在"整块学习时间"里的学习;最后"把学生解决问题的不同状态和相关信息'收上来'",就是根据目标、课标、素养的要求整块地处理学习信息,优化学习。

当然,学生拥有"整块学习时间",并不代表排斥教师的"整块讲解时间",更不反对师生用整块的时间互动。当讲则讲,当让则让,该独学就独学,该共学就共学,该互动就互动,依照"教是为了更好地学"的原则,进行"支持学的教"。只是不要忘记,要让学生学会学习,课堂就必须要有"整块学习时间"。

(张菊荣,发表于《教育研究与评论(课堂观察)》2020年第3期)

"整块学习时间"中，学生真的"整块学习"了吗?

——"人物描写一组"课堂观察报告

小学语文教材五年级下册第五单元由 2 篇精读课文和"交流平台""初试身手"，以及 2 篇习作例文和习作"把一个人的特点写具体"构成。我校徐老师对整个单元进行了大单元设计，分 8 课时完成。我和语文课程中心组的成员对徐老师执教的该单元的第 2 课时"人物描写一组"，进行了课堂观察。观察的主题是："整块学习时间"中，学生真的"整块学习"了吗?

一、主题解读

学科核心素养是学生通过学习本学科逐步形成的关键能力、必备品格与价值观念。语文教学的目标应指向学生语文核心素养的培养。我们希望学生学了语文后，能用语文来解决实际问题，能用语文来生活、思考，实现个人的社会责任等。

通过学习语文，来提升学生语文核心素养的水平，这与"整块学习时间"是相关联的。"整块学习时间"是保证，是前提，是基础。

为什么要有"整块学习时间"呢? 试想，如果课堂上都是碎片化的学习，都是师生高频率的你问我答，看似繁忙、热闹，但学生学到的只是一些知识性的内容，获得的只是一些碎片化的能力，不能产生丰富的信息，无法解决未知的问题，那么学生的核心素养是不可能得到提升的。

好的学习一定是需要"整块学习时间"的。什么是"整块学习时间"呢? 第一，从学习时长上保证"整块"，课堂上给学生整块的时间来学习思考;第二，在保证时长的基础上，要让学生自由充分地思考，产生丰富的学习信息，让每个学生的思维都能得到释放;第三，从学习效果上看，希望通过"整块学习时间"促进问题的解决，提升学生的学习品质。

基于此，我们将观察的主题定为："整块学习时间"中，学生真的"整块学习"了吗?

计划从以下三个方面展开观察：

（1）在"整块学习时间"中，任务的呈现是整体性的吗？

（2）在"整块学习时间"中，个体的思维是开放性的吗？

（3）在"整块学习时间"中，问题的解决是闭环式的吗？

二、观察过程与结果

徐老师执教的"人物描写一组"由《摔跤》《他像一棵挺脱的树》和《两茎灯草》组成。本课的目标是：(1)学习《两茎灯草》，了解人物描写的基本方法；(2)重点学习通过典型事例描写人物特点的方法。徐老师围绕目标设计了三个评价任务。整节课中，徐老师先用例文引路，归纳典型事例的三大特点，即匹配度、典型性、细节化；再让学生自学《摔跤》，从这三个维度进一步理解什么是典型事例；最后，让学生选取典型事例来写一个同学的特点。

（一）在"整块学习时间"中，任务的呈现是整体性的吗？

大单元设计要有大任务。课堂学习琐不琐碎，首先要看教师有没有进行任务的整体性设计。任务杂乱、琐碎，学生的学习必然是碎片化的。落实到本课的任务是：学会用典型事例来描写一个人的特点。徐老师将这个大任务分解为三个小任务。

第一个任务：仔细阅读《两茎灯草》，想一想，这个片段写了什么？作者是怎么把严监生吝啬、守财奴的形象刻画得入木三分的？

第二个任务：自主阅读《摔跤》，看一看，在这个片段中，作者是怎么选取典型事例描写人物特点的？

第三个任务：选取典型事例练习。这个任务里面又分成两个子任务。（1）要写一个叔叔记忆力超群，有这样四个事例（事例略）。你觉得哪几个事例是典型事例？为什么？（2）哪位同学给你留下的印象最深刻？想一想他（她）有什么特点？哪几件事情最能体现他（她）的这个特点？

教师在 9 时 39 分呈现第一个任务，学生自主学习 6 分钟，交流讨论 20 分钟，最后归纳出典型事例具有的三个特点，总共用时 26 分钟。

第二个任务是 10 时 06 分开始呈现的，自主学习时间 3 分钟，讨论交流 5 分钟，总共用时 8 分钟。

第三个任务是 10 时 15 分开始呈现的，第一个子任务用时 2 分 55 秒，第二个子任务用时 10 分 05 秒，总共用时 13 分钟。

这三个任务围绕教学目标呈现出整体性，并且层层递进，从易到难，呈阶梯形上升。从整个学习过程中，我们也可以看到，学生的学习始终围绕这三个任务有序进行，从范文中习得写作方法，再进行理解内化，最后迁移运用。从时间上来看，整节课用了 55 分钟，三个任务的完成分别用时 26 分钟、8 分钟、13 分钟，任务的整体性让学生"整块学习时间"也得到了保障。

（二）在"整块学习时间"中，个体的思维是开放性的吗？

思维的发展与提升，对于语文学科来说，是一个落实的难点。"整块学习时间"可以让学生思考得更多些、更完整些、更深入些。现在，学生的"整块学习时间"得到了保障，学生到底有没有真的进行"整块学习"呢？学习过程中，学生个体的开放性思维有没有得到释放呢？我们进行了分小组的观察。我观察的第 1 小组由 6 位同学组成。

在布置第一个任务后，学生开始"整块自主学习"。我发现，1 号男生随即拿笔画线，写感受。2 号女生轻声说了一句："要干吗？"然后，看旁边 1 号在画线，也赶紧拿起笔，但她没有画线，只是用小括号把自己认为对的句子括起来，没有写任何的读后感受。3 号女生和 5 号女生学习很投入，一边轻声地读，一边圈画出重点词语，写上自己的理解。4 号男生整个过程都处于游离状态，虽然手里拿着笔，但眼睛东张西望，书上也只有几条线……随后，教师组织学生交流，3 号、5 号都举手回答了问题。1 号、2 号、4 号、6 号没有举手发表观点。在此过程中，3 号与 5 号及时将板书内容记在书上，4 号始终没有动笔，一直似听非听，教师讲评后也没有进行及时的修改。

整个过程中，3 号和 5 号理解了评价任务，思维一直处于积极的状态，能在交流中表达自己的观点。2 号和 4 号显然对评价任务没有清晰的了解，不知道如何操作，教师虽然给了"整块学习时间"，但他们不知道如何完成学习任务，所以在后面的交流中，始终处于一种被动状态，没有形成自己个性化的思维。

在实施第三个任务时，教师首先让学生选取能表现叔叔技艺超群的典型事例——

师　如果我们要写一个叔叔记忆力超群,有这样四个事例,你会选择哪个？为什么？

（学生自主思考。）

生　第一个、第四个是典型事例。

师　嗯。

生　因为事例 1 说,他能把书中所有的细节都记住,是非常厉害的。

师　是很厉害。

生　第二个事例,他记住了我昨天说过的一句话,不典型。

师　这个事例也是匹配的,也是讲记忆的,你为什么觉得它不是典型事例呢？

生　因为只要每个人多留心,别人说过的话都可以记住。

师　哦,难度怎么样？

生　不难,没有体现记忆力超群。

生　第三个事例中,他能记住我的生日,也不典型。

师　记住别人的生日也不是一件特别难的事情。

生　第四个事例,他只看了一遍地图,就能一点儿不差地画下来。

师　所以是高度匹配,而且具有……一般人能不能做到？

生　不能。

师　请坐。而且第一个、第四个事例是可以有细节化描写的,而第二个、第三个事例基本上一句话就说明白了。所以选取典型事例,不仅要匹配,而且要高度匹配,要能突出这个人物的特点。

关于典型事例的选择,基本都是教师问一句学生答一句。教师没有让学生整体性思考,没有让学生完整地表述自己的看法及意见,也没有其余学生参与点评,所以学生的思维很难得到释放。

第三个任务的第二个子任务,要求选取典型事例来表现一个同学的特点。学生完成后,教师随即让学生对照三个评价要点（匹配度、典型性、细节化）自评,在最典型事例前面打星。自评后互评,如果都符合的话,打三颗星。但由于评价要点的描述不够清晰,特别是对于什么是匹配度,学生还是不明确,所以我观察的第 1 小组中,除了 5 号完成了自评,其余 5 位学生始终在纠结,没有进行自评与互评,也没有从同伴的帮助中产生新的想法。

评价要点是学生深入学习的依据和参照，是学生深入学习的"拐杖"。如果评价要点不清晰，学生就无法依据它进行思考、交流，没有思维的碰撞，学生很难迸出思维的火花，也不能产生丰富的学习信息，"整块学习"的效果也会打折。

综上所述，这节课中学生开放性思维还不够，这与评价任务不清晰、教师没有让学生整体性思考、评价要点不明确有关。

（三）在"整块学习时间"中，问题的解决是闭环式的吗？

学习是一个闭环的过程。从提出问题到解决问题，能形成一个完整的圆。我们希望通过"整块学习"优化问题解决模式。徐老师利用第一、第二个任务，提炼了"典型事例"的三个维度，并在任务二中利用《摔跤》一文进行实践。到第三个任务，开始适时地进行迁移运用。闭环的最后——运用到现实生活中解决实际问题，也就是完成本单元的最终目标。落实到本节课中，最后的任务是运用所学方法选取典型事例来突出一个同学的特点。我观察的第一小组听到任务后，迅速行动起来。1号速度很快，思考了一会儿，写的同学的特点是暴躁。选取的典型事例是："（1）我不借书给他时，他就威逼利诱；（2）只要有人说他一句，他就会打人；（3）经常无事招惹别人。"3号写的同学的特点是：聪明但话多又调皮。事例是："（1）上课积极回答问题，但喜欢跟同学讲话；（2）喜欢看曹文轩的书，课外知识丰富。"4号和5号写的是同一位学生，特点是顽皮。4号的事例是："（1）他经常上课捣乱；（2）他经常把第一天的作业拖到第三天；（3）他经常被老师'请'到角落里罚站。"5号选择的事例是水球事件和喝墨水。2号一直未动笔，后来写了几个字又擦掉了，没有完成教师布置的任务。

从任务的完成情况来看，5号能通过学习，明白如何选取典型事例来体现人物特点，顺利达成了目标。其余几位学生对典型事例匹配度的理解还不清晰，列举的事例没有围绕同学的某个特点，没有达成目标。

三、观察反思与建议

那么，在课堂中，如何提高学生"整块学习时间"的效果呢？在观察的基础上，我们进行了讨论,并提出一些建议。

(一)"整块学习"中,大任务要少而精

课堂上的"整块学习时间"是非常重要的,要避免知识碎片化,就要避免学习时间的碎片化。但课堂上时间不多,如何让学生有"整块学习时间"呢?这就需要教师设计大任务,整体呈现大任务,用大任务把时间让出来,让学生去思考。任务要少而精。本节课上,徐老师设计了三个任务,整节课上完超时了15分钟左右。第一个任务处理时间过长,导致后面2个任务实施得比较仓促,继而影响了本课第二个目标的达成。因此,任务不要贪多,要聚焦。

(二)"整块学习"中,任务要有挑战性

任务的挑战性也是提升学生"整块学习时间"效率的关键。本节课中,第三个任务没有充分展开,有的学生写了同学的许多特点,有的学生写的事例不够典型。为什么会这样?追溯原因,在于第一个任务实施时教师牵引得比较多,学生的思维没有得到释放。如果由学生自己进行挑战,组内研究分享,提炼"典型事例"的特点,效果会更好。最后的交流中,很多学生写了同一位同学的特点,也选取了一些事例。教师可以利用评价表格,让学生自主评价,提炼众多事例的精髓,进行内容的深加工,进而在评价的基础上有所提升,利用挑战性任务的魅力驱动学生的"整块学习"。

(三)"整块学习"中,评价任务要有可操作性

"整块学习"中,评价任务要明确,要有可操作性。只有学生清晰地知道应该怎样做,学习的效率才会提升,任务才能达成。以第二个学习任务为例,学生要自主阅读《摔跤》,看一看作者是怎么选取典型事例描写人物特点的。学生怎么看呢?小组中几位学生有的只是在书上画线或画括号,有的只是默看,没有动笔。究其原因,是教师出示的评价任务不够清晰。教师可以明确告诉学生,可以通过画重点词语、写自己的阅读感受、理出作者使用的写作方法等途径来落实这个任务。教师设计好评价任务导语,讲清操作方法,学生明确了方法,在完成的过程中产生丰富的信息,思维越来越活跃,"整块学习"才会更有成效。

"整块学习"要通过少而精的评价任务,催生多而丰富的信息,通过教和学达到精而优的效果。在课堂中,每位教师都要"让学",给学生"整块学习时间",让学生真正成为学习的主体,在"整块学习"中经历一种真实的学习。

(陆丽萍,发表于《教育研究与评论(课堂观察)》2020 年第 3 期)

任务串联，创造"整块学习时间"

——"确定位置"课堂对比观察及反思

教师完整地收集信息，再完整地处理信息，引导学生形成思考、解决问题的方法，这样就能把"整块学习时间"真正还给学生，让他们主动参与到学习中来。所以，观察陈老师执教"确定位置"一课时，我们特别关注这个问题，通过两次课堂观察，以及一次课堂再设计的讨论，产生了一些想法。

一、观察与分析

"确定位置"是苏教版小学数学教材四年级下册的教学内容。本节课，有两大板块可以安排"整块学习时间"，分别是"数对标准和含义"板块和"找数对规律"板块。我们的研究视角主要聚焦在第一板块——"数对标准和含义"。

4月23日第一次上课（以下简称"课例1"），4月24日观察人员集中讨论、分析改进，4月27日第二次上课（以下简称"课例2"），之后，我们进行了课堂再设计。

（一）课例1：充斥着零碎的问答

（由"寻宝之旅"导入，让学生说宝石的位置。）

生　这颗宝石在第3行上。

师　靠这个信息就能确定了吗？

生　我认为暂时还不能确定，还要确定列数。

师　你是怎么想的？

生　它是从左往右数第4个。

生　我觉得它在第3行第3列。

师　我们在说这颗宝石位置的时候要有一个标准。请自学书本知识。

（学生自学2分钟左右。）

师 （行间巡视）有的同学很好,把重点的词圈了出来。在数学里,"数对"的标准是什么?

生 每一竖排就是一列,列是从左往右数的;每一横排是一行,行是从前往后数的。

师 请在作业纸上标出每一列和每一行相应的数,标好后核对,有错请改正。

（学生标记。）

师 （再次出示宝石）这颗宝石在第几列第几行?

生 第4列第3行。

师 有没有更简洁的表示方法?

生 书上有提示,直接写(4,3)。

师 为什么看两个数字就能确定啊?

生 我们统一把左边的数定为第几列,右边的数定为第几行。

师 和我们前面记录宝石位置的方法比较下,这种方法怎么样?

生 更简便了!

整个教学环节是在教师问、学生答的形式中完成的。课上教师有很多任务让学生完成,每个任务都比较零碎。在引入列、行的标准时,教师只请了两三位学生来说,然后直接揭示"要有一个标准",没有引导学生自主参与数学认识活动。整个过程中,学生学习主动性低,一直在被动地接受知识。"整块学习时间"基本没有。

（二）课例2:试图串联任务却不时被打散

（由"寻宝之旅"导入,设置了"寻宝路口"。）

师 这颗宝石在第几列第几行? 请把信息写下来。

（学生安静地思考、书写,约40秒。）

生 宝石的位置在第4列第3行。

师 跟她一样的同学请举手。我看见有不一样的。

生 我觉得在第3列第3行。

师 和别人不一样。说说你是怎么定位的。

生 从左往右数第4列,从上往下数第3行。

生　"列"应该是从右往左数;行应该从下往上数,因为"入口在下面"。

生　"行"既可以从上往下数,也可以从下往上数。

(学生议论纷纷。)

师　有不同意见吗?

生　"行"的数法应该根据"入口"的位置来确定,所以应该从前往后数。

师　你说得非常有道理!关于如何确定这颗宝石的位置,大家各有各的标准,所以我们要统一标准。根据"入口"位置观察,"列"从左往右数,"行"从前往后数。

(教师展示"列"的表示方法,学生自己把"行"和"列"补充完整。)

师　和左右同学核对一下是否相同,如果有不同结论可以讨论,看谁能说服谁。

(学生核对结论并讨论。)

师　哪位同学是核对之后有改动的?

生　原来行是从后往前数的,现在改成从前往后了。

师　接下来我再依次出示4颗宝石,请你写出它们的位置在哪里。

生　我来不及记。

生　我是这样记的,我来得及。

(教师展示这位学生的记录方法。)

师　这位同学的记录方法速度快,而且大家都能看懂。你找到快速记录的方法了吗?

生　只要写数字。

师　你们发现了数学中的数对记录方法,我们要给它装饰一下,避免和其他数字混淆:外面套上括号,中间加上逗号。

师　知道了数对记录法,我们再来记录刚才4颗宝石的位置。

(学生很快就记录下来了。)

和课例1相比,课例2的任务比较明确,教师有意识地设置了"确定标准"和"数对表示方法"的任务。在第一个任务中,教师在听取了学生方法的基础上总结要"统一标准"。再通过检验任务一顺利引到任务二,由学生对比得出"快速记录的方法",引出"数对"概念。教师通过改变设计,确实把小任务串联了起来,也带动了学生学习的主动性,但还缺乏"整块学习时间"的味道。每个任务中,教师参与得太多,学生被教师带着走,过程很顺利。但如果教师放手,学生还会这么走吗?

(三)课堂再设计:任务成串,学习成块

在课例2的基础上,我们思考:教师已经有了把小任务串联成大任务的做法,接下来是不是可以让教师逐渐放手,多给学生自己学习、展示、思考和解决问题的机会? 因此,我们对课堂进行了再设计——

任务导入:带领大家去宝石迷阵中找一颗最珍贵的宝石,这颗宝石有自己的密码,就是它在图中的位置,说对了才算寻找成功。

学习要求:(1)请看清"入口"的位置,根据"入口"确定自己的观察位置;(2)思考并写下你确定宝石位置的方法;(3)想想你为什么用这种方法表示;(4)与同伴讨论。

学习过程:教师巡视,留意不同的表示方法。让方法不同的学生一一说出自己确定的位置,并向全班同学说明自己确定位置的方法;整个过程由学生讲述,教师不发表意见。

学习反馈:肯定学生找的方法有道理,指明要统一标准,通过"入口"确定观察标准。

练习巩固:学生自己根据标准确定"列数"和"行数",并在规定时间内确定另外 4 颗宝石的位置;教师点拨完成速度快的学生的方法,引出"数对"表示法,引导学生认识"数对"并应用。

课堂的再设计,是在课例2基础上的"升级",其改变在于:任务一"确定标准"全部放手让学生去做,教师不做任何评价,让学生在展示不同结果的过程中,产生认知冲突,自发去寻找一个最优答案。当然,前提是学生进入"整块学习时间"前,明确了学习要求,带着学习要求去完成任务。有了要求,学生的自主学习和展示就不会像"无头苍蝇乱撞"。这样的再设计,和前面两节课相比,任务串联得更紧密,学生的"整块学习时间"更多,学习的自主性更强。

二、关于"任务串联"的再思考

从以上两个课例和一次课堂再设计可知,要给学生"整块学习时间",学习任务的

串联显得尤为重要。于是,我们对任务串联做了进一步的思考。

(一)连成"任务串",乃创造"整块学习时间"的重要路径

数学课堂中要完成的学习任务很多。如果课堂上逐一完成每个任务,就是在不停地分割学生的"整块学习时间"。因此,我们要把小的、碎的、关联度不高、层次性不强的任务变成"任务串"。第一,找小任务之间的内在联系,让每个小任务都为最后的大任务服务。第二,布置完整的学习任务要求。这些要求需串联好每个小任务,有明确的要求,这样"整块学习时间"才会有效。

(二)释放"全信息",向"整块学习时间"要"整块学习"信息

学生的解答过程,即使是错误的甚至是完全不着边际的,也是数学课堂中的宝贵资源。我们要在展示学生作业时,把这些信息都展示出来,因为这是学生在"释放"自己的想法。教师可以让学生之间互相探讨,最后"介入"进行总结、反馈。久而久之,"任务串"加固,"整块学习时间"变多。

(三)支持"整学习",不让"任务串"在教学过程中散架

"任务串"不局限于一节课中小任务的串联,也可以是一个单元的任务的串联。数学的每个单元、每节课之间都有联系,如果能指导学生找到新知和旧知之间的联系,那么就能串联成功。学生在获得新知后,会理解其间的变化,纠正自己的问题,再练习应用。

(四)优化内结构,促进学生在"整块学习时间"中的思维发展

我们把一个个小任务串联成大任务,不只是为了给学生创设"整块学习时间"。串联成功后,只是新知吗?我们更希望指导学生思考怎样才能在"整块学习时间"内完成这个大任务。相信,教师在平时的课堂中传授学习、思考的过程——获取、理解、拓展、纠错——对学生来说,是终身受益的。

"学习并非学生对于教师所授知识的被动接受,而是以其已有的知识经验为基础的主动建构的过程。"因此,在数学课堂中给学生留下"整块学习时间",就是给他

们营造一个参与度高、主动发展和自主构建的思维空间。这就需要教师把小任务串联起来,引导学生参与新知发生与形成的过程,在积极思考的活动中自主获取新知。

(朱夏兰,发表于《教育研究与评论(课堂观察)》2020年第3期)

第三节
穷尽思维可能：评价信息的质量提升

一个人的思维究竟有多深远、多广阔？我们也许无法穷尽。但课堂教学努力去穷尽这种可能，却是意味无穷的。本组文章通过专题论述与课堂实证的方式，揭开"穷尽思维可能"的一角。

课堂教学应帮助学生穷尽思维可能

笔者经常以"穷尽思维可能"的视角观察课堂，发现课堂中学生的思维存在三种现象：第一种，不同的学生，相同的思考；第二种，不同的学生，不同的思考；第三种，同一位学生，不同的思考。这是三种形态：第一种形态，在教师的引导或者告知中，不同的学生跟着教师的思维，获得了相同的结论；第二种形态，在教师的支持下，不同的学生通过独立思考、同伴互学，经历了不同的思维过程，收获了不同的思维体验；第三种形态，每一位学生在充分的独立思考、同伴互学、教师引导下，产生了不同的思考。笔者以为，第一种形态，日常课上较常见，为了一个结果，缺少思维过程，课堂变成了划一思维的"普罗克拉斯提斯之床"；第二种形态，公开课上较常见，你说我说他说，每一位学生说一种答案，课堂变成了多样信息的"拼盘"，看上去很美，但实质上对于每位学生来说，思维仍然是单一的，这很容易成为苏霍姆林斯基反复批评的"表面上的积极性"；第三种形态，依托班级集体的智力生活，关注个人真实的完整思维，鼓励学生个体"穷尽思维可能"，这才是我们想要的课堂形态。课堂教学应帮助学生穷尽思维可能，让每一个学生都有机会穷尽思维可能，让课堂在"每一个"学生的相互启迪中成为智力激荡、精神飞扬的殿堂。

一、穷尽思维可能：为何故

"表面上的积极性""虚假繁荣"，这样的课堂中看不中用。其造成的直接结果有：(1)学过就忘了。在课上，听了老师的讲解，按照老师所说的去做，好像什么都懂了，都学会了，可是，过不了多久，就全忘了。因为没有经过自己的思维过程，仅仅靠被告知，"别人的知识"没有转变成"我的知识"。(2)换个情境就不会了。在相同的问题情境中，貌似会了，但是，换一个情境，就不知所措了。因为没有经过深度的思维过程，知识不可能自动转换成素养。(3)学习时间长了，学生并没有变聪明。按理说，人是越学越聪明的。但是，如果学习没有智力活动的充分展开，一直是人在场而思维不在场，一直是稍稍一想就停了下来、偶有所得就不再思考，没有向着思维的更多可能去探索，那么，久而久之，智力惰性就形成了。智力一旦处于惰性之中，"智力发展"就成了问题，"只长年龄不长智慧"的现象就随之发生了。

穷尽思维可能，对于学生个体来说，就是追求思维可能性的极致。我们都知道思维的重要性，却没有认识到"穷尽可能"之于思维的重要性。也许你会说："思维怎么可能穷尽呢？""不可能每个学生都穷尽！"在这里，我们要强调的是"穷尽思维的可能性"。让每一个学生都穷尽思维可能，不等于每一个学生的思维结果都相同。举一个简单的例子，一年级学生用"江"字来组词，我们不用"开火车"（每一个学生只说一个词）的方式，而是让学生先思索"你能够组多少个词"，再进行交流。每一个学生能够想到的词语一定是有多有少的，但没关系，重要的是，每一个学生都尽最大可能去思考了。一个有"穷尽思维可能"习惯的学生与一个所有的思考都是"点到为止"的学生，他们的思维能力、智力发展会一样吗？他们的可持续学习力会相同吗？

穷尽思维可能，对于班集体来说，就是追求集体的智力氛围。班级授课制最大的优势就在于师生、生生之间的相互激荡。试想，建立在每一个学生"穷尽思维可能"基础之上的交流与互动，智慧之光交相辉映，会是怎样的一种景象？一个个体的思维启发着另一个个体的思维，丰富着班级集体的智力氛围，而这种智力氛围又滋养着所有个体。再者，在学生智力充分运转之时，他们所创造的信息经常会超乎教师的想象，这种超乎想象的智力表现会让教师惊喜、兴奋，整个课堂的精神生活会变得多么丰富！

穷尽思维可能,对于未来社会来说,会产生积极的影响。当今天的学生养成了"穷尽思维可能"的习惯之后,这种习惯会伴随他们终生,未来社会就会充满具有良好思维品质的人。苏霍姆林斯基说过,"不要让任何一个在智力方面没有受过训练的人进入生活",这样的人"对社会来说是危险的"。因此,今天培养学生"穷尽思维可能",会造就未来社会需要的智力训练有素的人。

二、穷尽思维可能:往何处

穷尽思维可能,指的究竟是一些怎样的可能呢?笔者以为,只要是思维品质触及的领域,都应抱有一种"尽可能"的要求,无论是质疑还是评价,无论是推论还是举证,无论是问题的解决方案还是思维的表达方式,都可以追求"尽可能"。质疑,不必局限于一条意见,而要尽可能地从不同的维度展开;评价,不必止步于一种判断,而要尽可能地针对多种观点进行;推论,要尽可能地想到各种情况;举证,要尽可能地丰富证据;在未来,对于某一问题的解决,不太会依赖唯一的方案;哪怕是同一种表达,也可以尝试换个说法,多种说法的表达,会把概念说得更明白。我想,这就是"尽可能",这就是从"浅尝辄止"的简单化、唯一化思维中跳出来,穷尽思维的可能性。当然,这是基于逻辑的科学思维,绝对不是"钻牛角尖"、故弄玄虚、追求奇谈怪论;这是在提高思维能力的过程中让基础更加牢固、对基础知识的认识更加深刻,而不是抛弃基本规范、丢弃基础知识。

穷尽思维可能,我们可以往深处想。思考一个问题,提出多个方案,不停留在表面,而要多想想"背后",多想想"意义",多想想"价值"。比如,我们提出某个方案,看上去操作性很强,可是一叩问"价值"层面,就发现还需要修改,这就是"往深处想";理解一个文本,好像表面文字很晓畅,可是一联系作者的经历,一深究表达方式,理解就又进入了另一层境界,这就是"往深处想"。往深处想,不是寻找几个难解的概念,让学生去说别人听不懂的话,而是往本质上想,说明白话。

穷尽思维可能,我们可以往多处想。不妨多想一下:还有别的说法吗? 还有别的理解吗? 还有别的方法吗? 还有别的方案吗? 我们在课堂里,好像也经常见到这种情形——

教师不断地问:"还有吗?""还有吗?"可是,这问的是"全班",一个学生站起来也只能说"一",教师马上就会转头问别的学生。

其实,那个站起来的学生可能就"还有呢"。穷尽思维可能,倡导学生自问"还有吗",是将集体的思考建立在个人"穷尽思维可能"的基础上。当然,答案并不是越多越好,"穷尽"是一个过程而不是目的,在"多"了之后,还要讨论"好",才是有价值的。我们可以围绕诸多"答案"展开讨论:哪个方法更好?哪种表达更贴切?这是一个"多"了之后的优化过程。当然,"优化"也是一个过程,也是一种思维方式,并不一定是结果。因为,所谓的"优化",有时候会因情境不同而不同,在此情境中是"优"的方案,到了彼情境中却未必如此。

穷尽思维可能,我们可以寻找多种维度。我们可以往创新处穷尽,培养创造性思维;往疑问处穷尽,多问一个为什么,多问一个怎么会,让审辨式、批判性思维带我们走向问题更深处;往相异处穷尽,多想想还有什么不一样,让求异思维帮助我们"大开脑洞";往相关处穷尽,与所思考的主题相关联,整体地思考,让我们看到一个新天地。

三、穷尽思维可能:如何为

课堂教学穷尽思维可能,如何为?我们以为,要特别重视整体呈现任务、整块时间学习、整体处理信息,并在这些过程中,加强教师的专业支持。

整体呈现任务——拒绝"嚼养"。学生的思维活动,更多是在完成学习任务的过程中发生的。因此,课堂学习任务的设计与实施极为重要。有了好的学习任务,好的学习思考才有可能。我们特别强调相对整体性的任务,而不是碎片式的任务。碎片式的任务,只能诞生碎片式思维,只能"东一榔头,西一棒槌"。事实上,在呈现学习任务时,很多教师生怕学生不理解、生怕学生会犯错,把学习任务的每一条都"嚼"给了学生,结果,就失去了整体性任务提供的学生穷尽思维可能的空间。因此,我们强调任务要"整体呈现",让学生得到一个完整的任务;当然,这个任务的要求应该是明确的,学生能理解的。这应该成为前提性条件,否则学习无从谈起。如果在任务中有需要解释的要求,教师可以通过清晰讲解、案例示范等来阐明,但一定不能"嚼"碎了"喂"给学生——

这样做，表面上看减少了学生的出错概率，实质上损伤了学生的思维能力。是"整体呈现"还是"逐条解释"，我们无须再纠结：实践证明，"整体呈现"学习任务，才能发挥学习任务催生思维的整体效应，也才能保证后续的"整块时间学习"。

整块时间学习——"请勿打扰"。学生明白了学习任务之后，应该利用整块时间来进行学习。学生要在整块时间中穷尽思维可能，创造"同一位学生，不同的思考"的生动场景。学生能否在整块时间里穷尽思维可能，大致取决于两方面的因素：任务要整体，时间要整块。学习任务要有整体性，指向穷尽思维可能，而不是全封闭答案式的简单问题；学习时间要整块，教师不能"扰学"，不要轻易地打断学生的思维，要让学习在穷尽思维可能中静悄悄地发生。

整体处理信息——避免"散架"。对学生通过穷尽思维可能创造的现象，教师要进行提升性处理。在课堂"交流与展示"环节，教师要带领学生进入结构化思考的序列，即穷尽思维可能只有走入结构化思考的框架，让认知"联网"，才会凸显价值。比如，《两茎灯草》一课教学中，关于严监生的吝啬，学生发现了 9 处描写。对此，我们进行了课后讨论：怎样结构化地审视学生的学习信息？有教师认为就两个维度，一个是对自己的，一个是对别人的。有教师说，"别人"可以分为亲人、朋友。这是进一步的结构化思考。如果我们的学生在课堂上养成结构化思考的习惯，他们是不是会比别的学生更会思考？文本中没有写对陌生人吝啬的故事，有教师说："那我们能不能让学生编写一段对陌生人的吝啬，反正《儒林外史》是一部小说。"我想，这将很有意思。穷尽思维可能，有了结构化的思考，思维就不会"野蛮生长"。

加强教师的专业支持。以上的"整呈""整学""整处"，是穷尽思维可能的原则性保证。在整呈、整学、整处的过程中，要加强教师的专业支持。我们可以通过讲解、示范、质疑、设障、提问、追问、对话、辩论、故意出错、提供案例、引进资源等具体教学方法，为学生打开视野，创造穷尽思维可能的机会，催生更多、更优的信息，培养穷尽思维可能的能力。

"穷尽思维可能"应该成为我们的课堂文化、教学文化，成为学生的学习文化、思维方式。笔者最近在观课现场不时看到学生主动穷尽思维可能的做法，非常有意思。比如，教师预设学生用一种方法进行"一一列举"，学生却在完成一种方法之后，在作业纸上画下一条竖线，写下第二种方法……这是一种可喜的现象，也说明学生的思维方式会倒逼教学改革和教师专业发展。在未来，面对扑面而来的新问题，我们所持的思维需要更加开阔、更加深刻。那么，不妨在今天、在我们的课堂里，就埋下思维的种子吧。

（张菊荣，发表于《教育研究与评论（课堂观察）》2020 年第 4 期）

让学生穷尽思维可能

——《两茎灯草》一课观察报告

一、主题背景

语文课堂上，我们常常被书声琅琅的感性润泽，陶醉其中，对行云流水的对答场面赞叹不已；我们追求完美，总认为学生能在教师的引导下顺利完成学习任务的课就是好课。可是，如果走到学生中间，近距离观察，就会发现，在这热闹、完美的背后，有的是虚假、浅表的学习。学生一遍遍朗读之后，能走进文本的寥寥无几；一次次"乒乓式"的对话，得到的只是"拼盘式"的答案。学生个体没有经历思维的过程，自然无法获得思维的发展和提升。

语文课堂，既要强调人文的、多元的主观感悟，更要重视理性的、逻辑的思维发展。"思维发展与提升"是语文核心素养的一个重要标志，而穷尽思维可能则为学生思维朝着更广、更深处发展提供了机会，让思维更具灵活性、深刻性和创造性。

基于此，我们进行了"穷尽思维可能"的主题观察，了解学生的学习是否穷尽了思维可能，研讨教师如何帮助学生穷尽思维可能，从而促进学生"真正地学习"。

本次观察的是施莉老师执教的"人物描写一组"中的《两茎灯草》一课。这是小学语文教材五年级下册第五单元的一篇精读课文。观察小组从三个不同的维度进行观察：任务设计是否引领了学生穷尽思维可能？学生的学习是否穷尽了思维可能？教师的指导是否促进了学生穷尽思维可能？

二、观察过程

（一）任务设计引领了学生穷尽思维可能

本单元是习作单元，由两篇精读课文、两篇习作例文和一篇习作组成。单元目标是学习人物描写的基本方法,学会运用这些方法写一个人,突出人物的特点。单元设计遵循了读写结合的原则,采取"阅读引路—例文搭桥—习作运用"的策略,让学生在语言建构和运用的基础上,悟写法,练写作。

施老师执教的是本单元的第二课时,主要以"人物描写一组"中的《两茎灯草》为例,聚焦目标"学会选取典型事例突出人物特点",设计了三个板块:(1)梳理单元人物,初步感知事例和人物之间的关系;(2)学习《两茎灯草》,感受事例越典型,人物形象越鲜活;(3)学会选取典型事例来表现人物特点。三个板块,目标清晰可见,从初步感知、具体感受到迁移运用,设计坡度合理,为学生提供了思维发展和提升的机会。

对应三个板块的学习目标,施老师嵌入了三大评价任务:(1)读句子,说人物特点;(2)默读课文,找出你认为的严监生吝啬的表现,用横线画出来,也可以通过观察插图、结合课外资料来谈;(3)迁移运用,学会选取典型事例来描写人物特点。三个任务的设计层层递进。学生在阅读鉴赏文学作品的过程中,将对语言和文字直觉的体验转化成抽象的语言文字,之后有意识地进行迁移,使思维更进一层,实现语言表达的有效提升。因此,任务设计引领了学生穷尽思维可能。

(二) 整块时间保证了学生穷尽思维可能

学生思维能力的发展,不是教师教出来的,而是在具体的学习情境中借助解决问题的实践培育出来的,这就需要整块(学习)时间的保障。

本节课,三大任务的教学,都充分给予学生自主探索的时间。根据观察员的记录,任务一用时 8 分钟,任务二用时 13 分钟,任务三用时 16 分钟。完成任务二时,学生自主圈画表现严监生吝啬的语句用时 4 分钟,他们在任务驱动下投入学习,在对语言的品析、感悟中体会人物的特点,通过课文、插图、课外资料等多种渠道,从语言、动作、神态等多维角度,发现了一个立体丰满的吝啬鬼形象。这 4 分钟的时间里,学生的形象思维和抽象思维不断被激活,看似平静的氛围下涌动着穷尽思维可能的火花。

(三) 信息优化促进了学生穷尽思维可能

课堂上,师生交流严监生吝啬的地方,片段如下:

生 我是从课文的最后一句看出来的。"登时就没了气"说明严监生吝啬:赵氏挑掉了一茎灯草,严监生就没了气。

师 没说清楚,再说一说:是什么时候?为了多少东西?

生 就是赵氏刚挑掉一茎灯草,严监生就没气了。

师 说明严监生耿耿于怀的是什么?

生 是油钱。

师 对了,是油钱。他是个家财万贯的人,但是为了丁点儿的油钱,就死不瞑目。

这一片段中,学生一开始之所以无法用言语准确表达自己的想法,关键在于没有理清严监生"登时就没了气"和"两茎灯草"之间的逻辑关系。教师及时对学生的学习信息进行了优化:"是什么时候?""为了多少东西?"这样的追问,使得学生马上能通过联想进行逻辑分析,明确严监生在临终前耿耿于怀的是一茎灯草,其吝啬确实达到了极致。教师对学生的反馈信息给予及时评价和优化处理,有效引导学生对材料进行判断和选择,创造了思考情境,提高了学生思维的灵活性、敏捷性,让学生穷尽思维可能。

三、观察思考

(一)学生能不能想到更多?——打开出口,穷尽思维广度

以板块二为例。学生首先自主默读课文,在书上画线。观察员看到,学生有的画了一处,有的画了两三处;有的只画了书上的,有的则只画了课外资料中的。

观察员统计,交流环节,教师共指名 11 位学生交流,每一位学生交流一处,点到即止。有一位学生画了三处,教师或许是想给更多的学生交流的机会,没让那位学生继续说。

表面上看,学生小手如林,一个个对答如流。但是,观察后发现,学生个体想到更多的比较少,很多学生在书上画了一处就停笔不再继续思考,找到一处答案就停止继续探索。联系交流环节的教学来看,这应该跟平时课堂上的交流反馈方式有关。一直以来,我们为了追求课堂的热闹,会把一个任务分解给更多的学生,让每一位学生交流一个点,然后拼接出完整的任务信息。但是,对于交流的学生来说,只有一次发言的机会,只讲一点就被教师制止,他们的回答是碎片化的。长此以往,学生的思维就会只满足于一处。穷尽思维可能,应该穷尽每个个体的思维可能,鼓励他们思考得更多,交流得更多,拓宽思维的广度。

(二)学生能不能想得更深? ——**任务升级,穷尽思维深度**

板块二中,学生对补充材料中严监生病重时舍不得买人参补身体、亲戚来借钱时非常恼火、儿子要吃肉时也只买四个钱的肉这三个事例比较感兴趣,也能从中感受到严监生吝啬的特点。于是,在完成任务二之后,教师追问:这三个事例为什么不写进课文? 为什么只选取了两茎灯草这个事例? 在品味语言文字的基础上,对任务进行升级,让学生通过比较事例的典型性,往更深处思考,从而感受到事例越典型,人物形象越鲜活。

板块三是板块二的升级。教师布置了两个训练任务。第一个训练任务是:

同学们,小明要写爸爸的一位朋友——李叔叔。要写清李叔叔"记忆力超群"的特点,他选取了四个事例。请你来当小老师,看看小明选取的事例有没有说服力,属不属于典型事例。

事例能充分体现人物特点,得"☆☆☆";

事例较能体现人物特点,得"☆☆";

事例不能体现人物特点,得"☆"。

学生通过对四个事例的比较,进一步感受事例越典型,人物形象越鲜活。在比较的过程中,思维经验得到进一步推进。在此基础上,教师又安排了第二个训练任务:

我们班上哪位同学给你留下的印象最深? 想一想,他(她)有什么特点? 哪个事例最能体现他(她)这个特点呢?

学生迅速调动直觉思维和形象思维,对同学的特点进行分析、比对、归纳、概括,提炼出体现人物特点的典型事例。

这一过程中,任务逐步升级,学生由教材的文本语言感知事例越典型,人物形象越鲜活这一概念;然后,在选取典型事例的实践中强化这一概念,形成知识技能;最后,又在习作的选材运用中形成写作能力。在穷尽思维深度的过程中,实现了语文基础知识向语文能力的转化。

（三）学生能不能想到别处？——转换视角，穷尽思维创新

第一个训练任务中，学生评价事例 1 和事例 4 为"☆☆☆"，其余两个事例为"☆☆"。应该说，在这个环节，学生大多能通过比较判断出哪几件事是典型事例。在实践运用的过程中，学生能运用在《两茎灯草》中学到的方法选取典型事例，从知识的建构到知识的运用，达成了思维的提升，但是教师没有止步于此。对事例 2，大多数学生评了"☆☆"，因为他们觉得李叔叔能记住"我"的生日并没有什么难度，不能充分体现李叔叔"记忆力超群"的特点。教师追问："爸爸妈妈能记住你的生日吗？"学生回答："当然能！""叔叔呢？"学生有点迟疑："也能吧。"教师进一步追问："假如李叔叔是在我五岁时见到我的，已经多年没见的李叔叔现在还能记住我的生日，是不是记忆力超群？"学生一下子充满惊喜：原来"☆☆"的事例处于特定的情境中时也可以变成"☆☆☆"。这样的课堂设计，也出乎观察小组的意料。教师另辟蹊径，从另一个角度打开学生的思维，让学生用全新的视角去思考，去想到"别处"。这"别处"的精彩，正是思维的创新。

不过，接下来的环节却有点遗憾，教师没能给学生实践的机会。如果教师引导学生往别处思考后，把学习任务稍作修改，变成"那你们能不能通过修改把'☆☆'的事例也变成'☆☆☆'的典型事例呢"，给予学生更多自主探索的空间和时间，就能引导学生穷尽思维创新。

唯有把课堂真正还给学生，让学生"真正地学习起来"，引领学生的思维向多处、深处、别处发展，语文核心素养才能真正落地。

（徐莉，发表于《教育研究与评论（课堂观察）》2020 年第 4 期）

第四节

同学成为同学：评价信息的共享增值

班级授课制让儿童在学习中拥有更多的"同学"。身份意义上的"同学"如何成为行为意义上的同学，是班级学习的重要课题。同学成为共同学习伙伴的"合作学习"，已成为新课程倡导的学习方式之一了。除了"合作学习"，同学成为"同学"还有怎样的意义？这些意义如何去实现？

让同学成为"同学"：观念、行为与文化

同坐在一间教室、同处于一个课堂的同学，真的是共同学习的"同学"吗？根据我们长期的课堂观察，答案不容乐观。我们非常重视学生与教师的互动，却很少关注、更谈不上推进学生与学生的互动。而这，无论对于学生的学业成长，还是人格形成，都是极为重要的。让同学成为"同学"，应该成为新观念，应该成为新行为，应该成为新文化。

一、建立"同学"观念：解决想不想的问题

同学能不能成为"同学"，前提是同学想不想成为"同学"。因此，建立"同学"的观念，正确认识同学成为"同学"的意义，十分重要。

（一）从学习者的角度，认识"同学成为'同学'"对于"每个人的学习"的意义

实现"每个人的学习"，是教育公平的题中之义。但这个题中之义如何实现，却是一个难题。在一个班级有四五十甚至更多学生的情况下，如果要求教师与"每个人"公平互动，无异于要求教师"挟泰山而超北海"，非不为也，实不能也。那

么,这个"每个人的学习"如何实现呢?我们以为,要充分开掘"同学成为'同学'"的意蕴。当每个学生都可以向同学学习、与同学共同学习的时候,"每个人的学习"在大班额班级授课制中才能成为可能,教育公平所追求的"每一个学生都成为学习主体"才能在教室里实现,亦即佐藤学所说的,"学习共同体"教学改革的目的就在于让每一个儿童成为"学习的主权者"。同学成为"同学",成为相互成就的学习者。

(二)从学习场的角度,认识"同学成为'同学'"的泛在学习意义

未来的学习是泛在的学习,但是,泛在学习并不是只要建设好学习资源就行了,最重要的因素,应该是学习场的存在。在一个充满学习气息的学习场中,学习才会更自觉。而在一个缺少学习气息的场域内,哪怕布满了所谓的学习资源,那些资源也只是沉睡的资源。能够激活资源的只有学习者。当一个班的同学成为共同学习者的时候,想学的学习气息就丰富起来了,学习场就形成了。我们一直向往的良好班风、良好学风也随之形成了。在这样的学风、班风、学习场、学习气息中,泛在学习才会真正展开。同学成为"同学",构成的是泛在学习的学习场。

(三)从素养目标的角度,"同学成为'同学'"本身就是素养目标的必然内涵

无论怎样分类,核心素养的核心要义总是不变的,简而言之,就是面对未来不确定性的确定性——必须拥有的关键能力、必备品格与价值观念。未来会有太多的情境,是我们前所未遇的,是教科书上固化的知识无法解释的;未来会有太多的难题,是我们前所未见的,是依靠标准答案无法解决的。那依靠什么?依靠核心素养。未来的情境,未来情境中的难题,将没有办法仅仅依靠个体的"单打"独立解答,因此,同学成为"同学",理所当然地要被纳入核心素养导向的目标范畴。事实上,在21世纪初开始的课程改革中,也明确把"合作"作为主要倡导的三种学习方式之一。在学习目标的设定中,要将"同学成为'同学'"引申出来的种种含义,直接作为目标的要求,要将"能一起解决""通过小组讨论""同学互助""同桌互问"等具有"同学成为'同学'"色彩的要求明确地写到目标中去。

二、创生"同学"行为:解决会不会的问题

同学能不能成为"同学",关键在于会不会"同学"。因此,我们就要创生必要的"同学"行为,创造必要的"同学"机会,帮助同学成为"同学"。

(一)学习任务的设计呼唤"同学"

在设计学习任务时,教师既要考虑学生独立思考的内容,也要考虑合作互学才能完成的任务。如果所有的学习任务都不需要"同学",那么久而久之,在同一课堂里的同学也就很难"同学"了。事实上,"独学"与"同学"是辩证统一的,它们相互依存、互为促进,没有独学就无法共学,好的共学一定能引发更好的独学。笔者曾经参与过一次数学课堂的学习任务设计,关于"解决问题的策略——转化",其中有一项学习内容是:把不规则图形转化为规则图形,以计算其面积、周长。教师给出的学习任务,就是课本上的相关习题,这是一节典型的"做作业课"。我建议将"做作业"变为"设计作业",布置这样的学习任务:用5分钟时间,设计能转化成规则图形的不规则图形,并计算其面积和周长,看你能设计出几个;设计后给同学看看,看同学能不能猜出你的设计意图。这样的学习任务,无论是学习内容还是学习方式,都必须依靠同学的"同学",同学的"同学"有助于提升学习的品质。

(二)学习时间的安排利于"同学"

同学成为"同学",是需要时间的。根据长期的课堂观察,我们发现课堂上的完整学习时间非常有限,课堂上供学生自主学习的连续时间少得可怜,因此,我们提出了"整块学习时间"的课堂理念,即在课堂上应规划出"整块学习时间",而不应让课堂成为碎片学习时间的"马赛克"。同学成为"同学",也需要保证"整块学习时间"。如上述案例,用5分钟时间去设计,继而让同学猜自己的设计意图,这就是一段非常重要的"学习时段",如果没有"整块学习时间"的安排,"同学"就无法展开,最后只能是走个过场。我们观察课堂的时候,到处可见低质量、表面化、形式主义的"同学",所谓小组讨论、同桌商量、前后桌交流,都是匆匆忙忙的,没有深度

共学的任务与时间,没有从同学那里得到启迪与受到感染,同学怎么可能成为"同学"呢?

（三）学习反思的开展聚焦"同学"

要学会"同学",必须经历反思。因此,我们要在课堂教学过程中不断引导学生反思"同学"行为。让同学成为"同学",需要我们适时地引导学生开展聚焦"同学"行为的反思。比如,反思类似这样的问题:我向谁学习了? 我向谁学习了什么? 谁是怎样的思考? 谁的什么方面值得我学习? 我从谁的哪个地方得到了启发? 当这样反思的时候,我们对于"同学"的认识就会逐步加深,同学之间的"同学",不仅仅是同桌之间的"同学",也不仅仅是小组之内的"同学",而是在场的同学之间的"同学",一个坐在第一组第一排的同学,与坐在第四组最后一排的同学,同样可以"同学"。当观念中有了"同学",行为上有了"同学",学习就是泛在的。

三、建设"同学"文化:解决能不能持续的问题

同学成为"同学",是一种学习方式,也是学习的重要内涵。让同学成为"同学",不是一时的时尚,不是偶尔为之,而应该成为一种学习文化。唯其如此,同学成为"同学",才能持续。

（一）制度改进,稳固习惯

我们需要建立一些新的课堂管理制度来稳定"同学成为'同学'"的习惯。这些习惯应该包括:把"同学"纳入目标的框架,设计"同学"的学习任务,运用"同学"的学习方式,引导学生开展"同学了吗"的反思,以制度化的要求稳定"同学"行为。

（二）持续跟进,改变行为

我们强调"同学成为'同学'",并不是为了"同学"而"同学",而是基于学习需要的有意识的安排,这种安排并不是机械到每一个环节、每一项任务必须以"同学"的方式进行,而是强调持续性、经常性。因为只有持续性、经常性的跟进才能改变"学"的行

为,让"同学"的行为成为一种常态。以下行为,要成为常态:一是"疑义共析",作为同学,要一起经历那些挑战性任务的解决;二是"心得共享",课堂上,要把"共享"作为一种必要的教学环节,"人不能独自成长",正如钟启泉先生一直在呼吁的"从个体学习到协同学习";三是在每个学习单元结束后都要安排"是否'同学'了"等问题的反思,学生的观念不断更新,"同学"的现象就会不断出现。

(三) 长期坚持,形成价值

制度性改进、持续性跟进,都是为了让"同学成为'同学'"成为一种文化。文化的核心是价值观,当学生在行动改变中真正体会到"同学"对于掌握知识、形成能力、培育素养的意义,刻骨铭心地认识到"疑义共析""心得共享"的"同学"文化之于学习、之于人生的价值时,同学就不仅是同一场域、同一时空的具身在场,更是智力上的相互激荡、精神上的相互映照,课堂将会成为智力生活与精神世界的合唱,并且在合唱中打开每个人的智慧,滋养每个人的精神。同学成为"同学",将是课程改革的一道美妙、神奇的风景。

(张菊荣,发表于《教育研究与评论(课堂观察)》2020 年第 5 期)

同学何以成为"同学"

——基于常态观察的思与行

课堂教学中,教师想要全面关注班级中每一个学生的学习,往往需要借助其他方式或手段。让同学成为"同学",就是一种有效的方式。前一个"同学",是指"同师授业的人",后来也扩展为"同伴";后一个"同学",是我们对"同学"这个词进行的新解读,赋予的新内涵,即"同而不同,学而有学"。我们追求的"同学",是为了让学习真正发生,是一种内在的和谐统一,而不是表象上的相同和一致。

一、自然产生的"同学"现象,有什么特点

(一)无意而生,缺少自觉性

日常课堂上,某位同学的发言得到了老师的肯定,其他同学就会模仿学习;操作活动中,组内某位同学的操作方法简便易懂,让人一下子就能有所感悟,其他同学就会模仿学习;小组交流时,某位同学的想法比较独特,让人眼前一亮,其他同学也可能模仿学习;课堂练习时,展示的同学的思路和自己有所不同,其他同学还可能模仿学习……无论课上还是课后,学生预先并没有学习的意愿,只是因为刚好听到了、看到了、想到了,有所触动,"同学"现象也就随之产生了。这往往是大脑一瞬间的反应,并不是学生的自觉行为。强烈一些,形成"同学";微弱一些,可能马上就消弭于无形。

(二)散而不聚,缺少序列性

自然产生的"同学"现象,可能是散乱的。今天的课堂上,老师表扬了发言声音洪亮、表达完整的同学,他(她)有所感触,想向这位同学学习,于是形成了"同学";到了明天,老师没有表扬,或者虽然也表扬了,但他(她)却不想向同学学习了,那就形不成"同学";再到后天,老师请同学到黑板前做计算题,做得正确、书写端正的同学得到了老师的肯定,他(她)又萌发了学习的愿望,于是又产生了"同学";等等。这样的"同学"很多

时候都是兴之所至,看到什么、想到什么,觉得不错、好玩,正好又产生了学习的意愿,就有可能形成"同学"。这样的"同学",缺乏主旨,形不成序列。

(三) 广而无序,缺少持久性

"同学"现象经常能自然地产生,但并不能长久地维持。课堂上,看到同学由于坐得端正被老师表扬,他(她)马上也跟着坐端正了,可是过了一会儿,可能就松懈了;老师在班级内展示同学的作业,字迹工整、页面整洁,觉得极好,他(她)也想写得工整一些,可写着写着,忍不住又变得潦草了;听到同学由于发言声音响亮、表达完整受到老师的表扬,他(她)也学着大声说话,完整表达,但是这次做到了,下次又不一定能做到了……尽管"同学"经常发生,但受外部环境的影响和自身能力的限制,加上缺乏意志力,大多数自然产生的"同学"现象都很难持久——随时可以产生,随时可能结束。

(四) 盲目而行,缺少引领性

"同学"既有正面的、积极的,也有负面的、消极的。积极的"同学"推动学习,促进思考,学生共同进步;消极的"同学"阻碍学习,影响思考,使学生停滞在原地,甚至出现倒退。例如,有的人看到同学课间在认真地学习,毫不放松,他也收起玩乐的心思,努力学习,这是正面的"同学";也有的人看到在小组学习中,个别同学只等着其他人去探究、去思考,"坐享其成",觉得这样很轻松,就有样学样,这是负面的"同学"。缺乏了正确的引领,自然发生的"同学"现象喜忧参半。

二、让同学真正成为"同学",有哪些策略

通过对"同学"现象的常态观察,我们发现,要培养学生的"同学"意识,提高学生的"同学"能力,发展学生的"同学"思维,让同学真正成为"同学",可以从如下几个方面入手。

(一) 榜样示范

榜样的力量是无穷的。"同学",往往都是从互相模仿开始的。在课堂上,教师要善于抓住正面的典型,甚至主动树立一些正面的典型,及时予以肯定、表扬,并在班级中推

广,使其他同学都能关注到,知道应该"向谁学,学什么",进而或被动或主动地去模仿。

例如,教学苏教版小学数学教材三年级上册"两、三位数乘一位数"中的"20×3",要引导学生说清算理:20 表示 2 个十,2 个十乘 3 得 6 个十,6 个十就是 60。教学例题时,教师请学生来说说:"计算 20×3 可以怎么思考呢?"学生回答后,教师要大力表扬回答完整的同学。这种表扬,带有某种暗示性。然后追问:"谁还能这样完整地表达呢? 谁愿意再来试试?"于是,第二位同学模仿着说,第三位同学继续说……这一位一位同学的发言,恰为其他同学提供了"同学"的榜样。

(二)实践操练

"榜样"毕竟只是少数,且"榜样"的高度也不是所有学生都能达到的。更何况,"知道"和"掌握"是两回事。"知道"了,再加上适量的操练,才能逐渐"掌握"。这就需要教师为学生创造"同学"的实践操练机会。

例如,教学苏教版小学数学教材三年级上册"分数的初步认识(一)"中的"认识二分之一",教师引导学生完整说出:把一个蛋糕平均分成 2 份,每份是它的二分之一,写作 1/2。这里,突出"平均分",突出每份占这个"蛋糕(它的)"的 1/2。学生示范表达以后,其他同学是否真的掌握了呢? 同桌互学就有了用武之地。教师让同桌互相说一说"一个蛋糕的 1/2"所表示的含义。你说我听,我说你听,一来一去就是两遍。再请同学来说,这时请的同学就不仅是在示范,还包含着一层检验的意思,发现没有说完整,就再练习。掌握了"一个蛋糕的 1/2"所表示的含义,那么一张纸的 1/2 呢? 物体变了,分数变了,学生还会不会说了? 之前老师的示范,同学的示范,是否真正形成了"同学"? 在这样的"同学"过程中,学生是否真正理解并掌握了分数的含义:把"一个物体"平均分成几份,每份是它的几分之一。

同桌互相说,小组内学习说,让学生再多一点实践操练的机会。有榜样,有操练,"同学"也就在这样的训练中慢慢成形了。

(三)任务驱动

课堂为学生创造了"同学"的机会,但是在小组活动中,学生能否一起动手操作、认真思考、相互表达呢? 如何保证"同学"的实现呢? 这就需要教师提出明确的要求,以明确的学习任务,助推学生一步步去实现"同学"。

苏教版小学数学教材三年级上册"千克和克"单元,学生初次接触质量的计量单位。这一内容的教学应注重学生对于质量的具体体验和感受,通过多种途径和方式,使学生体会1千克和1克分别有多重,初步形成千克和克的观念。与之前的长度单位不同的是,这种体会与感受,无法比画,难以表述,有点说不清、道不明。让学生真实地去体验,并在小组学习中用自己的语言表述出来,不是件简单的事情,需要教师设计一系列的任务去推进。

教学"认识千克"时,教师让学生在活动中感受1千克,分三个层次设计学习任务。(1)拎一拎自己带来的1千克的物品,想一想是什么感觉,和小组同学说一说;与小组中的其他同学交换,再来拎一拎,说说又有什么感受。(2)掂一掂老师提供的1千克大米,说说自己的感受;一手拎大米,一手拎自己的1千克的物品,和小组同学说说自己的体会。(3)估一估,1本数学书比1千克轻,还是比1千克重?几本数学书大约重1千克?称一称来验证。

学生按照教师的任务要求一步步来体验1千克,不断加深对1千克的感受,对1千克的感知逐渐具体、深刻。一次次体验、表述、修正,"同学"不断发展。

(四)养成习惯

知识的教学只是一个方面,此外,还有兴趣的培养、习惯的养成、能力的提升等。同学成为"同学",是一种学习意识和习惯。研究表明,习惯的养成至少需要21天。这就需要教师的常抓不懈。

例如,一年级的学生在课堂上发言时,教师的要求是把一句话说完整。每一节课教师都会强调这一要求,学生渐渐也就习惯了回答问题时把话说完整。随着年级的升高,对学生课堂发言的要求也逐渐提升,从"一句话"到"一段话",从"说完整"到"有条理"再到"有自己的见解",一定会有一部分学生感觉有点吃力、跟不上。此时,教师有意识地引导学生互相学、互相教、互相督促,不断发挥"同学"的作用。一次次的训练,长久的坚持,学生慢慢地能把话说完整了,把话说得更有条理了。在长期的"同学"过程中,他们学会了全面细致地观察,学会了缜密思考……学会了寻找他人身上的闪光点,学会了虚心向他人学习。不仅同学成为"同学",师生亦成为"同学"。

当然，"让同学成为'同学'"也不能走入误区。我们希望通过"同学"，让课堂教学面向全体学生，实现"优者更优，弱者进步"，但并不是剥夺学生自主学习、独立思考的机会。

"同学"，是教学中的常见现象，是教学应该追求的良好的学习氛围，也是学生学习的一种良好的习惯，更是人的一种强大的学习能力。我们要充分认识到"同学"的重要作用，在日常教学中挖掘"同学"资源，创造"同学"机会，培养"同学"意识，更要在一次次的"同学"实践中促进学生形成"同学"思维。

（邱惠芳，发表于《教育研究与评论（课堂观察）》2020 年第 5 期）

课堂上,"同学"发生了吗?

——"解决问题的策略——一一列举"的"课后访谈"分析

教学过程应包含教师教与学生学两个方面,不能重视教师的教、忽视学生的学,并且应强调学生之间的互相学习,建立学生间的学习场。让同学成为"同学",当成为课堂教学的追求。2020年6月23日,笔者观摩了江苏省吴江实验小学教育集团太湖校区胡晨义老师执教的"解决问题的策略——一一列举"一课,围绕"课堂上,'同学'发生了吗?"这一主题,开展了观课活动,并利用设计的"课后访谈清单",对这节课上的"同学"情况展开了调研。

本次课后访谈清单(见图4-2),设计了三个问题:(1)你向谁学习了? (2)你学到了什么内容? (3)你是通过什么途径学习的? 问题(1),主要了解学生的"同学"对象;问题(2),旨在了解学生在这节课上学习的内容;问题(3),重点了解学生在这节课上"同学"的方式,给出同桌讨论、小组合作、公众表现三个选项。这张清单在课后发给学生填写,随后汇总、分析。我们共发放清单45份,回收清单45份。

课后访谈清单

班级:_____ 姓名:_____

你向谁学习了?			
你学到了什么内容?			
你是通过什么途径学习的?	1.同桌讨论。( )	2.小组合作。( )	3.公众表现。( )

图4-2

一、对访谈结果的分析

本节课,教师安排了三个学习任务。任务一:"一张靶纸共三圈,投中内圈得10环,投中中圈得8环,投中外圈得6环。小华一共投了2次,可能得多少环?"任务二:"现有'9''3''6'三张数字卡片,一共能组成多少个不同的数?"任务三:"图4-3中,一共有多少个正方形?"

统计全班45份课后访谈清单发现,关于"你向谁学习了?"一问,学生学习的对象

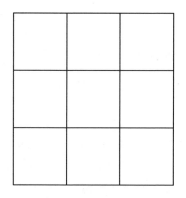

图 4-3

主要集中在同学和老师两类,向老师学习的有 16 人,占 35.6%,向同学学习的有 29 人,占 64.4%。从数据不难看出,学生在学习的过程中,从同伴身上学习的反而更多,这是因为学生之间的能力水平比较接近,便于互相促进和吸收,用同学的方法去引导和解释更有利于学生的理解。

关于"你学到了什么内容?"一问,将学习内容分成数学知识、解题方法、情感态度三类进行统计,发现学生中通过"同学"学到数学知识的有 18 人,占 40%;学到解题方法的有 24 人,占 53.3%;学到情感态度的有 3 人,占 6.7%。学到解题方法的相对更多,是因为一个人的方法往往比较单一,而在"同学"的过程中,可以从他人身上学到更多新的方法,收获新的启示,这也是"同学"的最大意义。

关于"你是通过什么途径学习的?"一问,从数据中可以看到,在"小组合作"中产生的"同学"行为较多,有 23 人,占 51.1%;其次是"同桌讨论",有 19 人,占 42.2%,而在"公众表现"中产生的"同学"行为较少,只有 10 人,占 22.2%。另外,有 6 人同时在"小组合作"和"公众表现"中产生"同学"行为,占 13.3%,其中还有 1 人在"小组合作""同桌讨论"和"公众表现"中均产生了"同学"行为,占 1.2%(由于保留一位小数,所以数据有 1% 的误差)。不难发现,"小组合作"和"同桌讨论"均有利于"同学"行为的发生。在本节课的"公众表现"中,"同学"行为产生得较少。百分率总和超过百分之百,是因为学生的"同学"行为并不是单一存在的,也并非仅有一次,有些学生既在"同桌讨论"中"同学",也在"公众表现"中"同学"。这是一种非常好的现象,我们期待有更多的"同学"现象发生。

二、教学启示

（一）要创造"同学"的机会

从数据分析来看，小组合作与同桌讨论时发生的"同学"行为较多，说明学习范围的大小对"同学"行为的发生起着一定的作用，学生学习的范围越小，越有利于"同学"。例如，教师在教学"任务二"时，就放手让学生完成。学生拿到题目之后，马上在小组内展开讨论："到底是几位数？""没有说就是一位数。""两位数、三位数都有可能。"大家意见不统一，求助于教师。教师并没有直接告诉他们答案，而是把问题再抛给其他学生："有没有谁能解释一下？"有学生回答："一位数、两位数、三位数都要写，因为题目没有明确写几位数，所以都要写。"听了这位学生的回答，大家都理解了题目的要求。学习过程中，教师的职责就是抛出任务，让学生自己去探索、讨论，遇到问题也让学生互助解决。教师只是起牵引作用，促进"同学"发生。我们的课堂中，应尽可能给学生创造这样的"同学"机会，充分发挥学生的主体作用。

（二）要明确"同学"的内容

从学生"同学"的内容来看，主要可以分成学科知识、学习方法和情感态度三类。很多学生会单纯地认为只有从其他同学那里学到知识或者解题方法才是学习，对于情感态度，大部分人都没有把它当成学习的内容。所以，教师可以在平时的教学过程中做适当引导，让学生明白：学习不光包括知识技能和过程方法，还包括情感态度。如在教学"任务三"时，有一位学生尝试了很多种方法都没有成功，有同学主动提出要帮助他，他都拒绝了，他想通过自己的努力解决问题。教师需要在教学过程中关注并挖掘学生身上的闪光点，即全力学习的态度和锲而不舍的精神，并把这种精神传递给每个学生，让学生明白，知识仅仅是学习中很小的一部分，方法也局限于解决某一类问题，而学习精神将伴随自己一生。

（严林华，发表于《教育研究与评论（课堂观察）》2020 年第 5 期）

第五章

教学评一致性:学科探索

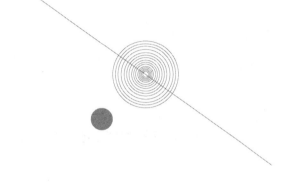

　　作为有效教学核心技术的"教学评一致性",是所有学科的通用技术;在不同的学科运用这种通用技术时,自然呈现不同学科的各自特征。但是,无论如何,不同的学科,都必须在遵循"教学评一致性"中把课上得明明白白。

第一节
教学评一致性的语文教学

课堂评价模型在语文课堂上的运用
——《灰雀》一课教学的观察报告

2020 年 11 月 30 日,我们观摩了马老师的《灰雀》一课。这是一节极具研究价值的课。课后,笔者为了一探"课堂评价模型怎么用",反复观看录像,对照模型,撰写了本报告。

一、课堂评价模型是教与学两个"三部曲"的共奏

教是为了学生的学会。学生有没有学会要用学习任务来评价。我们可以根据学生在完成学习任务过程中的表现,来分析其是否达成学习目标。用于检测学习目标是否达成的学习任务,我们称之为评价任务。专业的教学,不仅要回答教师有没有教、学生有没有学,还要回答学生有没有学会。回答学生有没有学会,则需通过评价。课堂评价模型,就是把评价任务嵌入教学活动中,实现教学与评价的一体化。因此,我们也可以认为,课堂评价模型也是课堂教学模型,是课堂教学的专业化体现。

从"教"的角度来看,教的过程是一个"呈现评价任务—收集评价信息—处理评价信息"的"三部曲"循环;从"学"的角度来看,学的过程是一个"理解评价任务—完成评价任务—分享、交流与改进"的"三部曲"循环。教与学深度关联,共同推进学习进程。教与学两个"三部曲"的共奏,构成了课堂评价的循环模型(即课堂评价模型,见图 5 - 1)。这是课堂教学的主旋律,是学业质量的根本保证。

本观察报告以该评价模型考察本节课的各项评价任务是如何循环的。具体地,叩问每项评价任务,构成本次观察与分析的"问题清单"。

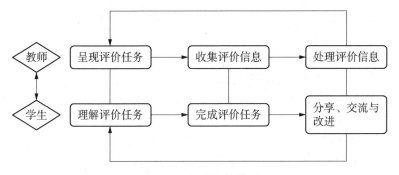

图 5-1 课堂评价模型

(1) 怎样呈现,才能让学生理解评价任务?（呈现评价任务）

(2) 如何组织学习,才能让学生创造优质的学习信息?（收集评价信息）

(3) 处理怎样的信息,怎样处理信息,才能让学生获得提升?（处理评价信息）

二、课堂评价模型运用的案例及分析

本节课,马老师设定了四个学习目标,设计了匹配学习目标的四个评价任务(评价任务应与学习目标相匹配,但不一定要"一一对应",此课属于"一一对应"的匹配)。

学习目标如下:

(1) 能通过快速阅读找出说明灰雀被男孩捉走了的证据。

(2) 能根据角色特点朗读对话,正确读出不同角色的语气。

(3) 能借鉴教师的范例,说出、写出人物语言背后的心理。

(4) 能对列宁与男孩的做法做出评价,丰富对"诚实"这一品质的认识。

评价任务如下:

(1) 文章哪些地方说明灰雀被男孩捉走了,找到证据。边找边标序号,注意:证据不止一处哦!（检测目标 1）

(2) 小组合作,分角色朗读人物对话,抓住"语气词""提示语""标点符号"三个法宝,读出人物的语气。（检测目标 2）

(3) 根据人物对话和故事情节发展,品一品人物语言背后的"心里话",揣摩人物内心想法,写一写人物的"心里话"。（检测目标 3）

（4）交流学习课文后对列宁和小男孩的评价，议一议小男孩是否诚实，说说理由。（检测目标4）

（一）评价任务（1）的实施过程与分析

1. 呈现评价任务

采取直接布置的方式呈现。教师说："看来好多同学都认为灰雀被男孩捉走了。同学们，请你们默读课文，找一找证据，证据前面标上序号，我们看谁找得又快又全。提醒大家，不止一处哦！"

[分析：能够直接呈现的评价任务不需要绕弯子，这样的呈现清楚、明白。这里包含以下信息——一是要求找证据，以证据来证明结论，这是重要的语文学习任务，也是重要的思维方式；二是要求标序号，任务操作性强；三是提醒"不止一处"，表明不能浅尝辄止。]

2. 收集评价信息

学生用两分钟时间完成评价任务。教师巡视，在巡视中监控学习。其间，教师用较大声音表扬一位学生："你找到四处了，真棒！"

[分析：巡视中的大声表扬，要慎用。非十分必要，一般不用，因为这样容易干扰其他学生的学习。我们可以在个别学生边上轻声鼓励："你找到四处了，真棒！"]

3. 处理评价信息

指名一位学生分享找到的四处信息：

（1）男孩说："没……我没看见。"他断断续续地不敢说。

（2）他本来想告诉列宁灰雀没有死，但又不敢讲，是因为害怕列宁知道了会怪他。

（3）又说"会飞回来的，一定会飞回来的。它还活着"，表示他知道灰雀在哪里。

（4）"一定会飞回来！"——学生停了一下，说："这两个应该是一处。"教师说："一处你把它分成了两处，但是表达是一样的，是不是？好，真棒。"

请另外两位学生补充后，教师仍追问："还有吗？"有一位学生举手，教师没有看到。

[分析：这里呈现了对"穷尽思维可能"的追求。我们在听课时可能不会太留意，觉得本来就是这样的。其实，我们太多的课堂完全不是这样处理的，而是会采用将多位学生的回答凑在一起即"拼盘"的方式。这里的确是两处，不是一处。学生的理解是错

误的,但教师没有发现,更没有纠正。等一位学生回答完整后再请别的学生补充,这才是教学中应该做的事。教师有意地追问"还有吗",就是在穷尽一位学生的思维可能之后,再穷尽全班学生的思维可能。有一位学生举手教师没看到,略有遗憾。〕

(二)评价任务(2)的实施过程与分析

1. 呈现评价任务

讨论读好语气有什么好方法。用讨论、互动的方式,获得关于读好语气的三种方法,即注意语气词、提示语、标点符号。

出示任务要求:小组合作,分角色朗读人物对话,抓住"语气词""提示语""标点符号"三个法宝,读出人物的语气。

〔分析:此处用了四分钟时间。呈现评价任务,不是直接说或者用一张 PPT 简单告知,而是要根据任务特点确定呈现方式。本任务的呈现用互动的方式进行,让学生参与评价要点的确立,以理解评价任务的实质。〕

2. 收集评价信息

学生分组朗读,教师巡视。

〔分析:第一,是不是一定要分组朗读,能不能"一个人分角色朗读"? 第二,四人小组合作,合作的意味并不浓,是不是可以改为同组两人互读,以提高效率? 此两点存疑。〕

3. 处理评价信息

指名两个小组分角色朗读,学生点评。第一小组比第二小组好。

教师总结:"我们说群众的眼睛是雪亮的,大家说刚才第一小组和第二小组哪一组读得更好?"生齐答:"第一小组。"教师引导:"第二小组的同学还要根据老师提供的法宝,把它读好。掌声再次送给第一小组。"

〔分析:在公开课上,我们总是希望后一组比前一组读得好,这样看上去有进步的效果。现在课上出现后一组比前一组读得差的情况,我以为无碍于课堂的真实。但是,最后的信息反馈,显示出年轻教师经验不足的一面。第二小组的缺点,要具体指明,但不能打击其积极性。既要明确指出问题,又要维系良好的学习情绪,这需要更智慧的评价艺术。〕

（三）评价任务（3）的实施过程与分析

1. 呈现评价任务

评价任务（3）的呈现，采用示范、举例、互动的方法，以帮助学生理解任务要求。

（1）教师提示："有些话可以说出来，我们耳朵听得见；有些话不想说出来，放在心里，这便是心里话。能读出人物的语气，说明你读懂了人物的感情。隐藏在我们这段对话背后的心里话如果也能读出来，才叫真正读懂了人物的内心。"

（2）举两个例子帮助学生理解什么是文字背后的心里话。

【片段 1】

师 列宁心里想：这只灰雀去哪里了？看见一个小男孩，正好问一问他："孩子，你看见过一只深红色胸脯的灰雀吗？"那男孩回答说——

生 没……我没看见。

师 男孩心里其实在想——

生 灰雀被我捉了，列宁会不会生我气啊？还是别告诉他了。

师 你读懂了男孩的内心，真是有才华的小姑娘！老师第二次夸你了。男孩嘴上说"没……我没看见"，其实心里想：我说看见了，万一你来找我怎么办？

【片段 2】

师 再比如说，列宁问："会飞回来？""一定会飞回来。"男孩肯定地说。他为什么这么说？

生 他自己可能反悔了，但是他也不想让列宁知道是自己把灰雀捉走的。

师 好，请你带着这句话再来看课文，你可能会想到男孩有其他的心里话。

（这位男生回答不出来。）

师 好，请坐。我们请这个女孩子来想一想。说这句话时……

生 男孩子想，我明天就把灰雀放回来。

（3）课文其他地方还有这样的心里话，请同学们尝试说一说。

（4）作业：请同学们拿出老师给大家的学习单（见图5-2），在对话框里写下他们的心里话。两个小组写列宁的心里话，两个小组写男孩的心里话。

[**分析**：呈现评价任务，目的是学生能理解评价任务。文字已经表达的意思，好理

26.灰雀

班级：_____　　姓名：_____

写一写。

列宁的心里话：

> [empty box]

男孩的心里话：

> [empty box]

图 5－2　学习单

解;文字后面的意思,难理解。学生只有理解了什么是"背后的心里话",才能真正读懂文本。通过举例的方法帮助学生理解,是一种常见的有效方法。教师并没有采用简单告知的方式,而是让学生参与互动,在参与中理解。作业单上的两段话,处于不同的情境。情境1:"列宁看看男孩,又看看灰雀,微笑着说:'你好!灰雀,昨天你到哪儿去了?'"情境2:"第二天,列宁来到白桦树下,果然又看到那只灰雀欢蹦乱跳地在枝头歌唱。那个男孩站在白桦树旁,低着头。"虽然教师在讲解任务时,已讲过这两个情境,但是作业单上把情境去掉了,并不是很好。因为学生都是在情境中实现理解的。]

2. 收集评价信息

学生完成作业单,教师巡视(5分钟)。

事后,我收集到36份作业,其中10份有典型问题:

(1)人称不当。如:"列宁知道是男孩抓去了,所以他知道男孩是诚实的。"

(2)情境不符。如:"如果列宁知道了我捉走灰雀,他一定会责怪我,我明天还是把灰雀放走吧。"

(3)用词不妥。用了"改过自新""放你一次吧"等。

[分析:敢放时间,不怕慢,让出"整块学习时间",这点非常好。大部分学生能写好这两段话。出现这些典型问题的重要原因,我认为与作业单上没有点明情境有关。]

3. 处理评价信息

5 位学生分享——

生 对不起,列宁叔叔,昨天我把灰雀捉到家里去了,你能原谅我吗?

生 对不起,是我把灰雀带走了。

师 好,请坐,知错能改的小男孩。我们再来听一听,列宁叔叔会怎么想呢? 来,请你来——

生 这个男孩真是诚实,真好! 这次给他一个机会,让他改过自新吧!

师 真是善解人意的列宁。

生 放你一次吧! 反正你已经把灰雀放回来了。

师 大度的列宁,还有吗?

生 男孩已经把灰雀送回来了,我不能再盯着他了,这样会伤害他的自尊心。

师 你读懂了列宁的内心,真棒,不仅善解人意,还很大度,并且怎么样? 不想伤害男孩的自尊心。

[**分析**:选择怎样的信息来分享,体现教师对教材及教学目标的理解水平。这一环节中,教师选择的分享内容以及处理方法,有可取处(第 1、第 2、第 5 位学生),也有待商榷处(第 3 位、第 4 位学生)。"改过自新"用词不当,教师没有指出。"放你一次吧!",列宁会不会这样想呢? 教师没有引导辨析。如果用追问、对话等方式对第 3、第 4 位学生的回答进行分析,就能够提升学生的理解水平。]

(四) 评价任务(4)的实施过程与分析

评价任务(4),分两个小任务,一是讨论"男孩是否如你想象的诚实",二是讨论"这样的小男孩,你喜欢吗? 这样的列宁,你喜欢吗"。

1. 第一个小任务的实施过程与分析

(1) 呈现评价任务。

师 在你看来,什么是诚实?

(学生讨论。)

生 不撒谎、不骗人。

生 说真实的话。

师　男孩是否如你想象的诚实呢？请你来说。

［**分析**：在明确什么是"诚实"之后，直接抛出问题，很好。］

（2）收集、处理评价信息。

生　是诚实的，因为男孩第一天说灰雀会飞回来的，第二天就把灰雀送回来了。

师　说到做到，所以说他是诚实的。有不同意见吗？

生　是诚实的，因为第一天他说灰雀会回来，第二天真的回来了。

师　还有没有不同意见？

生　诚实，但不是我想的那样。我想的诚实是一点谎都不撒，但他前面说"没……我没看见"，只能说，他的心里话是诚实的。

［**分析**：教师抛出问题之后，话筒立即递给第 1 位学生，典型的"秒答"，没有给予思考的时间。这里，信息处理是在师生对话交互中进行的。我们主张课堂要有"整块学习时间"让学生去完成一些挑战性任务，但并不是所有的任务都要用这种方式，用交互的方式也可以处理某些学习任务，比如此处。］

2. 第二个小任务的实施过程与分析

（1）呈现评价任务。

提问：这样的小男孩，你喜欢吗？这样的列宁，你喜欢吗？有理由吗？

［**分析**：这里也是直接提问。］

（2）收集、处理评价信息。

生　喜欢列宁。

师　为什么？

生　因为他不但没有惩罚男孩，还给他机会。

师　给他什么机会？

生　改过自新的机会。

师　列宁没有批评他，而是——

生　跟灰雀说话。

师　这是暗示的方法，列宁用了暗示的方法，让男孩自己改正错误。

［**分析**：这里也是"秒答"，应该是课堂时间不够的原因。评价任务（4）的两项小任务都没有给学生思考的时间，学习质量也不高，基本上处于教师"引导过度"的状态。］

三、课堂评价模型运用的理性思考

用课堂评价模型去观察与分析马老师的课,发现马老师的课堂极具研究价值。一节有研究价值的课,就是一座有待不断开发的矿。

(一)课堂评价模型要定位于教

很多教师在课堂上看上去十分忙碌,但究竟在干什么呢? 真不知道。有人吐槽说,这是"穿着溜冰鞋",滑来滑去不知所至。为什么很多教师在课堂上会成为"话痨"? 为什么我们的课堂上很少有学生的"整块学习时间"? 为什么不能基于学习信息进行交流与分享? 为什么我们的交流与分享不能帮助学生得到提升? 这些问题都与我们的教师不知道"此刻我在干什么"相关。课堂评价模型能够为教师提供这样的一种支持——教师应当思考:此刻我是在呈现评价任务、收集评价信息、处理评价信息"三部曲"的哪一环节? 在这一时间轴的哪一阶段? 如马老师的课堂,虽然有一些有待优化的地方,但绝对是一节"明明白白"的课,即教师非常清晰地知道自己每一个时间点在干什么,这就让教学进入了理性层面。

(二)课堂评价模型要聚焦于学

课堂评价模型"三部曲"是环环相扣的,学生只有理解了评价任务,才能在完成评价任务的过程中创造优质的学习信息,也才能在交流分享中生成更精彩的学习信息。这"三部曲"的每一环节都要做到位。在课堂观察中,我们经常看到学生在没有理解评价任务的情况下就进入任务,结果自然是没有办法完成任务;我们也经常看到学生根本没有时间去完成任务,教师总是舍不得把时间"让"给学生,总是匆匆忙忙"草草收兵";我们还经常看到教师在收集信息的时候,心里没有准备,总是收集"最好的答案",而不是收集"有教学价值的信息",以至于在处理信息的时候,看不到深刻的教学——学生没有在教师指导下实现实质性提升,只是在平面上重复。而教师除了一味地表达"好""讲得真好""来点掌声"之外,没有助力学生学得更好。在马老师的课上,评价任务(3)的信息处理中,我们可以判断教师在收集信息时并没有考虑通过指导帮助学生改进,因此,在"改过自新""放你一次吧"这些用语不当处,没有加以讨论与纠正。

(三)课堂评价模型要立足于评

课堂评价模型,是评价驱动的教学模型,从设计、实施到反思,都立足于评。教师的教学能力是全套功夫、系统能力,这个全套功夫、系统能力可以立足于"评价能力"的提升来实现,正如崔允漷教授所说的,"教师,请你先学会评价再来学上课"。换言之,不会评就不会教。怎样学会评价? 我们以为,可以从根据课堂评价模型来设计、实施与反思教学开始。而对于观察者来说,我们也可以用这个模型来观察课堂,并与同事分享观察所得,这将是坦诚而愉快的专业对话。本文就是这种专业对话的产物。

(张菊荣,发表于《教育研究与评论(课堂观察)》2021年第1期,发表时题为《课堂评价模型怎么用》)

"教学评一致性"：在语文教学中落实核心素养的实践探索

2022 年义务教育语文课程标准提出，学生通过语文学习应获得的语文课程素养包括文化自信、语言运用、思维能力、审美创造。这是课程的顶层设计，这一顶层设计如何落到课堂实处？每天的课堂教学如何与国家课程育人目标连接？一节一节的语文课如何培养出具有文化自信、语言运用、思维能力与审美创造综合素养的人？这就需要我们坚持在课堂教学中遵循"教学评一致性"，"教学评一致性"的实质是教学、学习与评价三者相互匹配，此三者何以匹配？是因为三者指向共同的学习目标。"教学评一致性"有"经典三问"，一问"去哪里"，即有共同指向的、明确的、正确的学习目标；二问"到了吗"，即通过匹配学习目标的评价任务检测目标是否达成；三问"如何去"，即开展与评价任务相整合的教学活动，帮助学生达成目标。核心素养落到课堂实处，首先要保证学习目标指向核心素养；第二，评价任务要匹配指向核心素养的学习目标；第三，教学活动要整合匹配学习目标的评价任务。

一、学习目标指向核心素养，是核心素养落到课堂实处的前提

核心素养落到课堂实处，前提是学习目标要指向核心素养，否则，与之相一致的评价任务、教学活动就无法保证素养价值。这里的"学习目标"，主要是指教师开发的课堂层面的学习目标，包括单元学习目标与课时学习目标。学习目标指向核心素养，要分两步走：第一步，单元目标必须素养化，是核心素养的具体化表达；第二步，课时目标必须是单元学习目标的具体化。

（一）单元目标：核心素养具体化

我们倡导"单元教学"的主要原因，就在于"核心素养"的诉求。单元作为课程的"最小单位"，必须直接地体现"核心素养"的要求。因此，在单元目标的设计中，必须"见素养"。这与单元目标的表达有关，"核心素养"作为"三维目标"的升级版，应该采

用"三维叙写",即大致按照"通过怎样的过程与方法""学会什么知识与技能""形成怎样的情感态度价值观"的方式叙写,并且要求明确对接核心素养的哪些方面。

统编版小学语文教材五年级上学期第一单元,我们确立了三条单元目标,采用"三维叙写",明确指向相关的"核心素养"。下表呈现的是这三条目标的"三维"解读与所指核心素养(见表5-1)。

表5-1 三条目标的"三维"解读与核心素养

	目标内容	维度	指向核心素养
第一条	通过《白鹭》《落花生》《桂花雨》《珍珠鸟》等文本的解读	过程与方法	语言运用、思维能力
	理解叙事写物表情达意的多种方法	知识与技能	
	丰富情感体验	情感态度价值观	
第二条	通过尝试写作、评价修改等	过程与方法	语言运用、审美创造
	能运用叙事写物表情达意的一种方法,以"我的心爱之物"为题进行短文写作	知识与技能	
	正确表达情感与思想	情感态度价值观	
第三条	通过小组合作	过程与方法	语言运用、审美创造
	在班级公众号开设专栏"我的心爱之物""大晒台",分享作品,能对同伴习作进行点评	知识与技能	
	向公众传播美好情感	情感态度价值观	

(二)课时目标:单元目标具体化

课时目标从单元目标中来,是单元目标的具体化、指标化,单元目标要通过具体的课时目标去达成。单元目标是素养化的,那么作为单元目标具体化的课时目标就是素养的落地。单元目标是抓大统小,课时目标是以小见大。

如《落花生》的教学是上述单元的第四课时(单元第一课时是单元导读;单元第二课时是《白鹭》的教学;第三课时是《落花生》字词、朗读教学),我们制定的学习目标是:

1. 能通过探究,总结出"从物到理"的写作方法;

2. 能运用"从物到理"的写法,通过写事物的特点说明一个做人的道理;

3. 通过品读，能理解"品花生"场景的情感意义，能为"借物说理"描述一个场景。

这三条课时学习目标，就是前述第一条单元目标"通过《白鹭》《落花生》《桂花雨》《珍珠鸟》等文本的解读，理解叙事写物表情达意的多种方法，丰富情感体验"的具体化。当然，这种"具体化"的适度非常重要，既不能"高"得看不到事，看不到文，没有内容，无法评；也不能"低"得只看到课文内容，而看不到"背后的素养"，比如课时目标1是"能通过探究，总结出'从物到理'的写作方法"，依托的是内容，获得的不仅仅是内容，不仅仅是"总结写落花生品格的方法"。

二、评价任务匹配学习目标，是核心素养落到课堂实处的关键

单元目标是核心素养的具体化，课时目标是单元目标的具体化，课时目标的具体化是可评可测的，我们通过评价课时目标落实核心素养。而要保证这种逻辑，评价任务必须匹配学习目标。评价任务匹配学习目标，应该包括两层意思：第一，评价任务指向学习目标，学生完成了这些评价任务，我们可以从中看出他们是否达成了学习目标；第二，评价要点阐释学习目标，即通过评价要点说明学习目标的具体指标。

(一) 评价任务匹配学习目标

课时学习目标要可评可测，就是为了在课堂上进行评价，无法在课堂上评价的课时学习目标，形同虚设。有了目标，一定要评价。这里的评价不是指鼓励性语言（如"你真棒"）或者简单判断（如"你读得真好"），而是指通过学生完成相关学习任务过程中出现的学习信息来判断目标的达成情况，这种用评价来判断目标是否达成的学习任务，即"评价任务"。根据"评价任务"的性质，我们可以看到：评价任务必须匹配学习目标。

比如前面《落花生》的三个目标，我们安排了三个与之相匹配的评价任务，完成好三个评价任务，也就达成了三个评价目标，也就回应了单元学习目标1，也就通往了核心素养。这三个评价任务是：

评价任务1：梳理写法：研读课文第10—15自然段，从写桃子、石榴、苹果开始，到最后写父亲对我们的希望，作者是怎样一步一步得出做人道理的。（匹配目标1，梳理课文"从物到理"的写法：对比显现特点、特点写到品质、物品写到人品。）

评价任务2：借鉴写作：花生让我们想到不做"只讲体面，而对别人没有好处的人"，从下面的事物中（竹子、梅花、蜜蜂、路灯），你会想到怎样的做人道理呢？选择其中一个，借鉴落花生一步一步写道理的方法，写一段话。（匹配目标2，借鉴课文的写法写作一段话。）

评价任务3：场景说话：父亲借花生的品质说做人的道理，他不是直接地告诉我们，而是在"品花生"的场景中谈论出来的，文章为什么要安排这样的场景？我们刚刚写的那段话，你能安排一个场景吗？（匹配目标3，把"说道理"放在适宜的情境中。）

（二）评价要点阐释学习目标

一个完整的评价任务，应附着"评价要点"。评价任务是"事"，这件事如何做得符合目标要求，可以用"评价要点"进行考量，比如，我们要评价学生是否学会了批注，就用"深刻而不停在表面""创见而不人云亦云""联系而不止于一点"三个评价要点来评价（《牛与鹅》）；我们要评价学生是否学会了讲故事，用"抓住关键记故事""根据感情变语气""适度夸张配动作"三个评价要点来评价（《蜘蛛开店》），它们都导向了目标所要的学习质量。有的评价要点，可以直接由教师提出；更多的评价要点，要经历一个完整的过程，从语文实践中来，到新的语文实践中去。比如《落花生》，我们要评价学生是否借鉴了课文的写法写出一个道理，需要用"评价要点"来评，才能深刻而清晰地促成目标的达成，"对比显现特点、特点写到品质、物品写到人品"，这三个评价要点就起到了这样的作用。那么这三个评价要点是怎样来的呢？是通过研读、梳理文章的第10—15自然段得出来的。这样，评价要点就完整地经历了"从何而来""向何而去"的过程，这个过程也是评价目标是否达成的过程。

三、教学活动整合评价任务，推动核心素养落到课堂实处

学习目标对接核心素养，评价任务匹配学习目标，教学活动就必须与评价任务相整合，这样，整个的教学过程就打通了核心素养落地的最后一公里。具体地说，要做好两件事：第一，要通过教学活动，引出学生的评价信息；第二，要通过教学活动，优化评价信息。完整地经历这两件事，就是完整地运用评价任务证实学习目标的达成。如

此，一节节课经历过来，素养目标就能成为学生的素养现实。

（一）教学活动引出评价信息

把评价任务布置给学生，学生就会"生产"出我们期待的评价信息吗？未必。教学活动中如何呈现评价任务，如何为学生创造"生产"与"分享"评价信息的机会，就十分重要，如果评价信息产生不了，或者"流动"不了，那么课堂就"闷"掉了，思维就框住了。比如我们学习《海底世界》，学习掌握"写清特点有办法"，这些办法我们通过一个一个动物、一个一个碎问题"问出来"，思维就变得非常碎片化，看上去，相关"写清特点的办法"（列数字、作比较等），一个一个都"挤牙膏"一样地挤出来了，但学生对于"写清特点的办法"难有整体的把握。于是，我们设计了一个表格作为工具，学生通过表格完整地研究了"写清特点的办法"。但是，我们在"信息交流"的时候，又回到了"一问一答式"，原来完整的信息又重回碎片化了。后来，老师改为学生就完成的表格整体进行小组交流，最后，由学生代表在全班交流，其余同学作补充，这样整个的过程就引出了与目标相关的学习信息。

（二）教学活动优化评价信息

教学活动中的"评价"不仅仅是指给学生的学习信息一个对错优劣的评判，这个"评判"只是教学的起点，我们要根据这个"评判"实现信息的优化，优化信息的过程，才是评价的过程，是教学的过程，是学习的过程，是"教学评一致性"地达成学习目标的过程。在教学《精卫填海》时，笔者设计了一系列情境帮助学生理解精卫的精神，评价任务是"精卫的做法，引起了其他动物的质疑，请你替精卫来回应质疑，将精卫对动物们的回答写在学习单上"。评价要点是："回答具体，不说空话；回答合理，具体是有针对性；回答正确，体现精卫的精神。"其中有一个情境是：有一只螃蟹对精卫说："我小时候就看到你在这里填，这么多年了也没见东海有什么变化呀！你还是放弃吧！"精卫怎样回复？有学生说，精卫会这样说："小螃蟹，你不用再说了，不管你说什么，我也决不会放弃填海！"我先评价："这话很有力量，也确实体现了精卫的精神，不过似乎可以回答任何动物的质疑，没有针对螃蟹提出的这么多年东海没有变化来回应呀。"我又请大家给出建议，同学们在给出建议时发现，螃蟹其实指出了精卫填海最大的困难——时间漫长,成功遥遥无期。我说:"怎样回答螃蟹,才能体现精卫对抗漫长时光的决心呢?"有学生说可以增加"虽然……但是……""即使……也……"这类关联词来强调自己坚持的理由。最后,这位学生将回应优化为:"小螃蟹,谢谢你的忠告,但我是不会放弃填海的。即使是漫长的时光,也无法磨灭我填平东海的决心!"这个整体的评价过程、教学过程、学习过程在优化这位同学的学习信息时,对其他同学也具有示范意义,使之明白了应当如何进行自我评价与改进,实现了学习目标"通过完成'替精卫鸟回答质疑'的神话创编任务,形成对精卫填海所反映的神话精神的深刻理解"。

只要我们紧紧地抓住教学活动整合评价任务、评价任务匹配学习目标、学习目标对接核心素养的基本原则,"教学评一致",语文教学就不再是"麻麻乎乎一大片",语文核心素养就能明明白白、扎扎实实地落地生根。

(张弛,发表于《江苏教育》2024 年第 21 期)

在"教学评一致性"中寻找课堂的开阔地带

——以《灰椋鸟》一课教学为例

当下课堂最大的问题是学生学习不充分,学习信息不开阔,学习空间逼仄,学生的学习能力难以得到发展。针对这一问题,我们采取"教-学-评一致性"的思路,寻求突破,寻找课堂的开阔地带。"教学评一致性"是目标、评价、教学一致性的思考。课堂教学的设计,首先是学习目标的制定,有了明确的学习目标就要设计与之匹配的评价任务,做到"教学评"一致,这是课堂有效教学的保证。《灰椋鸟》一课的教学我就努力体现这一教学理念。

一、明确学习目标

一堂课的学习目标是课堂教学的出发点,评价任务的制定,教学过程的设计都要紧紧围绕学习目标展开。同时,学习目标也是课堂教学的归宿,是学生学习之后要到达的"目的地"。所以说,学习目标是课堂设计的核心问题,只有方向明确,教师的"教"和学生的"学"才可能大胆地往前迈进。

学习目标的确立如此重要,那我们怎样来制定一篇课文的学习目标呢？我认为可以从课程标准、教材解读、学情分析三方面入手,制定切合的学习目标。

《灰椋鸟》一课学习目标的确立,我首先考虑到语文课程标准对五年级学生阅读能力的要求:"在阅读中了解文章的表达顺序,体会作者的思想感情,初步领悟文章的基本表达方法。"再读课文,我发现《灰椋鸟》是一篇散文,散文的教学要善于抓住散文的"神"。《灰椋鸟》一文中"好看"一词是课文的"神",因此,我就把这一课的教学设计聚焦在"好看"两字,让学生赏析课文的语言,领悟作者对多种写作方法的运用,从而读出灰椋鸟的美。所以,我就把这篇课文的核心目标定位在让学生学会如何赏析一篇美文,学习作者的表达方法,培养学生的鉴赏能力。

基于以上考虑,《灰椋鸟》一课的学习目标我制定了以下 3 个:

1. 能从文中描写灰椋鸟归林的语句中,感悟灰椋鸟的"好看"。

2. 赏析文中重点词语、特殊句式,感受作者运用拟人、比喻、想象等写作方法,把灰椋鸟的"好看"写得传神。

3. 体会作者对灰椋鸟的喜爱,对大自然的热爱。

以上3个学习目标,从初步的感悟,到深入的赏析,再透过文字体会作者的情感,层层深入。心中有了目标,感觉自己的教学更敞亮,方向更明确了,知道自己的课堂要走向哪里,每一步也走得踏实坚定。

二、设计评价任务

课堂的学习目标确定了,怎样才能检测这堂课的目标,学生是否达成,这就需要设计与目标匹配的评价任务。评价任务的设计我觉得尽可能要"大",要体现"开放性"。开放性大任务是相对于语文课堂教学中教师碎片化的提问,零散的学习小任务而言的。这些小任务一般都着眼于小处,难度和深度都不够,而开放性大任务针对的是教材的重难点,指向学生核心素养发展,变"教"的课堂为"学"的课堂。

《灰椋鸟》一课,根据学习目标,我设计了一个"大"的评价任务,就是让学生学会赏析灰椋鸟的美。这堂课,我想让学生在这个开放性大任务的驱使下,透过语言文字,找到作者是如何通过各种写作方法把灰椋鸟的"美"描绘出来的,让学生有自主学习、自主探究的时间和空间,把课堂的舞台交给学生。

在这个大任务的引领下,我设计了3个与学习目标匹配的评价任务:

1. 默读课文,找找灰椋鸟的哪些方面让你感受到了美。(检测目标1)

2. 示范学习,共同品析灰椋鸟的气势美。(检测目标2)

3. 四人小组合作交流,赏析灰椋鸟的美,完成鉴赏卡片。(检测目标2、3)

学生完成了这3个评价任务,也就达成了这堂课的学习目标。其中第3个评价任务是课堂的重点任务,是学生进行自主学习的重要环节。在小组交流的过程中,大家认真倾听,共享学习信息,充分地表达意见,释放思想,迸发出智慧的火花。

三、捕捉评价信息

课堂上,围绕着评价任务,学生会进行各种学习活动,读一读、画一画、写一写,独立学习、小组合作、全班交流等,"课堂是创造学习信息的地方",如果教师能有一双善于捕捉评价信息的慧眼,师生的互动如果能围绕着课堂生成的评价信息来推进课堂教学,那我们的教学会游刃有余。

《灰椋鸟》一课中有一个小组在交流鉴赏卡片时赏析的是这一个片段:"先回来的鸟在林内不停地鸣叫,好像互相倾诉着一天的见闻和收获,又像在呼唤未归的同伴和儿女……"A小组认为这段话写出了灰椋鸟的声音美,马上遭到了B小组的质疑,B组认为这写出了灰椋鸟的倾诉美。我没有发表自己的观点,而是让这两个小组充分说出自己的理由,A组说:"这是在描写灰椋鸟的声音美,'倾诉'是作者想象出来的,其实并不存在。"B组说:"从灰椋鸟的声音作者想象到它们在'倾诉',声音并不美,作者的想象让我们觉得很美,所以是'倾诉美'。"见此情景,我随即在课堂上举行了一个简单的辩论会,让其他的小组也参与进来,发表自己的观点,课堂出现了交流小高潮。抓住这一个有争议的学习信息,让学生把在赏析过程中出现的问题展示出来,在开放的环境下尽情地发表自己的观点,学生的思维不会被禁锢,鉴赏能力也在交流互动中得到提升。

一堂课,如果教师能根据学习目标设计开放性大任务,在教学活动中善于捕捉评价信息推进教学,这样的课堂才能生成智慧,才会更出彩!

(周敏,发表于《江苏教育(教育管理)》2019年6月)

教学评一致性的数学教学

数学课如何上专业：基于课堂评价模型的理解

——"间隔排列"一课的观察与分析

一、什么是课堂评价模型？

课堂观察与课堂教学相辅相成，因为我们在观察课堂与实施教学时是基于同一种课堂理解的。怎样理解课堂，就怎样进行教学；怎样理解课堂，就怎样观察课堂；怎样观察课堂，就怎样改进教学。笔者多年来在课堂教学研究中形成的一种理解是：课堂教学应该基于课堂评价模型（图5-3，简称"评价模型"）来进行。这种模型的课程理论基础是：评价即证明目标达成，证明学生不仅仅是"学过了"，而且是"学会了"。在这里，评价不是简单的"棒棒棒，你真棒"，而是一项项学习任务，我们称之为"评价任务"。评价任务用于检测目标是否达成，所以，我们可以从学生完成评价任务的过程中判断学生是否达成目标，然后采取教学决策。在这个评价模型中，学生在完成评价任务的过程中出现的学习信息非常重要，这种信息我们称为评价信息，是否能收集与处理评价信息是教学是否专业化的主要标志。

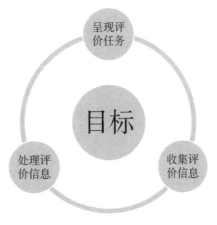

图5-3　课堂评价模型

二、怎样用评价模型观察与分析课堂?

用评价模型观察与分析课堂,其实就是把评价模型——这一课堂设计与课堂教学的工具,同时也视作课堂观察的工具。它是可以重复使用的,在本次课堂观察的过程中,笔者也采用了同样的办法。关于本次的研究活动,笔者连续三次用评价模型观察胡老师三次执教的"间隔排列"。第一次观课(9月10日)之后,与执教老师胡老师沟通,建议按照评价模型重新设计教学。第二次观课(9月14日),用评价模型观察课堂,发现呈现出非常可喜的变化,最大的变化表现在:从学生方面看,创造了丰富多彩的评价信息;从教师方面看,"让学"、等待、倾听的表现非常鲜明。当然,课堂永远处于变化之中,课堂观察也一直处于新的情境之中。本文主要描述第三次观察课堂的所得所感,第三次观课,是9月19日,西藏自治区区培计划全区骨干教研员教研能力专题研修项目苏州大学研修班学员50人来访时,胡老师执教了此课。观察之后,笔者结合观察结果,向来访老师们从如何理解课堂到如何观察课堂作了简要说明。之后,又利用课堂录音对课堂进行深入分析,形成本报告。

评价模型是一个体系,其内涵十分丰富。但课堂观察不可能面面俱到,课堂观察总是具有选择性的,在9月19日胡老师三上《间隔排列》前,笔者从评价模型中抽出四个问题作为"问题清单",也是这次观察的观察工具。

1. 老师是否完整地呈现评价任务?

2. 老师是否收集了学生的"特殊信息",如错例、特例等?

3. 老师处理信息时,是否提升了学生的学习?

4. 课堂上是否出现了学生丰富多彩的信息?

三、观察结果与分析:基于评价模型的视角

(一)老师是否完整地呈现评价任务?

本课设有四项评价任务,其中后三项的呈现是完整的,但第一项的呈现是"打碎"了的——这种做法在课堂教学中司空见惯,已经成为我们的教学习惯,我们常常熟视

无睹。当一项完整的任务被"打碎",就变成若干小任务,这些小任务一个一个地被解决,难度大大降低,课堂显得十分顺利,然而这种"顺利"背后,学生的思维也没有了完整性,他们只是假性地回答了碎片化的问题,却没有完整地经历思考的过程。

具体地说,胡老师是这样呈现与处理评价任务1的:

第一步:我们先来研究两端相同的——间隔排列有什么规律,要研究这个规律,那就要先数一数这三组间隔排列的物体各有几个,请同学拿出作业纸,根据上面的图片来数一数,然后填一填。

然后是学生填作业单(见表5-2):

表5-2 作业单

夹子( )个	兔子( )只	木桩( )根
手帕( )块	蘑菇( )个	篱笆( )块

第二步:谁来告诉大家你数下来每种物体各有几个? 指名一名学生说,要求对的同学请举手。教师核查正确率。

第三步:下面请同学仔细观察每组两种物体的个数,你有没有什么发现? 先让学生跟同桌说一说,然后教师指名学生交流。

这样,一个完整的、连贯的评价任务,就打碎成三段进行,第一段要求填数,第二段要求说数,第三段要求根据数据发现规律。这样一步一步,一个一个的小问题,学生看上去不容易出差错,都没有什么问题,但这并不是我们所要的学习。这一项评价任务究竟是什么? 有没有更好的呈现方式? 笔者建议,这三段不必分开呈现,关于填数、说数,不需要交流——三年级的同学数明白这些数都不是问题。我们应该将这三段并起来,整体地呈现一个大问题——学生按要求填表,根据数据去思考发现了什么,重要的是"发现了什么",这个可以要求学生写一写,写下他们的发现——写出来的"答案"肯定都不一样,而创造丰富的信息才是课堂的应有之义。整体地呈现评价任务,就是为学生整体地学习提供机会,就是为学生创造完整的、丰富的学习信息提供机会。

(二) 老师是否收集了学生的"特殊信息"?

一项任务下去,如果所有的学生都答对了,都令人"满意",那其实是最不能满意的——因为如果学生都会了，那我们还教什么呢？事实上，学生的学习错误以及与众不同的"特例"，都是非常好的教学资源，但我们常常害怕它们——害怕"特殊信息"，就是害怕教学资源。本课中，胡老师几乎没有发现错误信息，这是很遗憾的。因为有前两次的听课，笔者预计评价任务3完成时，一定会有学生出现"问题信息"，所以，特别巡视了一组学生的信息，果然发现了一例，而老师巡视的线路比笔者要长得多（这是非常好的做法），却没有发现错例或特例。

评价任务3是这样的：如果把□和○一一间隔地排成一圈，这两种图形的个数之间有什么关系呢？老师作了巡视，也非常耐心地等待学生完成作业（耐心等待，这也是非常好的），最后，指名两位同学交流，一位说是15个○、15个□，一位说是7个□、7个○。没有错例。

我发现的错例是：

在这张图5-4上，出现了两个方框连在一起的现象，所以方框与圆才会不一样多，这个反例非常重要，这个反例，可以更好地深化"一一间隔排列"的意义。可惜，胡老师没有"刻意"地去采集这样的信息。课后，我们收集了所有作业，发现有四位同学因为数错了，也出现了方框与圆数量不等的情况，可惜胡老师没有任何发现，为什么可惜？因为这个信息的发现与研究，会深化学生关于"一一间隔排列，排成一圈时，两种物体数量相等"的规律认识。

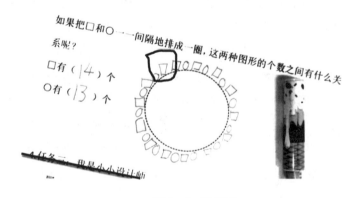

图5-4　错例图

（三）老师处理信息时，是否提升了学生的学习？

致力于信息的提升，这是教师的工作，更是教学的价值。评价信息的处理，与教师采集了什么信息有关；教师能采集什么信息，与学生创造了什么信息有关；学生创造了什么信息，与教师怎样呈现评价任务有关；教师怎样呈现评价任务，跟教师设计了怎样的评价任务有关。回到上面关于评价任务1的呈现，如果评价任务是整体呈现的，学生是整体完成的，最后作业纸上（作业纸上应要求学生写出自己发现了什么规律）可能会出现的情况是：(1)一一间隔排列，两端相同，那么，两端的那个物体比另外一个物体多1；(2)一一间隔排列，两端相同，那么，另外一个物体就比两端的那个物体少1；(3)每排两种物体的数量都相差1……如果出现了这样一些信息——当然，学生的描述一定会比我们预想的不规范、不精确，也可能会有各种各样的问题，但这正是最好的资源，可以一一呈现出来，最后一起讨论怎样描述发现的规律最佳，这样的信息处理就有了提升的意义。而现在，"规律1：两端相同，两种物体的个数相差1；规律2：两端不同，两种物体的个数相等；规律3：排成一圈时，两种物体数量相等"的最后的结论还是由教师表达出来的。其实，我们要的不是规律的结论，而是学生发现、表述规律的过程。

在本课结尾"总结收获"阶段，有两处明显需要通过处理信息来提升学习的细节，老师没有处理好。

其一：老师要求说说这节课的收获与困惑。指名的第二位同学说："通过这节课我知道了两端相同的一一间隔排列，两种物体的个数相差1；两端不同和排成一圈的两种物体，两种物体的数量相等。"多会动脑筋的孩子啊，他把规律2与规律3，用一个"和"字归并成一条了！这是一种非常优秀的思维方式。——如果老师用点评表扬的方法去处理信息，就是提升了学习，可惜老师没有处理。

其二：第三位同学问了一个问题："一个蓝色两个黄色，然后再一个蓝色两个黄色，这样是不是一一间隔排列？"这是一个多好的问题啊！这是对"一一间隔排列"规律的深度思考。在前面理解规律1"为什么差1"的时候，其实已涉及这样的问题，老师指导学生在一一间隔排列的物体中一组一组地圈，发现会多出一个物体来，在这里"一组一组"这个概念非常关键，例子中，一只兔子与一只蘑菇是一组，一组一组地圈，最后多出了一只兔子。"一个蓝色两个黄色""一个蓝色两个黄色"也可以作为"一组""一组"，因此，那位同学提出来的情况，应该是一一间隔排列——这样可以提升对"一一间隔排列"的认识。可惜，在这里，老师只是说："你提出这样的问题很好，在生活中，我们要善于发现规律，运用规律。"

（四）课堂上是否出现了学生丰富多彩的信息？

课堂的精彩是信息的精彩，信息的精彩是学生的精彩。在本课评价任务4"我是小小设计师"的完成中，呈现了丰富多彩的学习信息（图5-5至图5-8）。这项任务是这样的：

图5-5

图5-6

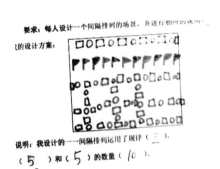

图5-7

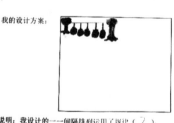

图5-8

图5-5—5-8 学生丰富多彩的信息

国庆节就要到了,我们准备在操场上举行国庆活动,现在想请你做一名小小设计师,在操场上布置一些间隔排列的场景(如:跑道两边摆一些盆栽、大树之间挂一些灯笼、操场周围插一些彩旗……),发挥你的想象力,让我们的操场更加美丽!

要求:每人设计一个间隔排列的场景。说明:我设计的一一间隔排列运用了哪一条规律,物体之间的数量关系是怎样的?

这是在第一个任务之后设计的评价任务,这是一项开放性的、创造性的任务,这再次说明课堂信息丰富与否与评价任务本身息息相关,这也说明基于评价模型的课堂观察对课堂改进的专业意义。当然,这也是老师能够"放开""等待"的成果。

丰富多彩的信息,会有各种各样的情况,有的特别精彩,有的则隐含着错误,我们老师要细心发现,积极处理。比如图5-5画的是围成圈;图5-6运用了两条规律;图5-7也很特别,画了三组,其中第三组既有横向的,还有纵向的;而图5-8则出现了问题,学生只有继续画下去,才能知道他有没有掌握"一一间隔排列"的意义。可惜的是,老师没有发现这些(当然,还有更多的),更没有进行信息处理。另外,此项任务中,关于下面的"说明",特别是要求学生说明物体间的数量关系,教师没有表述明白,所以,有些学生填的是数量关系,有些学生直接填了一些数字。

教学是否专业,有各种不同角度的理解,本报告提供的是基于评价模型的理解。用评价模型来研究课堂、观察课堂、改进课堂,在本次"一课三上"的过程中,大量静悄悄的变革已经可喜地发生,本报告只是从"评价模型"中抽出四项清单,以此进行的分析与探讨,而不是对课堂的全面评价。

(张菊荣,发表于《教育研究与评论(课堂观察)》2018年第5期,发表时题为《教学是否专业:基于课堂评价模型的理解》)

课堂评价模型如何驱动学习兴趣

——以"解决问题的策略——假设"一课教学为例

课堂评价模型是近些年来我校开发的教学、学习与评价一体化的课堂实践模型，该模型的特点是教与学围绕评价任务展开。在课堂评价模型的基本图式中，教师与学生围绕评价任务"双线合一"地展开教与学的过程，即教师"呈现评价任务""收集评价信息""处理评价信息"，学生"理解评价任务""完成评价任务""分享、交流与改进"。运用课堂评价模型开展教学，可以确保学生"学会"。但是，学生除了"学会"，除了"明明白白地学会"，还要"兴致勃勃地学会"。因此，如何运用课堂评价模型驱动学习兴趣，如何让学生饶有兴致地经历学习过程、体验学习成功，如何让有兴趣的课堂学习成为学生鲜活的生命历程，已是课堂研究的重要话题。

笔者在苏教版小学数学教材六年级上册"解决问题的策略——假设"（下面简称"假设"）一课的教学观察中，就"课堂评价模型如何驱动学习兴趣"有了一些思考与发现。课堂评价模型的意义，不只是我们一般认为的，对教师的教学目标制定、评价任务设计和教学过程展开产生影响，它还具有另一个意义——驱动学生产生学习兴趣。数学课堂上，要驱动学生兴致勃勃地学习，需要我们做到：任务呈现引发学习动机，任务执行维持学习兴趣，信息分享激发学习活力，信息优化催生"再学习"愿望。

一、任务呈现——引发学习动机

（一）"儿童味"和挑战性兼具，让任务有驱动性

澳大利亚学者瓦伦缇娜·克兰诺斯基等指出，教师在备课时，就要将评价任务的设计融入学生的学和教师的教。换句话说，评价任务中需明确教学目标、任务要求以及对学生完成任务的预期。教师应具备一定的技能，设计出高质量的评价任务以科学地评价学生的学习。

设计评价任务需要考虑到学生的认知水平，设计贴近学生实际、有利于学生体验

和理解的任务。"假设"一课"需要两个有关系的数量"的体验环节,教师有意识地设计了以下任务。

（1）出示：小明把720毫升果汁倒入6个小杯和1个大杯,正好倒满。小杯和大杯的容量各是多少毫升？根据已有经验,你能解答这个问题吗？

（2）预设：学生困惑于"多了一个未知量",需要知道两个未知量之间的关系。

（3）应对：让学生补充两种杯子容量之间的关系条件,相机出示倍数关系。

学生对任务的理解以已有认知经验为基础,在对话中表达自己的认识,同步完成了对任务的理解。此任务设计,选择师生对话的形式,轻松又不失严谨,适宜的"儿童味"促进学生学习动机的产生。

对于学生而言,评价任务如果太难,容易产生畏惧心理,从而草草放弃；太简单又不利于学习进阶。兼有"儿童味"和适度的挑战性,是评价任务引发学生学习动机的保障。教师只有了解学生的学习行为和能力,才能设计出鼓励学生参与进来的、有意义的评价任务。"假设"一课,教师设计的评价任务（见图5-9）中有生生互动环节。学生不仅要用画一画、写一写等方法表达自己对题意的理解,还要将自己对数量关系的理解解释给同桌听,把自己的解答方法说给同桌听。讲述的学生在介绍想法的过程中再思考,倾听的学生在接收信息的过程中或学习或对比或提出疑问。该任务设计从理解任务目标出发,学生既需要将数字与图形结合,也需要将算式与语言结合,对于不同层次的学生来说,都具有一定的挑战性,有效地驱动了学生的学习兴趣。

> **任务一：**
> 　1. 通过画一画或写一写,表示出题目中所有数量之间的关系。
> 　2. 说给同桌听听：准备怎样解决这个问题？对照完成情况请打"√"。
> 　（1）我说清楚了□
> 　（2）同桌赞成了□；同桌反对了□
> 　（3）同桌纠正了□；同桌补充了□（如果同桌赞成你的方法,此题可以不回答）
> 　3. 根据计划好的方法,列式解答,并检验。完成后想一想：还能有其他方法吗？简单写出计算过程。

图 5-9　评价任务一

（二）完整解读和PPT演示配合，让学生有参与欲

日常教学中，我们常见因为教师按部就班，逐一、机械地出示评价任务，导致学生对评价任务的要求不清楚，影响了学生的学习兴致。教师应当明示"多方案解决、互动参与、共同解决"的评价要点，吸引学生参与完成评价任务的过程，使其期待与同伴一起充分体验和感悟数学知识、方法。

1. 基于完整解读

评价任务实际上是一个操作要求，源于真实情境的学习需要，一般比较长。学生很容易看了个开头就匆忙着手解决，往往因为对要求的一知半解，影响思维的深度和广度，造成投入思考的兴趣不足。教师或者同伴对评价任务的完整解读，有助于学生明确目标，合理安排解决问题的步骤，胸有成竹地展开思考。"假设"一课，呈现评价任务一时，教师先邀请一位学生完整介绍任务内容和要求，再询问学生："还有什么不明白的地方吗？"这样的处理方式，体现的是对学生认知特点的观照。学生充分理解了任务要求，方能更投入地完成任务内容。

2. 借助PPT演示

课堂上，教师常用PPT呈现任务情境。"假设"一课，教师用PPT出示评价任务二（见图5-10），引导学生思考："新问题来了，根据刚刚的学习经验，你打算怎么解决？"学生依照已有学习方法，兴致勃勃地投入对评价任务的分析和需要解决的学习活动中。

> **任务二：**
> 　1张桌子和4把椅子的总价是2 700元，椅子的单价是桌子的1/5。桌子和椅子的单价各是多少？
> 　独立思考解决，完成后与同桌说一说自己解决问题的过程。

图5-10　评价任务二

二、任务执行——维持学习兴趣

（一）全程跟进反馈

评价学生的学习,需要有目的、有计划地收集学生的学习信息。同时,在学生完成评价任务的过程中,持续关注学生。而很多时候,教师对学生学习的跟进"心有余而力不足",不能及时关注每一个学生的学习情况。至于学生完成得怎么样,也只能寻找几份典型作品(特别是优秀学生的作品)以备讲解时用。课堂评价模型的运用,推动学生互相关注,促使教师在巡视的过程中,"抓住"学生之间的反馈信息进行追问和指导。"假设"一课中,教师在学生完成任务后,连续两次安排同桌互说互评。学生第一时间得到同伴关注,得到反馈。44 个学生中,解决方法得到同伴赞成的有 32 人,7 人得到同伴的否定反馈,5 人知道自己还没有说清楚。全程跟进反馈,使得学生的学习兴趣不间断地得到激发。

（二）组织学生共学

以社会文化的立场来看,学习者就是在课堂的学习共同体中"成为"全身心投入的参与者。学生互相之间既是教授者、学习者,也是评价者,是学习共同体。课堂评价模型的运用,使得学生通过参与执行任务找到自己的归属感。执行任务的过程中,评价主体发生了变化,由教师评价走向生生评价,评价也不是为了将学生分为"三六九等",而是为了解决问题、促进学习,在学生需要帮助的时候及时提供帮助。学生只有互动了、思考了、提升了,才能产生真正的学习兴趣。有人笑称,日常的体育比赛,是一群最需要锻炼的人看着最需要休息的人打比赛。传统的课堂评价也是,一群迫切需要帮助的学生观看他人的展示。而"假设"一课,教师在运用课堂评价模型时,避免了学生孤立地学习,而是关注学生同伴间的交流和对解决方法的评价。"同桌纠正了""同桌补充了",学习俨然不只是学生一个人的事,学生与同伴通过参与讨论学习,改变了自己的身份和角色,成为走向成功的学习共同体。共学是兴趣的催发剂,共学的样貌有很多,有时是发现自己找到的数量关系不全,但在同桌提醒下补充了;有时是发现同桌考虑得不周到,提醒其纠正了;有时是在同桌提醒下想到还有第二种方法;有时是在同桌的启发下想到了更加简洁的方法。共学使学生结成"学习共同体",并在完成评价任务的过程中持续生发学习兴趣。

三、信息分享——激发学习活力

(一)强化互动

评价具有互动性和情境性。在课堂评价模型的驱动下,我们看到,课堂是师生间更是生生间围绕教学目标的实现而形成的良性交流活动平台,具有互惠性、支持性和目的性。"假设"一课的学习信息分享环节,学生之间围绕评价任务展开有回应的言语交流活动,表达自己的想法,与其说是任务吸引了学生的兴趣,不如说是同伴的倾听和反馈吸引了学生。学生产生表达的需求,并得到满足;学生产生倾听的愿望,并得到收获。在这样良性循环的互动过程中,学习活力得以激发。

(二)强调互补

"假设"一课,教师始终关注学生的"在学习""真学习",设计解决方法不唯一的评价任务一,组织学生开展基于"学习共同体"的学习信息分享,在分享信息时扬长避短。学生发言中不时出现"我的同桌帮我补充了""我觉得某某同学的方法比我的简洁"……我们清晰地看到课堂评价模型对推动学生学习互补的作用。

(三)相互启迪

课堂评价模型中的信息分享,学生展示了思考的全过程:从理解任务后的理解题意(画一画、写一写),到分析数量关系,确定解决问题的计划(全假设成大杯的容量还是全假设成小杯的容量),最后检验回顾(如何保证结果的正确性)。在这一过程中,学生之间不时地给予反馈支持。"要么全假设成大杯!要么全假设成小杯!""利用小杯的容量是大杯的1/3,还可以把6个小杯假设成2个大杯。""只要把两个数量转化成一个数量,就能解决问题了。"这样的信息分享,给了不同学生以启发:遇到困难后怎么寻求解决?两种方法哪种更简洁?我的解决问题的过程完整吗?……教学的本质在于唤醒,相互启发的信息分享,有效地激发了学生的学习活力。

四、信息优化——催生"再学习"愿望

（一）从错到对,满足学习需求

"假设"一课教学中,教师在处理学生生成的学习信息时,提问:"想先听'已经解答出来'的,还是听'遇到一些困难'的同学介绍?"学生都建议先请暂时遇到困难的同学进行介绍。我们发现,学习薄弱的学生做介绍时,其他学生表现出极高的兴致。不需要教师组织,大家都屏息凝神倾听当事学生是怎么想的:被错误卷入思考,揣摩她遇到的困难是什么,自告奋勇地提出解决的办法;当她顺利将两个数量假设成一个数量,找到数量关系、找到解决问题的路径时,报以欢心的微笑。我们还看到,被帮助的学生害羞中带着喜悦地回到自己的座位上。从心理学角度说,学生每天都有与他人对话的需求,换一种评价信息的分享方式,学生之间产生互帮互助的平等对话的机会,使得一部分同样处于不太能理解状态的学生,有机会再思考,理清数量关系。当教师再请"学霸"介绍时,因为有了前面"从错到对"的介绍过程,"学霸"表达得更清晰了,更利于同学理解。学习兴趣往往产生于"跳一跳,够得到果子"的状态中,从错到对的信息发展过程,不同学习层次的学生都有不同的收获,满足了学习需求。

（二）从"一种"到"多种",转变思维方式

运用课堂评价模型处理学生的学习信息,在分享的同时也有优化的作用,由单纯的知识评价转向包括情感态度和思维方式方法的综合评价。"假设"一课的回顾小结环节,教师引领学生多角度反思:"刚才我们是用什么方法解决新问题的? 你是怎么学会的? 你对自己的表现满意吗? 对同学呢? 为什么?"这些问题的提出,指向学生理解分析题意的"画一画""写一写""说一说"等多种方法,指向学生对解决问题的方法的思考从一种到两种的再认识,也指向学生对"同学"学习方式的再强化。从"一种"到"多种",转变了学生的思维方式,催生了学生"再学习"的愿望。

呈现评价任务(理解评价任务)、收集评价信息(完成评价任务)、处理评价信息(分

享、交流与改进)是一根链条,可以促使学生学习兴趣全程在线。教师积极应用课堂评价模型,激发学生对学习产生积极影响的一些认知因素和情绪,方能促使学生获得积极情感的持续投入,让他们学得兴致勃勃。

(沈伟英,发表于《教育研究与评论(课堂观察)》2018 年第 5 期)

第三节
教学评一致性的英语教学

评价驱动英语单元学习的理性思考和实践探索

在单元教学的众多要素中，评价是关键。有效的课堂评价能帮助学生提高学习兴趣，改进学习方法，提升学习效率，是达成教学目标的有力保障。评价的过程和课堂教学活动过程应该融合在一起，二者如影随形，同时发生，你中有我，我中有你。因此，在进行单元教学时，教师应基于英语学科核心素养，将评价与教学相融，以评价"驱动"学生学习与反思，从而更好地达成单元教学目标。在具体操作中，教师应有效把握评价的设计、实施与反思三大环节，即设计单元学习的评价目标、任务与活动，实施"教·学·评"，反思单元学习成效，以便调整、改进与再设计。这三大环节互为前提、互相影响，在过程中实施评价，在评价中完善教学，在完善中逐步更新升级，是一个不断迭代更新的螺旋体(见图5-11)。

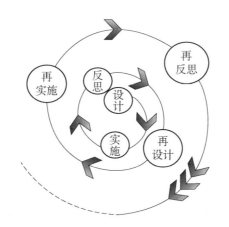

图 5-11 评价驱动的英语单元学习模型图

一、评价设计:"目标·任务·活动"一致

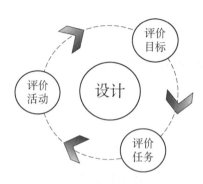

图 5 - 12　评价设计"目标·任务·活动"关系图

评价需要事先设计,一个单元的评价设计,从目标到任务再到活动,有序推进,其中设计能检测单元目标达成的评价任务最为关键。设计时,教师需把握"目标·任务·活动"一致的原则(见图5-12),整体研究单元主题与内容,以发展学生英语学习能力、语言能力、思维品质与文化意识为导向,切实做好评价目标、评价任务和评价活动的设计。遵循这样的原则,评价才不会偏离单元主题与内容,评价才能与课堂教学活动相融,才能彻底告别"为评价而评价"的形式主义。

(一)设计评价目标

一个单元的目标既是单元教学的出发点,又是单元教学的目的地,它是贯穿于单元教学始终的"风向标"。因此教师应先设计出能够评价一个单元的学习目标,明确教与学的方向,解决"到哪里去"的问题。设计评价目标必须注意以下三点:

1. 目标需对接素养。评价目标的设计首先应确保一个单元的学习对接核心素养。

2. 目标应可评可测。评价目标的设计应具有测评的功能,即能方便师生在教与学的过程中随时查看与核对。

3. 目标是逐层进阶的。评价目标不宜过多,一般3至5条为宜,同时这几条目标是层层递进、螺旋上升的。

如译林版《英语》四年级下册 Unit5 Seasons 这一单元,话题是谈论不同季节的天气与活动,这一单元主要学习描述不同季节的气候特征,以及在不同季节里人们经常从事的主要活动。学生需要学习并掌握的主要句型与日常用语是:

In . . . (spring/summer/autumn/winter), it's . . . (warm/hot/cool/cold).

We go ... (boating/swimming/climbing/skating).

We ... (fly kites/eat ice creams/have picnics/make snowmen).

We like ...

根据评价目标设计的注意事项,这一单元的评价目标设计如下:

① 学生能正确熟练朗读与书写本单元单词 spring, summer, autumn, winter, warm, hot, cool, cold 等,句型 In..., it is .../We go ... 等,能熟练掌握字母 i 在 time, Chinese 等单词中的发音。

② 学生能正确理解本单元关于四季的故事文本并运用所学新知结合自身英语知识的储备量,先画后写,以"In..., it's ... We ... We go ... We like ..."语段结构化描述所居住城市的四季特征与活动。

③ 学生能通过写明信片邀请朋友来自己所居住的城市游玩的活动,感悟城市之美、热爱自然。

以上三个目标,教师分别从学习(Learning)、做事(Doing)、做人(Being)三个方面进行设计,目标①重在知识技能的学习与掌握,目标②重在理解与运用,目标③重在真实情境中的迁移与感悟,是逐层进阶、对接核心素养的,同时也是可测评的,如朗读与书写的评价指标是熟练与正确,对所学知识的检测要求是结构化描述与写明信片。

因此评价目标的设定与实施需与课程内容要求、学业质量标准保持高度一致,重点关注学生在语言能力、文化意识、思维品质、学习能力等维度的整体表现与协同发展,实现课程评价目标与学科核心素养表现的一致性,评价结果与后续决策的统一性。

(二) 设计评价任务

评价目标明确了,紧接着就是设计评价任务。单元评价任务,顾名思义,即单元学习任务和评价要点的有机结合。教师要把条块化的单元目标融入到学生易完成的学习任务中,学生对照要点评价任务完成情况,从而清晰自己在这个单元的学习成效。单元评价任务的设计是关键,向上对接目标,向下链接活动,解决"怎么去目的地"的问题。教师设计时应基于英语学科特征和学生年龄特点,尽量做到:

1. **具备真实性。**学生学了一个单元的内容,最终目的是能在真实的生活情境中灵活使用。真实性的任务,才能有效评价学生用英语解决问题的综合语言运用能力。

2. **要有儿童性。** 评价任务的完成对象是学生,教师设计的任务必须符合"学生的口味"。有儿童性的任务,才能充分激发每一位学生英语学习的兴趣。

3. **可富挑战性。** 一个班级学生的英语学习水平参差不齐,教师设计任务时,应考虑面向全体,让学生有机会"跳一跳摘桃子",激发最大的可能性。富有挑战性的任务,才能有效培养学生的英语思维品质。

如 Unit5 Seasons 这一单元,教师需要设计怎样的一个任务才能评价学生本单元的学习成效,符合评价任务的真实性、儿童性和挑战性? 怎样的任务才能检测学生会读、会写、会使用所学句型,并帮助学生最终达成上述设计的三个目标(①②③)? 具体设计时,教师可抓住学生熟悉又有感情的居住城市的特点,将"weather"和"activities"融进学生的真实生活中,从而评价学生"用英语解决实际问题的能力"。因此教师最终将这个单元的评价任务设计为:

Make a postcard: Which season do you like best in your city? You can draw, write and read it. Remember to invite your friend to visit your city. 制作一张明信片:你喜欢你们城市的哪个季节? 你可以画一画,写一写,读一读。记得寄给你的朋友邀请他/她来参观你居住的城市!

Step 1 Draw your favourite season

评价要点 1: 你画了哪个季节? 天气特征明显吗? 主要活动符合季节特征吗?

Step 2 Write your favourite season

评价要点 2: 你写了几句话? 你用了几种句型? 你写对了几句话?

这个评价任务的真实情境是邀请友人来城市游玩,小学生对这样的真实性任务表现出兴趣盎然,学生可以通过画、写、说等形式学习、理解与运用本单元知识与技能,还可以学习明信片的书写格式。这个评价任务是将三个评价目标有机融合的任务,学生可以根据评价要点,表现出自己的最高水平,在真实情境中更好地完成评价任务,挑战自我。

评价任务是方便学生和教师评价英语单元学习过程与结果的载体,教师设计时除了以上注意事项,还应该尽可能设计大任务,因为宏大和全面的评价任务更利于师生搜集过程表现的证据,其结果也更丰富。

(三)设计评价活动

目标和任务都设计好了,教师应设计评价活动。评价活动是落实评价目标的学习活动,也是评价任务的铺垫与分解。设计评价活动是为了解决"如何更好地去目的地"这一问题。因此教师所设计的评价活动应该从目标出发,指向评价任务,突出学生的主体地位,设计评价活动时可以邀请学生参与,确保活动的科学性与诊断性。设计评价活动,教师可从以下几方面切入:

1. 知识层级活动。要达成目标、完成任务,学生必须首先要具备相关的知识,因此设计知识层级的活动是基础,也是保障。

2. 能力层级活动。有了相应的知识,要能结构化地运用,英语知识的运用可以借助"听说读写绘看"等多种技能,因此设计能力层级的活动是催化,也是提升。

3. 素养层级活动。评价活动的最高层级是素养层,当学生将知识转化为能力后,必须内化为素养,才为学生"终身拥有",化为开展又一轮学习的内驱力。

如在设计 Unit5 Seasons 这一单元的评价活动时,教师从三个评价目标出发,围绕"Make a postcard"这一评价任务,设计了五个不同层级的活动,分别分解在五个课时中(见表 5-3),这五个活动对应单元评价任务并对接单元评价目标,帮助学生将知识转化为能力,变能力为素养,从体验不同层级的学习过程导向丰富的学习结果。

表 5-3　五个不同层级的活动

单元课时	评价活动	所属活动层级	对应评价任务	对接评价目标
第一课时	学一学四季的故事	知识层级活动	Make a postcard 制作明信片邀请朋友来苏州游玩。	目标①
第二课时	说一说苏州四季的特点(学生讨论四季 PK 赛)	能力层级活动		目标①
第三课时	画一画苏州四季的美好一刻或用镜头拍一拍苏州四季人们的活动(运动、美食等)	能力层级活动		目标②
第四课时	写一写四季或最喜欢的季节	能力层级活动		目标②
第五课时	送一送你的明信片(在真实情境中表达与表现)	素养层级活动		目标③

英语评价活动的设计切忌以单纯营造"热闹"气氛为目的的假活动,活动也并非多多益善,而应设计聚焦主题的有针对性的活动,设计时需考虑大部分学生在活动过程中有表现的机会,以及如何才能更好地达成目标、完成任务。

目标、任务、活动三者相辅相成,目标是单元学习期望到达的地方,即"去哪里";任务是评价与判断目标是否落实的载体,即"怎么去那里";活动是落实评价目标、分解评价任务的探究与体验,即"怎么更好地去那里"。三者的一致性是评价设计的关键。英语教师应努力成为一名优秀的评价设计者,通过评价提升教学质效。

二、评价信息:"产生·搜集·处理"一致

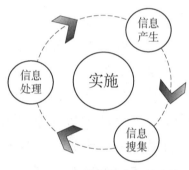

图5-13 评价信息"产生·搜集·处理"关系图

评价设计是为了更好地实施教学。在实施过程中,会产生大量评价信息,包括学生根据评价要点和准则学习的过程表现与结果情况。教师要及时、有效、全面地把握教学现场产生的"评价信息",进行一致化处理,即确保评价信息的"产生·搜集·处理"的一致(见图5-13)。学生是课堂学习的主体,课堂教学瞬息万变,教师要善于启发、及时捕捉、智慧处理来自学生的所有信息,并及时通过评价调节与催生更多的信息。

(一)评价信息的产生

评价信息主要是学生在完成评价任务、体验评价活动的过程中产生的,有创生性的语言、即时性的作品、个性化的点评、合作性的表演等,多样而丰富,有优有劣,有简有繁。评价信息或多或少,信息反映的情况或好或坏,只要是在评价现场真实发生、即时产生的信息,都是评价赖以产生的数据和依据,数据越全面越真实,评价就能越精准。

本单元学习中,学生积极参与并完成"Make a postcard"这一任务,最终完成的明信片各不相同、信息多样。

又如在第二课时的评价活动"说一说苏州四季的特点"PK赛中,学生4人一组,每组根据"看看哪组说的苏州特征多且鲜明"的评价要点,积极合作,参与讨论并与其他组展开激烈PK。第一组的王同学在讨论中发表观点:"Summer is warm. The gardens are beautiful. We can go watching the gardens."第二组的沈同学不甘示弱,就苏州太湖特色发表观点:"Summer is hot. We go fish. Autumn is cool. We eat crabs."该组吴同学立即纠正为"We go fishing"。学生在评价活动中源源不断地产生创生性的语言与个性化的评价,其语言能力和思维品质在不断发展。

评价驱动英语单元学习,其原则是在实施中尽可能地用评价来驱动每一位学生积极参与、表现并获得相应的评价反馈,催生各个不同能级学生以及每一位学生的评价信息,教师在课堂上实施评价任务与开展评价活动时,实时监控、全程跟进,在第一时间收集到更多真实的可供参考的依据。这种以"单用户"的表现撬动"多用户"的连锁反应,让评价信息在"用户"中间不断繁衍,促成数据的全面积累。

(二)评价信息的搜集

评价信息是调整、改进教与学的直接证据,没有证据将无法进行后期的分析与反思,缺少证据将影响后期分析反思的质效。学生在完成任务、体验活动时产生丰富的评价信息,教师应在教学现场第一时间"取证"。搜集信息最直接的方式是借助评价准则进行统计。

如教师可根据 Unit5 Seasons 这一单元评价任务"做四季明信片"的评价要点2中的"你用了几种句型? 你写对了几句话?",搜集相应的评价信息(见表5-4)。

表5-4 评价信息分类表

评价信息分类		人数
用5种句型描述	5句都写正确 ☆☆☆	23人
用3—4种句型描述	3—4句都写正确 ☆☆	21人
用1—2种句型描述	1—2句都写正确 ☆	11人

统计得出的数据可以作为教师调整教学的依据,同时也能发现11位同学需要得到教师进一步的关注与引导。除此以外,评价信息还可以通过师生对话即时搜集,也

可以通过学生作品展示搜集。总之信息的搜集不在于方式而在于及时，教师应把握时机搜集学生学习过程中的各种信息，包括错误的与正确的、优质的与普通的、杂乱的与有条理的。第一时间掌握第一手信息，才能帮助学生更好地完成任务、达成目标。

（三）评价信息的处理

评价信息的处理是指教师或学生对课堂上所产生和搜集到的信息进行加工、利用或整合。处理评价信息的原则是研判、梳理、优化，教师尽可能以学生的原信息为基础，研究与评判，梳理与整合，纠正与优化。处理方式有单一信息丰富化，杂乱信息条理化，知识信息素养化，错误信息正确化，缺失信息补充化等。

如在第五课时"送一送你的明信片"评价活动中，学生虽然写了很多关于苏州的天气特征或主要活动，但是也出现了很多错误信息，如 Cindy 这样写："It's warm in spring. We go run. We play game. We like spring. Welcome to Suzhou. To Cindy/From Ann."针对这样的语法信息错误，教师千万别急着告知正确答案，可采取"错误信息留白"的方式，培养学生的英语学习能力。教师让学生同桌模拟互赠明信片，互赠时要互相朗读与提问，并有一次及时纠错的机会。根据课堂观察，Cindy 在与同伴互学互问之后自己修改了描述："It's warm in spring. We go to Tongli. We go running. We fly kites. We have a picnic. Tongli is beautiful. Welcome to Tongli. To Ann/From Cindy."这样的结果正是评价在起作用，同学在互读互问中开展互评，促进学生互学。

学会比教会更可贵。信息暂时留白的处理方式不仅能鼓励学生自己学会，而且能充分发挥评价育人的功能。教学中，教师应有效抓住评价信息，进行智慧的研判与处理，让这些信息成为拓宽学生英语学习的资源，取之于学生，用之于学生，驱动学生更好地学会。

评价促进学生学习的显性表现是评价能催生丰富的信息，教师可以及时搜集信息并进行恰当处理，评价信息"产生·搜集·处理"的一致驱动学生围绕单元主题开展深度学习，让学生在真实情境中完成评价任务并孕育英语学科素养，驱动学生聚焦单元以至"学会"。

三、评价反思:"设计·实施·结果"一致

英语教学的最终目的是让学生拥有英语学科核心素养,因为素养可以"带得走"。带得走的东西内涵相当丰富,工具是带得走的,而作品是带不走的。因此评价驱动英语单元学习,教师最后要让学生能带走反思工具,即反思的支架。评价反思是一个单元学习结束后,教师引导学生对照单元评价目标进行反思,查验自己的学习过程和学习结果是否达成事先制定好的单元目标。反思是教师"再设计"的前提与参考,同时学生经过反思才能将所学知识、能力转化为素养。评价反思的原则是确保"设计·实施·结果"的一致(见图5-14)。

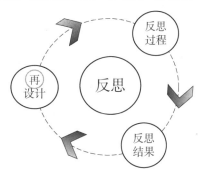

图5-14 单元反思展开图

(一)反思方案实施的过程

评价方案主要是教师设计的,但使用者却是学生,实施过程是否合理,学生最有发言权。请学生反思一个单元的学习历程,教师可以掌握方案实施过程的情况。学生反思学习过程就是在验证方案实施过程是否存在问题,哪里存在问题,为什么会存在此类的问题。反思方案学习过程的原则是学生自己反思,反思方式是使用反思支架有目的地反思。其中常用的反思支架是问题清单支架,学生跟着问题清单,用"电影回放式"反思支架(见图5-15),边自我评价边反思。

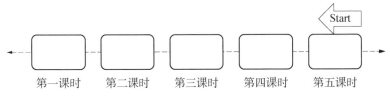

图5-15 "电影回放式"反思支架

如 Unit5 Seasons 这一单元针对方案实施过程反思的问题清单如下：

1. Can you read the story and cartoon about seasons?

2. Can you talk about the four seasons in Suzhou?

3. Can you draw or show your pictures about Suzhou?

4. Can you write your favourite season in Suzhou on a postcard?

5. Can you send your card to your friend and would he like to visit your city?

这五个问题分别对应上面的五个课时，教师可以引导学生从"问题5"开始到"问题1"，让学生自己从结果倒推过程，从而明晰问题症结在哪一个课时。如学生在"问题4"中发现自己不会写最喜欢的季节（winter），再继续问"问题3"的时候，发现他没有将苏州的特征画出来，再往前反思时，发现小组讨论的时候只讨论了"spring,summer"两个季节，winter 没有时间讨论。

学生使用这样的反思支架开展反思，能精确查找学习过程中的问题，并能及时"修补"问题，有效培养他们的英语学习能力，教师也能及时掌握"再设计"的参考依据。

（二）反思方案实施的结果

评价方案是教师想要教的，而方案实施结果反馈的是教师实际教的。想要教的如果不能和实际教的对等，那就说明方案存在问题和不足。教师应反思方案实施的结果，与预期设想作对比，找到问题的症结所在，再进行调整与改进。反思方案实施结果时，教师可以与事先设计的评价目标比对，如果目标达成，方案实施效果好，说明设计得当；如果目标基本达成，则说明方案需要局部调整或者整体微调；如果目标不能达成，那么方案可能需要推翻重来，重新设计。教师对方案实施结果的反思能有效促进教师专业素养的提升，是"设计"的再出发。教师反思方案实施结果也有反思支架，即"目标比对式"反思支架（见图5-16）。

如在 Unit5 Seasons 单元学习中，通过目标比对式反思，教师发现学生在学会结构化描述所居住城市的四季特征与活动这一目标的达成上有所欠缺，主要是相关活动的英语储备量不够，另外描述时的语言结构不够完整，故针对这个情况及时调整了方案的设计。在第三课时画一画苏州四季的美好一刻，或是用镜头拍一拍苏州四季人们的活动（运动、美食等）的学习中，引导学生构图时就要与后面的写一写活动相对应，要有

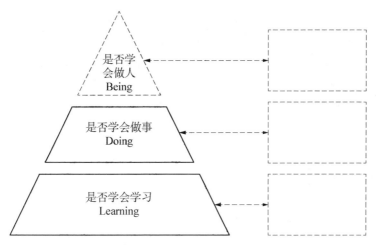

图 5 - 16 "目标比对式"反思支架

具体地点、主要美食、典型活动。同时根据学生的画或照片,就地取材学习诸如 visit gardens, eat fish/crabs 等相关活动词组。

评价驱动英语单元学习能教给学生正确的反思方式,让学生借助支架反思自己的学习历程,在此基础上,教师借助支架反思学生的学习结果与自己预设目标的匹配度。通过教师、学生的双重反思过程,促进学生素养的真实形成。

以评价驱动的英语单元学习是能有效促进学生英语学习的一种切实可行的方法,在具体实施过程中,不仅是教师,学生也同样成为学习的研究者,教师将学习的主导权交还给学生。根据单元主题,教师聚焦教学评价设计,使评价贯穿教学始终。在课堂教学实施后,及时引发学生反思学习的过程性,教师反思方案的适切性,从而确保了设计、实施、反思三者的一致性,在三者各自形成闭环小循环的同时,三者之间又形成一个良性互动的大循环系统,最终长效促进师生发展。

(李勤华,发表于《教育视界(外语教学)》2020 年第 5 期)

评价驱动的英语单元设计

——以译林版《英语》六年级下册 Unit 6 An interesting country 为例

一、引言

《普通高中英语课程标准（2017 年版）》明确指出评价目标和标准的确定、评价内容和方式的选择、评价方案的实施均应以促进学生的英语学科核心素养发展为指向，应符合学生的心理和认知发展阶段及年龄特征，任务情境和活动内容应为学生所熟悉，并为学生提供充分的展示机会。

在以发展核心素养为指向的英语单元教学中，教师应充分把握指向学生素养发展，聚焦单元设计，发挥评价的驱动作用。在传统的评价中仅仅把学习的结果视为问题，这样的评价无助于改进教与学。因此笔者所研究探讨的评价驱动的英语单元学习设计，是指教师预先研制对接核心素养的评价目标，根据评价目标设计相应的评价任务，在教学中开展落实评价任务的学习活动。整个教学中，评价的不只是结果，更重要的是让学生本人在完成"任务"过程中对照任务的评价标准清晰地看到自己学习的过程情况，因此从目标到任务再到活动，"评价"贯穿于整个单元的教与学，能及时为师生提供相应的检测数据或参考样本，以更好地驱动教与学。

本文以译林版《英语》六年级下册 Unit 6 An interesting country 为例，从目标、任务、活动三方面切入，具体阐述如何设计评价驱动的单元学习。教师如何从学情出发，设计并落实每一个单元的学习，在单元教学中落实核心素养的培养。

二、研制驱动学习的单元评价目标

评价驱动英语单元学习，关键在于教师是否设置了供学生可评可测的单元学习目标，只有教师事先明确一个单元学习的评价目标，才能更好地设计任务、开展活动。所以英语教师要有目标意识,逐层进阶,从知识技能,到语言运用,到素养品质。教师研制目标需考虑学生实际学习情况,综合分析单元内容与生活实际,指向学生未来发展和终身学习,让目标真正成为单元设计的出发点与单元学习的目的地。凭借驱动性的单元目标,学生可以随时查看目标来评价自己的学习方向是否正确,同时驱动学生更积极、更精准地向目的地前行。

Unit 6 An interesting country 这一单元的话题是"国家",学生通过学习,掌握如何用英语表达澳大利亚的相关情况。但是这样的学习是被限制在"教师手掌心"的学习,不能真正促进学生英语学科核心素养的发展。为了更好地激发学生的英语学习能力,培养良好的思维品质。笔者研制了指向素养、驱动学习的单元目标(见图 5 - 17)。

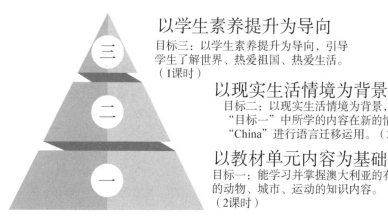

图 5 - 17　Unit 6 An interesting country 单元评价目标

如图 5 - 17 所示,目标一是基础,是驱动学生逐级进阶的预设标准,学好教材单元内容的知识、掌握语言结构,有了语言积累这一基础才能更好地输出、自如地表达。目标二是学习能力优化的保障,知识与能力只有迁移到实际生活场景中才能形成,六年级的学生应该掌握一定的英语学习能力,会研究自己的祖国以及其他感兴趣的国家。目标三是这个单元必须引导学生体验的情感、形成的素养,即了解世界、热爱祖国、热爱生活。这三个目标是帮助学生从教材的学习到生活的运用再到素养的提升的指挥棒。此外,驱动性的单元目标还担负着帮助学生建立并形成"用英语讲述中国故事"的能力与热情。

驱动学习的目标与以前我们设置的"知识能力情感"目标不同,它更具挑战性,驱动学生不断超越自我,学好教材知识内容,跳出教材看生活,在生活中运用,在运用中明白道理。"An interesting country"的学习不能止步于这一个有趣的国家,应该鼓励学生去发现更多国家,更可以引导学生主动思考自己的祖国。英语的学习是灵活的,目标的研制要能驱动学生更好地学习与建构。

三、设计驱动学习的单元评价任务

明确了目标,就需要设计与目标相匹配的评价任务。评价任务可以是一个大任务,也可以是几个小任务,但是这样的任务需带有评价功能,让学生在完成任务的过程中能清晰地解读自己的学习情况。驱动学习的任务与一般性的任务不同,它以评价为"驱动轴"全程调控学习,让学生不仅看到学习结果,还能清晰评价学习过程,任务的开放性更是为学生打开了上限的阀门,没有最好,只有更好。驱动学习的单元评价任务让我们彻底告别了只有少数人有表现机会的被动式的假学习。

基于以上观点,笔者制定本单元的大任务和小任务:

大任务:Make a travelling book about China(制作一本中国旅行手册)。

小任务:任务 A:Search and learn about Australia(搜索学习澳大利亚)。

任务 B:Find and list the differences between Australia and China(寻找并罗列中国与澳大利亚的不同之处)。

学生有目的地完成任务 A 达成目标一,再完成任务 B 达成目标二,这两个任务是完成本单元大任务的前提。大任务的设计是以学科育人为指导,以"用英语讲述中国故事"为总目标,抓住爱国主义教育的契机,让学生在学习中了解世界、了解中国,通过"制作中国旅游手册"这个真实情境下的任务来促进素养的形成。

以下为本单元的三个任务以及具体评价要点。

本单元的大任务是"制作一本中国旅行手册",教师与同学共同研究,确定了此大任务的三个评价要点:内容完整,设计美观,介绍诱人。(见图 5-18、表 5-5)

图 5‒18　中国旅行手册

表 5‒5　中国旅行手册的评价准则

评价要点	规　则　描　述	得星数
内容完整	封面标作者、目录至少三项、内容书写完整	☆☆☆
设计美观	封面有涂色,内容有插图,目录有层次	☆☆☆
介绍诱人	语言有感染力,内容有吸引力,手册有市场需求	☆☆☆

　　在大任务的统领下,本单元的小任务 A 是"搜索学习澳大利亚"(见图 5‒20),根据评价准则(见表 5‒6)完成任务。

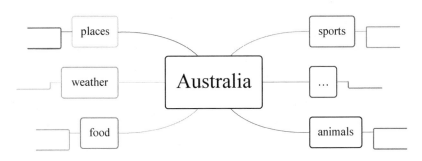

图 5‒19　任务 A 搜索学习澳大利亚的信息梳理思维导图

评价要点	规 则 描 述	得星数
信息丰富性	学生会介绍有关澳大利亚的信息 2—3 项得一星,4—5 项得二星,6 项及以上得三星	☆☆☆
信息准确性	学生所罗列的信息有 3 项错误得一星,有 2 项错误得二星,1 项及以下错误得三星	☆☆☆

　　本单元的小任务 B 是"寻找并罗列中国与澳大利亚的不同之处",学生根据各自对两个国家的了解,进行相关信息的罗列,比较并发现不同之处(见表 5−7),并根据评价准则促进任务 B 的实现(见表 5−8)。

表 5−7　中国与澳大利亚相关信息对比汇总

Country	Weather	Animals	Places	Food	Sports	...
Australia						
China						

表 5−8　中国和澳大利亚信息对比汇总的评价准则

评价要点	规 则 描 述	得星数
信息数量	汇总信息达 3 点得一星,达 4 点得二星,达 5 点及以上得三星。	☆☆☆
信息质量	信息表述正确率达 60% 得一星,信息表述正确率达 70%—80% 得二星,信息正确率达 90% 及以上得三星。	☆☆☆

　　学生跟着课文学习搜集澳大利亚的相关知识后,与中国进行信息对比,会发现南半球的澳大利亚和北半球的中国在气候等特点上存在明显差异。从课内到课外,从书本到生活,从异国到祖国,知识不断延伸,语言不断丰富,信息不断优化,因此小任务 A 和小任务 B 能为中国旅游手册的顺利完成做好铺垫。小任务的评价准则重在信息"量"的达标,大任务的评价重在语言"质"的突破。

四、开展驱动学习的单元评价活动

单元任务转化成英语素养,需要经由活动这个载体才能实现。英语学习活动是英语课堂教学的基本组织形式,是落实课程目标的主要途径,更是将任务活动化的有效方式。实施好英语课程需要有机整合课程内容,精心设计学习活动,实现目标、内容和方法的融合统一。

驱动学习的单元评价活动应该怎样开展? 一是活动需达成目标。评价活动首先需要以目标为导向,活动的最终目的是达成目标。二是活动应分解任务。活动是简化了的任务,帮助学生更好地完成任务。三是活动要面向全体。活动要考虑不同层次学生的英语学习水平,激发所有学生的英语学习兴趣。本单元的教学中,为了助力学生更好地完成任务、实现目标,笔者在本单元的教学中共设计开展了5个活动,(见表5-9)。

表5-9 我制作的中国旅行手册部分页码

课时	设计的评价活动	匹配任务		达成目标
课时1	活动1:搜集澳大利亚资料	小任务A:搜索学习澳大利亚相关知识 小任务B:寻找并罗列中国与澳大利亚的不同之处	大任务:制作一本中国旅行手册	目标一:能学习并掌握澳大利亚的有趣的动物、城市、运动的知识内容。
课时2	活动2:介绍我眼中的澳大利亚			
课时3	活动3:搜集中国资料			目标二:以现实生活情境为背景,会运用"目标一"中所学的内容在新的情境中对"China"进行语言迁移运用。
课时4	活动4:英语辩论赛			
课时5	活动5:我来介绍中国			目标三:以学生素养提升为导向,引导学生了解世界、热爱祖国、热爱生活。

总的来说,学习活动是支持学的教,通过活动来引导并支持学生的学。教师在教学中开展学习活动时,要充分考虑学习活动是否能驱动学生快乐地学,并鼓励每一个学生积极参与活动,关注学生活动过程中的表现。

五、结语

评价驱动的英语单元学习设计,是笔者和教研组成员们正在研究的重要内容。在研究中通过设计这样的单元学习,探索落实核心素养的最佳路径。实践中,笔者发现单元学习的设计必须先考虑如何评价学生学了一个单元与没有学过的区别,应该通过评价促进学生学会学习、学会做事、学会做人。因此,教师应该在教学前认真研制对接素养的评价目标,设计匹配目标且逐层递进的评价任务,最终将任务分解成若干活动实施于教学现场,学生在学习中评价,在评价中学习。经过笔者和同事们多年的实践探索,发现单元学习中目标、任务、活动这三要素的设计须以评价贯穿始终,才能保障并驱动单元学习超越教材走向生活,超越知识技能走向素养。

(戴松梅,发表于《教育视界(外语教学)》2020 年第 5 期)

评价如何驱动英语学习

——五年级《英语》上册"At weekends"课堂观察报告

评价任务,是检测目标是否达成的有力依据,又是教学活动设计的基础。向着目标出发的有效评价能驱动学生学习,激发他们学习的内驱力,并能使之持续发展以切实提高其语言综合运用的能力。本报告试图以郑老师执教的译林版《英语》五年级上册"At weekends"一课为例,研究小学英语课堂教学中如何利用评价驱动学习。

一、主题解读:何谓"评价驱动学习"?

课堂评价是指教师在教学过程中,为促进学生的学习而实施的、对学生的学习过程与结果情况所做的评价。这是一种与教学相整合的过程性评价,贯穿于整个课堂。它不仅仅是判断学习的评价,更是促进学习的评价。小学英语课堂中评价任务形式是多元的,可以是听、说、读、写、演、练,甚至是"玩",只要其目的是检测目标是否达成,都是评价任务。评价则是通过对这些任务完成的程度与表现来进行综合评定。学生对评价任务完成的情况可以通过他们的话语、作业、作品、表现等形式展现出来,结果肯定会是参差不齐、有正有误,但不管是评价什么、怎么评价,都始终要围绕教学目标这个主轴。哪怕接收到的评价信息是偏离"目标"的错误信息或是"与众不同"的信息,老师都要以自身的素养与智慧对接收到的评价信息进行合理调整、巧妙解答,抓住契机纠正,让学生"迷途知返",重返"目标"。就如同一艘海上游轮,途中可能会出现不期而遇的插曲甚至风暴,但是只要风向标正确、掌舵人有着扭转乾坤的过硬技术,船上的乘客就一定能顺利到达港湾。不仅如此,还能在这重返之路上通过老师的纠错、引导、提升,对知识进行重组,从而使学生习得更深层次的知识与能力,变"废"为"宝"的同时欣赏到别样的"风景",何乐而不为呢?

如果说一节课中目标是核心,那么评价是关键,教学活动就是安排与组织评价任务。根据学习目标设计评价任务,评价任务先于教学活动设计,先有了一个整体的框架后再将一些具体的教学活动镶嵌其中,做到目标、评价、教学相一致,只有这样才能确保我们的学生向着目标学习。让他们在"学会"知识的同时,"会学"并形成一种技能,让他们在这一过程中感受乐学、会学的喜悦,使之持续发展,受益终身,进而让我们的课堂实现由"教"向"学"的转变。因此,评价是学习真正的驱动力。

二、工具开发:我们如何观察"评价驱动学习"?

前期,我们观察小组在张校长、教科室李主任等人的帮助下选择主题、研制量表,确立了"评价如何驱动学习"的主题,并研制了观察量表(见表5-10)。课前我们进行了观察预备会,会上进行了分工,确定了以教学环节为单位的分工记录方式,并明确了如何填写观察量表。2017年12月5日,宁波海曙区海曙中心小学以及我校课程领导研修班相关成员前来观摩,上午第二节课我们城中校区全体英语组成员观察了郑飞老师执教的"At weekends"一课并围绕主题进行观察、记录与反思,之后将观察成员的记录进行收集与汇总。根据团队的观察以及我个人的理解与感悟,就我所看到的本课中评价如何驱动学习向来宾做了分享,于当天下午1时前形成此次观察的主题报告,并做现场交流。

表5-10 评价如何驱动学习(观察量表)

评价任务(预设)	评价任务	评价任务的组织与实施	评价信息的收集与整理	分析与建议

三、证据呈现:关于"评价驱动学习",这节课做得怎样?

本课的设计非常清晰,以目标为导向,围绕故事前(学习目标一是学会重要词汇和句型)、故事中(学习目标二是理解、朗读与复述)、故事后(学习目标三是运用与升华)设计相应的评价任务,目标与任务匹配度高(见表5-11)。充分体现英语工具性与人文性的双重性质,追求非常明确。

表 5－11　学习目标与评价任务表

学习目标	1. 通过谈论 Miss Zheng 和故事中人物的周末活动，能听懂、会说、会读词组 at weekends/chat on the Internet/go to the cinema/fly a kite/have a picnic，能听懂、会说、会读、会运用句型 What do you do at weekends? I always/usually/often/sometimes ... What does ... do at weekends? He/She always/usually/often/sometimes ...能正确使用频率副词。 2. 通过听录音、观看动画、课堂练习、模仿等活动，能理解课文内容、正确朗读课文，并能根据板书、PPT 复述课文。 3. 通过介绍自己、采访同学的周末活动，能灵活运用句型，创编短文。对 Jack 的周末活动进行阅读分析，能理解、会说一些有意义的周末活动。
评价任务	1. 用 What do you do at weekends? I always/usually/often/sometimes ... What does ... do at weekends? He/She always/usually/often/sometimes ... 的句型问答谈论 Miss Zheng 和故事中人物的周末活动。（检测目标 1） 2. 听、看、读短文完成旨在理解故事的练习，正确朗读课文，语音语调准确。（检测目标 2） 3. 根据板书、PPT 对故事中人物的周末活动进行复述。（检测目标 2） 4. 小组合作，用所学句型创编对话，介绍自己和朋友的周末生活。（检测目标 3） 5. 写一份"过有意义的周末"的倡议书。（检测目标 3）

课堂上，我们主要观察的内容是这五项评价任务，教师分别是如何呈现、组织与实施的，以及教师对评价任务引出的信息是采用什么方式收集并加以处理的。我们的观察主要是从教师层面出发，通过观察记录分析与思考这样的评价与处理方式能否变革课堂，驱动学生学习。

1. 关于第一项任务（阅读前），主要过程是：（1）自由交谈，通过一个月有几天，一周有几天，引出 weekends 以及 at weekends 的学习。（2）教师呈现评价任务，要求用句型猜测老师的周末活动，呈现频率副词，接着让学生介绍自己的周末活动。（3）学生猜测，老师呈现自己的周末活动。（4）学生同桌操练，介绍各自周末的活动。（5）教师针对个别学生的回答进行简单评价。

从过程上看，基本上是完整的，也是基本有效的。评价任务的呈现依靠 PPT 展示比较直观、明显。任务的组织形式比较浅显，是学生日常采用的一种操练方式。但是，老师对于评价信息的处理，我认为还不够到位。如：T: What do I do at weekends? S1: Dance! 这个回答是不完整的，这个时候老师完全可以根据 PPT 上的提示，引导学生说出完整的一句话：Do you dance at weekends? 但是，在这个环节上老师代替了学生的回答,而没有把纠正的机会留给这个学生或者是课堂里的其他孩子。还有,在让学生猜测第三幅图的时候,学生一下子就猜对了:"Do you play with your dog?"因为得到了一个正确的答案,郑老师终止了与学生的互动交流。对于语言学习,课堂积累非常重要,我们要像打乒乓球一样"打"几个来回,尤其是今天郑老师的课上,关于"play"的活动词组很多,比如 play basketball、play football、play the piano 等等,可以让学生再思考、再回忆,目的不是这个正确的答案,而是珍惜这一个唤醒、输出的过程。

2. 关于第二项任务(阅读中),主要的过程是:(1)Let's think and write. 让学生自主提问,记录在纸上并贴于黑板上。(2)观看故事动画,找出刚才学生自己提出的问题。(3)再次观看,回答故事中人物周末的活动。(4)Read and underline,用线画出故事中人物的周末活动。(5)Read and fill in,将正确的序号填在相应人物的空格内。(6)Read and circle,圈出文中的频率副词。(7)再写出故事中人物的相应频率副词。(8)Read and repeat,模仿跟读,注意升降调、重音、连读与停顿。(9)Read together,齐读要求大声、语音语调正确。

从过程上看,有的环节出现了重复,比如(4)和(5),(6)和(7),可以省去一些环节,把时间花在后面需要的地方。还有一些值得商讨的地方:

第一,任务呈现与实施要求不统一。故事呈现前,让学生自主提问,任务标题是"Let's listen",可是具体实施时却是让学生观看,观看和听难度是不一样的,显然听的难度会更大一些。还有在这个任务的第四个学习活动中,老师的要求是画出故事人物周末的活动,但是 PPT 上呈现的是画出频率。下面有部分学生对任务不是很清晰,有些迷茫,导致一些时间的浪费。

第二,收集信息工作不充分。教师在让学生自己提问后,让他们将问题贴在黑板上,却自己代替学生读出问题。这个时候,我们观察组一致觉得可以让学生将问题读出来,并且教师可以抓住机会,问一下学生的情况,给予他们适当的点评,也能为后面写一份"有意义的周末"的倡议书做好铺垫。这样通过多种渠道收集学生的信息,并根据学生的状况对学习活动进行及时调整,能促进目标的顺利达成。

第三,信息处理稍显仓促。在课上有一个小细节值得我们注意,班级里有位特殊的王 * 同学,课上老师给他机会回答问题,虽然他回答的声音很轻,甚至听不清其答案,但是郑老师还是给予了他充分的鼓励与肯定。这一点值得肯定,但是我们的思考是,怎么样从面上的肯定到能真正促进其能力的发展呢? 这个时候,老师可以让他大声地把答案说出来(其实他的答案是错的,他的回答是 play cat kitty),抓住机会给他纠错,再给他机会调整自己的错误信息。就像是一个医生,既要给病人看病,更要给病人开方。

3. 关于第三项任务(阅读后),主要过程是:(1)Retell the story,有两种选择,简单和难。(2)Write"Happy weekends"。(3)阅读 Jack 的周末活动。(4)分析 Jack 的周末是否有意义。(5)Make a proposal,写一份倡议书,过有意义的周末。

这一项任务主要是针对阅读后,故事的运用。郑老师很有想法,尤其是在最后通过分析 Jack 的周末让学生理解什么是有意义的周末活动,充分体现语言学习的人文性。在 retell 环节,采用两种方法,也能估计学生之间的差异,做到任务分层。但是,由于时间紧、任务多,活动没能很好地展开,每个环节都有"蜻蜓点水"之嫌。针对第三项任务,我们观察组认为有以下问题:

第一,评价任务的组织与实施时间不够充分。在运用环节,郑老师设计了很多写的任务,每个任务所需要的时间是非常多的,但是由于时间关系,为了能让每个任务都"上场露脸",学生没有足够的时间去实施每个任务。观察班级学生情况发现,导致的结果是,老师在布置下一个任务时大部分学生还在实施上一个任务。这样的一个结果是,老师在说老师的,学生在做自己的,处于一种自顾自的状态。因为学生在"赶工",导致老师得不到反馈信息,只能匆匆将答案公布在大屏幕上,也没能顾及下面学生的答案正确与否。

第二,信息收集不够充分。在呈现与实施写的任务后,只请了一位女同学上台展示,这里至少可以请 2—3 位同学进行展示,这样得到的反馈信息才会比较完整,我们需要的不仅仅是正确的信息,更需要一些错误的、反面的信息,并以此为契机进行纠错和提升。观察组发现,下面好多学生在写朋友的周末活动,第三人称单数的用法错误率很高。这其实是一个非常好的时机,教师可对此项难点进行梳理与调整。

综合上述情况,我们观察组一致觉得,本节课的目标可适当降低,在有限的时间里扎扎实实完成相应任务,与其轰轰烈烈不如扎扎实实。

四、话题讨论：评价如何驱动学习？

"教室是允许出错的地方"，学生用自己特有的错误思维所犯的错，经过老师对信息的加工处理能成为优质的学习信息。我想，现在我们在研究过程中生产出的各类不成熟信息，经过日后的过滤与加工也会成为有价值的研究信息。根据以上观察结果和初步结论，我们认为，评价以目标为中心作为课堂的主旋律，我们必须加以深入地分析。当然，由于观察者的主观因素影响及观察者之间的观点、水平差异，我们所获得的结果、结论未必正确，只是供讨论与后续研究之用。

1. 评价任务设计利于有效展开"初"学习——学习的"开始"非常重要。课堂评价需要任务驱动，由评价任务引出信息。我们设计的评价任务应是学生能明白，能利于其有效开展学习，并促使目标达成的任务。课前，郑老师传承以前的班级特色制作"Litter book"，在制作过程中避免了一些机械的抄写作业。不仅如此，还可利用对小书的讲解、提问、解答促进学生英语听说能力的提高。虽然这个任务不在主要的评价任务中，但作为惯有的一项评价任务，它既可以提高学生学习兴趣，又可以作为让学生开展有效学习的重要手段。从郑老师选择的主题来看，显然是"别有用心"的。课上"Little book"的主题是"Hobbies"，在学生介绍过程中会出现大量关于活动的短语，能唤醒学生的记忆，使沉睡已久的知识再次重现。而这些短语正是今天课上所要用到的一类短语，说的资源更加丰富了，学生的学习也能更有效地开展。这不禁让人想起那句老话"良好的开端是成功的一半"。

2. 评价信息处理稳步推进"再"学习——学习是一个不断推进的"再"的过程，不是一次性完成的。在课堂上，评价贯穿整个课堂，不是先"教-学"后评，而是边"教-学"边评，是"教学评一体化"。学生的学习活动是在评价信息的催生、收集、分析、利用和反馈的过程中不断推进的，评价产生的信息通过处理与加工得到提升，以此来促进学生的学习。

3. 改"替学"为"助学"驱动"深"学习——深度学习一定是学生自己经历的学习。学习是学生的事，我们要做的，只能是帮助他们学习，而不是代替他们学习。西方有句名言："Tell me, I will forget; Show me, I may remember; Involve me, I will understand."细细品味这句话，会发觉它貌似中国俗语"千学不如一看，千看不如一练。

百闻不如一见,百见不如一干",更像《荀子·儒效篇》中所说的"不闻不若闻之,闻之不若见之;见之不若知之,知之不若行之;学至于行而止矣"。课堂上,只有通过我们的引领,适时调整目标,才能把学生带领到更深层次的学习,最后达成学习目标。

(赵志英,发表于《教育视界(智慧教学)》2018 年 3 月,发表时题为《评价如何驱动学习》)

后记

李勤华

　　仿佛穿越了漫长的时光隧道,我站在一片璀璨的教育星空下,回望那些在教学田野上留下的深深浅浅的足迹。每一颗星星,都闪耀着一段关于成长、探索与启迪的故事。《明明白白上好课:教学评一致性》这本书,就像是我们从这片星空中精心挑选的几颗最亮的星星,串联起来,为大家呈现一场关于教学改革的一线实践。

　　这是我们共同走过的教育旅程的缩影。在这里,有迷茫、有顿悟、有兴奋……每一个瞬间,都凝聚着我们对教育的热爱与执着,对知识的渴望与追求。而今,当我们将这些珍贵的记忆汇聚成册,心中涌动的,不仅仅是完成作品的喜悦,更是对未来教育之路的无限憧憬与期待。回望此书成形的过程,一幕幕动人的真实瞬间在脑海中浮现。

　　很早就听闻张菊荣校长在汾湖实验小学研究"教学评一致性",2012年我前往参加汾湖实小举办的课程教学年会,看到课堂里学生边坐着一位"男老师",后来才知道这位就是国内"教学评一致性"研究的鼻祖崔允漷教授。彼时的我懵懂中有些羡慕,是一位旁观者。谁承想,2017年6月张菊荣校长到吴江实验小学任校长,他把原来在汾湖实小和崔允漷老师一起做研究的经验也带来了,我们也有幸认识了崔允漷、周文叶等众多华师大的专家教授。从此我们在张校长手把手的教导下,实践再实践,乐此不疲地围绕课堂打转,停不下来,此时的我是一位实证者。

　　2017年9月,吴江实小成立了一个36人的课程领导研修班,从零开始,系统学习,每次培训结束,大家都兴奋地说"哦,那我懂了",可是一到课堂上又感觉糊涂了。就这样,理论学习结合实践研究,从明白到糊涂再到明白,不断循环往复,改进教学。学校连续举办了两届课程领导研修班,我参加了两届。其间,我们还组团参加了斯坦福大学的"表现性评价"慕课,好几位老师获得优秀学员。一年半的时间里,我们这支先行先试队伍,弄清楚了"教学评一致性"的基本原理,对目标、教学、评价三者的内涵与关联有了最新的理解,也掌握了三者一致性的基本原理和操作要领。

　　2018年开始,我们陆续成立了12个学科课程研究中心,先行部队中的几位骨干自然也成了学科研究中心的牵头人，如李莺校长领衔语文课程研究中心、徐栋校长领衔儿童作文研究中心、沈伟英校长领衔数学课程研究中心、我领衔英语评价与学习课程研究中心。各个学科研究中心，每月确定主题，围绕"教学评一致性"开展系列化研究，从集团到校区，一群对课程与教学改革充满无限热情的人，就这样孜孜不倦地研究如何把课上明白。"做"是硬道理，老师们不仅做了，还把成果写出来、发表了，课堂上的学生更是发生了质的变化。学校近几年连续承办了"积极生长好课堂——现代与经典"全国性活动，薛法根、俞正强等众多名家对学生的课堂表现给予了高度评价。

值得一提的是，从 2018 年 1 月开始，我们开展了基于主题的课堂观察，不同学科聚焦同一主题，如表现性目标的设计与实施、评价任务如何精准呈现、评分工具的开发与运用等等，理实相生，创造了教室里的课程论。作为领衔人，我们既在高位引领，又带领老师不断实践，"做通透、想明白"是我们的原则，目标就是让老师们专业地教，教得明白，学得明白。其间，我们在《教育研究与评论》课堂观察专栏连续发表一组组文章，呈现研究成果，据统计共发表了约 62 篇高质量的课堂观察报告。报告背后凝聚着老师们对课程与教学基本原理的学习理解、实践运用与迁移创新，每每看到老师们熟练地"呈现评价任务、收集评价信息、处理评价信息"时，我总掩盖不了内心的激动与骄傲。"教学评一致性"的学科实践并非易事，需要教师智慧性、创造性地设计与实施，而老师们不但做到了，还超标准做好了。这里要特别感谢朱凌燕女士和她的团队给予我们在学术发表上的全力支持。

2019 年起，"教学评一致性"的课堂实践，在各学科开花结果，张菊荣校长带着我们一起深入课堂，研究技术在学生身上所产生的"反应"，原创性地总结提炼了技术改进教学的课堂"四现象"，即让同学成为同学，儿童创造信息，有整块学习时间，能穷尽思维可能。现在回想起来，这"四现象"的提出，点亮了实小老师的教育智慧，也不断告诫着老师们课堂上要警惕些什么。记得研究"儿童创造信息"这一现象时，我们英语评价与学习研究中心聚焦"儿童创造了怎样的信息"先后四次开展观察与研究，老师们发现在"教学评一致性"的课堂上，儿童创造了大量的出乎意料的信息。如此这般，我们持续进阶，不断收获课堂新现象。

《义务教育课程方案和课程标准（2022 年版）》颁布的时候，我们惊喜地发现自己研究了多年的"教学评一致性"居然被写进了"新课标"，心中难掩激动与感激。本书得以出版,离不开崔允漷老师的全程指导与鼓励支持,崔老师还在百忙之中为本书作序。周文叶教授给予了我们学术支持与教师培训,也是本书的发起人之一。多年来,安桂清、雷浩、肖思汉、郭宝仙、杨澄宇等华东师范大学课程所的众多教授给予了我们专业指导与鼓励。北京师范大学明远书院知名教授、学者顾明远、郭华、沙培宁、马健生、滕珺等以及"明远思想者"团队来校听评课,也为我们提供了极其宝贵的鼓励与指点。

感谢杨九俊会长、吴永军教授、丁昌桂老师等在我们的研究过程中给予的帮助与指导;感谢省市区各学科教研员的学科指导与平台搭建;感谢吴江区教育局、教研室、教科室的全力支持,为我们的研究提供了空间与平台;感谢周边的兄弟学校、省内外的兄弟学校与专家学者以及媒体对我们的信任与鼓励。感谢华东师范大学出版社教育心理分社社长彭呈军为本书的出版提供了多方面的帮助,以及他对我们的极为包容和耐心。

特别要感谢的,也是特别让人感动的,是实小的老师团队,从2017年的36名参与教师开始,每年像滚雪球一样地扩大,以"教学评一致性"追求"明明白白上好课",已然成为全体教师的基本共识;还要特别感谢我们的孩子们,他们在课堂上的种种表现,让我们相信原理的力量,探索的真正成功。

跟随时代步伐,我们一定会持续向前。教育之路从无止境。这本书只是我们共同探索旅程中的一个起点,而非终点。未来的日子里,愿我们都能保持那份好奇心与探索欲,继续在教学的田野上精耕细作,不断发现新的可能,创造更多的奇迹。

在教育的长河中,我们时常会遇到迷雾与困惑。老师如何明明白白地教,学生如何明明白白地学? 如何让学习更加有趣,如何让学生更有活力? 如何让教学与评价相辅相成,而非相互割裂? 这些问题,如同夜路上的巨石,难以逾越。而"教学评一致性"的理念,就像一盏明灯,照亮了我们前行的道路,引领我们穿越迷雾,找到那个既清晰又充满希望的方向。

我们也衷心希望,这本书能够成为大家手中的那把钥匙,为大家在教育教学改革中提供帮助。它不仅仅讲述了理论与方法,更蕴含了我们对教育本质的深刻思考和对教学实践的热情探索。我相信,当大家翻开这本书,会感受到字里行间流淌的温暖与力量,那是一种对教育事业的无限热爱,也是对每一位学生的深切关怀。

2024 年 7 月